20 SHIJI ZHONGHOUQI
GANNANZHOU CHENGZHEN YU QUYU
FAZHAN YANJIU

20世纪中后期

甘南州

城镇与区域发展研究

黄 茂 著

四川大学出版社

项目策划：熊　瑜
责任编辑：袁　捷
责任校对：王　静
封面设计：墨创文化
责任印制：王　炜

图书在版编目（CIP）数据

20世纪中后期甘南州城镇与区域发展研究 / 黄茂著 . —
成都：四川大学出版社，2018.9
ISBN 978-7-5690-2374-9

Ⅰ．①2… Ⅱ．①黄… Ⅲ．①城市化－关系－区域经
济发展－研究－甘南藏族自治州－20世纪 Ⅳ．
① F299.274.22 ② F127.422

中国版本图书馆CIP数据核字 (2018) 第213324号

书名　20世纪中后期甘南州城镇与区域发展研究

著　　者	黄　茂
出　　版	四川大学出版社
地　　址	成都市一环路南一段24号（610065）
发　　行	四川大学出版社
书　　号	ISBN 978-7-5690-2374-9
印前制作	四川胜翔数码印务设计有限公司
印　　刷	郫县犀浦印刷厂
成品尺寸	148mm×210mm
印　　张	11.5
字　　数	332千字
版　　次	2019年12月第1版
印　　次	2019年12月第1次印刷
定　　价	58.00元

扫码加入读者圈

四川大学出版社
微信公众号

前　言

　　城市是人类文明的载体，承载着多姿多彩的历史文化。中国的城市发展具有悠久的历史。在漫长的历史进程中，自然地理、经济交通、社会制度、民族宗教等因素都影响着城市的产生和发展。新中国成立后，我国的城市建设日新月异，城市发展的布局和结构日趋合理，城市居民的生活质量和生活环境得到改善。改革开放以后，我国的城市建设更是进入了新的发展时期。小城镇发展战略的实施、经济开发区的普遍建立以及乡镇企业的兴起，带动了城市的迅速发展。城市作为区域经济社会发展的中心，其地位和作用更是得到了前所未有的认识和重视，城市化和城市发展空前活跃。这一时期，由于多种因素的影响，东、西部城市的发展差异日益明显。2000年，国家决定实施西部大开发战略，这是西部城市发展的新契机，对该区域城市的发展产生了重大而深远的影响。

　　在西部的城市建设中，少数民族聚居地的城市发展具有特殊的战略意义。历史上，西部地区地域广阔，人口稀少，民族迁徙频繁，诸多因素使得该区域的城市呈现出缓慢发展的特点。目前，城市发展滞后已成为少数民族地区城市发展所面临的突出问题，加快少数民族地区城市发展已成为迫在眉睫的事情。在重视民族文化建设的今天，少数民族聚居地的城市研究不仅是西部城市研究的重要内容，同时也是中国城市发展研究的重要分支，具有重要的现实意义。因此，研究西部民族地区的城市发展，探讨其城市发展的道路选择，这是当前我国城市建设实践中重要而又紧迫的现实课题。

甘南藏族自治州地处青藏高原的边缘，属于高山峡谷区域，其城镇的发展与河谷紧密相依。高山峡谷的地形、寒冷的气候决定了当地以畜牧业、农业为主的生产方式。经济的落后和地广人稀的人口分布状况，使得该区域的城镇发展十分缓慢，城镇数量也比较少。作为少数民族聚居地，甘南藏族自治州浓厚的藏族文化底蕴，使其城镇的发展具有特定的民族文化内涵。当前，随着经济全球化和西部大开发战略进程的推进，城镇化的步伐正在加快。在此背景之下，考察甘南藏族自治州城镇的历史演变，城镇分布的现状与特点，探讨适合它们的可持续发展道路和模式，解决城镇发展进程中的问题，具有重大的历史意义和现实意义。

研究位于中国西北黄土高原与青藏高原过渡地带的甘南藏族自治州（依此文需要，或简称甘南州）的城镇与区域发展，可以运用历史学、民族学、经济学、人类学的理论和方法，通过一定历史时段的考察，全面梳理 20 世纪中后期甘南州城镇发展的脉络，对甘南州城镇的产生、发展、变迁以及各城镇与区域经济的关系进行系统的研究和审视，解析不同的城镇发展类型，揭示其城镇发展的内外影响力、特点和规律，进而探讨在西部大开发的战略背景下，该区域城镇可持续发展的道路模式。

甘南州位于甘肃省南部，为甘、青、川三省交界处，东与陇南市、定西市毗邻，南与四川阿坝藏族羌族自治州交界，西连青海黄南、果洛两个藏族自治州，北靠临夏回族自治州。甘南州承接内地，辐射青藏的地理位置形成了民族融合、文化多元、经济多样的区域发展格局，决定和影响着区域城镇的发展变迁。

历史上，由于民族的迁徙、战争的频繁、地形的复杂以及中原王朝的经略与开发，甘南州的城镇发展呈现出"民族走廊"的特点。这里城镇起源早，具有悠久的历史，城镇经济、文化具有多元性。与此同时，"民族走廊"的边缘区位也导致这里长期以来成为中原王朝与西部民族政权交汇的冲突区域，政治、军事、文化等冲突与碰撞既阻碍了城镇的发展，同时也奠定了区域城镇发展的潜在优势，形成了区域经济、宗教、文化的多元发展格局。这一时期，甘南州城镇发展的特点是城镇起源早，历史悠久，但发展缓慢，区域内城镇数量较少，城镇空间分布不平衡，空间结构松散。

新中国成立后，国家实施了民族区域自治政策，现代意义的甘南藏族自治州行政区划正式建立和形成，区域城镇建置和城镇体系不断建立和完善，甘南州的城镇发展步入了新的历史时期。改革开放以来，随着国家一系列发展战略的推动，部分区位条件有利的区域优先发展起来了，"民族走廊"与发达地区之间的差距也越来越大，而且呈进一步扩大的态势。2000年，为改变欠发达地区的落后状态，缩小东西部发展差距，国家适时进行了战略调整，实施了西部大开发战略。西部大开发战略使甘南州"民族走廊"获得了新的发展契机，国家财政支付的转移、开发政策的倾斜及东部发达地区的对口支援等措施有效地推动了甘南州城镇的发展变迁。

随着甘南州城镇化进程的不断推进，甘南州的城镇体系日益完善，城镇布局日趋合理，城镇产业结构得到优化，城镇规模不断扩大，全区城镇化水平不断提高。在城镇化、工业化、现代化的演进历程中，区域经济与城镇化互动发展，不同类型的城镇发生变迁，城镇化总体发展速度较快。

但是，在自然地理、政治经济、民族宗教、交通变迁、边缘弱势等多种因素的影响下，甘南州的城镇发展仍明显迟滞。主要表现在：城镇化起步晚，城镇化水平较低；区域中心城市的聚集度和辐射力弱，区域内缺乏大中城市，城镇体系仍不完善；区域内城镇发展不平衡；城镇经济发展处于由传统经济向现代经济转化的阶段，产业结构中第二、三产业的比例偏低，经济职能和现代服务职能较为薄弱。

西部大开发战略实施以来，甘南州城镇发展步入了新的历史阶段。今天，经过长期努力，中国特色社会主义建设进入新时代，这是我国发展新的历史方位。新时代，新征程，甘南州的城镇化建设也步入了新的发展阶段。在创新、协调、绿色、开放、共享的发展理念下，甘南州要在充分尊重各民族的风俗习惯和宗教信仰的基础上，基于区域生态环境的现实考虑，以国家政策支持、东部地区对口支援为依托，将充分利用"民族走廊"交汇地区的旅游、文化、生态等潜在优势转变为城镇跨越式发展的现实优势，实施以下发展战略：一是以区域中心城镇合作市为发展龙头的战略，通过优先发展区域中心城市，实现产业聚集、人口聚集，扩大城市规模，提升中心城市的聚集力和辐射力；二是加快县域中心城镇的发展步伐，以支柱产业为核心促进县域产业结构的优化和经济的稳步发展；三是依托甘南州丰富多样的资源，加强城镇基础设施建设，改善投资环境，树立资源品牌，大力发展特色产业，建设特色小城镇，不断完善城镇体系，形成区域城镇协调发展的局面；四是整合区域环境资源，协调城镇化与生态环境的相互关系，以生态环境承载力为基础，以"守住绿水青山，留住蓝天白云"为目标，走可持续发展的生态经济型城镇化道路，促进甘南州更好更快的发展。

目　录

绪 论

一、研究的缘起与意义

（一）研究的缘起

确定选题是专著写作的重要步骤，研究课题的可行性，现实性以及史料搜寻的可达性都将对专著的写作产生深刻的影响。2006 年，我开始从事城市史的学习和研究。对我而言，城市史研究是一个全新的领域，在浩如烟海的史料中，我无所适从，始终没有找到自己感兴趣的课题。在恩师何一民先生的悉心指导下，我渐渐对城市居住文化及居住空间产生了兴趣。

中国是一个统一的多民族国家，疆域辽阔，东南滨海而西北深入大陆内部，地势西高东低，地形、地貌特征多种多样。地形与气候的多样性，生产生活方式、民族信仰的不同，这一切都使得中国的居住文化呈现出异彩纷呈的形态。无论是碉房、吊脚楼、干栏屋，还是窑洞、蒙古包和四合院，这都是时间留给我们的空间存在，在无言的沉默中，向我们诉说着一个国家民族历经时空转换而始终坚守的文化特性。传统与现代，融合与变迁，这是历史的厚重。在钢筋混凝土建筑的现代城市，少许的传统建筑以及影视图片中的精美建筑，渐渐地吸引着我，无数次激起我想要触摸和感受它们的冲动。这是一种文化感受，我们需要这样的文化洗礼。建筑的出发点和归宿是人，无论是传统屋宇还是现代住宅，人在其间的空间感受都是最重要和最深切的。

王明珂先生曾指出，在边缘，当很多典范还没有形成，或各种典范到这里已经成了强弩之末，影响力很弱的时候，我们很容易看到多元的、不规范的、陌生的、矛盾的一些现象。甘南藏族自治州地处青藏高原的东缘，不仅是地理单元和行政区划的边缘，而且也是汉藏文化的交流过渡带。那么，在不同民族不同文化的"碰撞与契合"下，甘南州的民居又将产生怎样的"流变与固守"呢？

带着对甘南州民居的学术思考，2010 年 7 月，我前往甘南州调研。这是一次难忘的学术调研之旅。一张张图片，一段段经历，让我对这片土地有了真实的感受。这里的居住样式、装饰细节，无不彰显出浓郁的民族特色。甘南州建筑是汉藏文化碰触的结果，体现了当地居民对本地文化的固守以及对现代文明的接受。调研中，恰逢夏河县麻当乡格尔迪寺院休假。喇嘛们在寺院外搭帐篷，享受着假日生活。通过与他们多次交流，更让我有一种透过信仰理解喇嘛对城镇工业化的想法。麻当乡 213 国道的两旁是格尔迪寺院和安多水泥公司。在谈到安多水泥公司对当地生活的影响时，喇嘛若尔巴曾对我说，公司导致这里的改变很大，麻当街热闹了很多，生活方便了，可是也没有了他记忆中明媚的蓝天和青青的草原。

调研不仅为我研究当地民居提供了图片和访谈资料，同时也激发了我对民族地区工业化进程中城镇生活变迁的研究兴趣。回到成都，我一边整理调研资料，一边阅读"中国西北文献丛书"涉及甘南州的考察文献资料，从而接触到民国时期李安宅、于式玉、顾颉刚、范长江、俞湘文、潘凌云等一批学者对甘南州、对拉卜楞寺的考察描述。这样的工作让我对甘南州有了更多的认识，也坚定了我对甘南州城镇发展进行研究的决心。

（二）研究的意义

1. 选题的政治战略意义

甘南藏族自治州位于青藏高原、黄土高原和陇南山地的过渡地带。该区域地处甘、青、川三省交界处，是我国重要的多民族宗教文化区，是沟通汉藏两地的"民族走廊"。甘南藏族自治州作为少数民族聚居地，既与传统的藏族地区青藏高原——西藏和四川川康地区有着千丝万缕的联系，同时又与临夏回族自治州相邻。在以西藏拉萨为中心的青藏高原文化圈中，以甘南州拉卜楞为中心的安多藏区与卫藏、康巴分属三大方言中心区。就整个藏区分布而言，甘南州具有桥头堡的战略地位。

　　藏区是指藏族分布集中连片的地区。从地理上讲，主要是青藏高原及周边地区，面积 200 万平方公里，占全国国土面积的 20％以上。在行政区域上，包括西藏自治区全部、青海省大部（除西宁市和海东市的其他地区）、甘肃省的西南角（甘南藏族自治州）、四川省的西北部（阿坝藏族羌族自治州、甘孜藏族自治州）、云南省的西北角（迪庆藏族自治州）以及与青海省海北藏族自治州邻接的甘肃天祝藏族自治县等。[①] 对维护国家的长治久安而言，民族的团结，经济的可持续发展，这是关系国家社会稳定的头等大事。当前，从我国藏区的情况看，总的发展形势良好，藏族群众的生活有较大改善，社会稳定，但也存在一些不稳定因素。改革开放以来，随着全国经济发展速度的加快，西部藏区由于地理因素的制约，交通条件的限制，基础设施的落后等，其经济发展水平与内地特别是与东部的差距日益扩大。这种发展中的差距容易成为民族关系上产生矛盾的不利因素。西方反华势力和流亡国外的达赖分裂集团不时利用地区差距、民族差距等煽动藏区群众内乱，离间藏汉关系。因此，建立和维护良好的民族关系，始终是维护藏区稳定发展的重要任务。

　　民族问题的核心是发展。毛泽东、邓小平、江泽民、胡锦涛

---

　　① 师守祥、张智全、李旺泽：《小流域可持续发展论——兼论洮河流域资源开发与可持续发展》，北京：科学出版社，2002 年版，第 216 页。

和习近平历代中央领导都十分关注民族地区的建设发展，牵挂着民族地区的现状与未来。1951 年 5 月，西藏和平解放之时，毛泽东同志曾说："今后，在这一团结基础上，我们各民族之间，将在各方面，将在政治、经济、文化等一切方面，得到发展和进步。"① 邓小平也对民族问题非常重视，他明确指出：要使生产发展起来，人民富裕起来，只有这件事办好了，才能巩固民族团结。② 1987 年，中共中央《关于民族工作几个重要问题的报告》提出，新时期民族工作的根本任务是："以经济建设为中心，全面发展少数民族的政治、经济和文化。"1992 年，江泽民在中央民族工作会议上也明确提出："现阶段，我国的民族问题，比较集中地表现在少数民族和民族地区迫切要求加快经济文化发展。"③ 2005 年，胡锦涛同志在中央政治局会议上强调："发展是解决现阶段我国民族问题的根本途径。必须把加快少数民族和民族地区经济社会发展摆在更加突出的战略位置，坚持以科学发展观统领经济社会发展全局，科学制定发展思路和发展目标，进一步完善扶持少数民族和民族地区发展的各项政策措施，加大民族地区扶贫开发工作的力度，着力解决少数民族和民族地区发展中遇到的困难和问题。"④ 2014 年，在第二次中央新疆工作座谈会上，习近平同志强调："发展是解决民族地区各种问题的总钥匙。但关键是实现什么样的发展？……要紧紧围绕各族群众安居乐业，多搞一些顺民意、惠民生的实事，让各族群众切身感受到党

① 中共中央文献研究室、国家民委编：《毛泽东民族工作文选》，北京：中央文献出版社，2014 年版，第 106 页。
② 国家民族事务委员会研究室：《正确的道路 光辉的实践：新中国民族工作60 年》，北京：民族出版社，2009 年版，第 69 页。
③ 万福义主编、闫秋实编著：《新世纪新阶段党的基层工作实务 党的基层组织统战工作》，北京：人民日报出版社，2003 年版，第 94 页。
④ 刘海藩主编：《中国共产党党史全鉴》（第 6 卷），北京：党史研究出版社，2010 年版，第 2855 页。

的关怀和祖国大家庭的温暖。"① 由此可见，研究民族地区城市
的变迁与区域经济的发展是维护政治稳定的课题，具有重要的战
略实践意义。

2. 选题的现实意义

关于民族地区，费孝通先生曾言："我们并不是为了解而了
解，为提出一些理论而去研究，我们是为了实际的目的，为少数
民族进行社会改革提供科学的事实根据和符合少数民族利益的意
见。"② 今天，经过长期努力，中国特色社会主义建设进入了新
时代，这是我国发展新的历史方位。新时代，新征程，在创新、
协调、绿色、开放、共享的发展理念下，我国城镇化建设的步伐
正在加快。因此，考察甘南州城镇的历史演变，城镇分布的现状
与特点，探讨适合它们可持续发展的道路和模式，解决它们在城
镇发展进程中的问题，这无疑是具有历史意义和现实意义的研究
课题。

城市发展是经济社会发展的主要内容之一，也是经济社会发
展的主要动力。在相对落后的少数民族地区，其城市发展往往需
要从一个比较长的时段进行考察，才可能对其发展变迁有相对清
晰的认识，也才能把握其城市发展的规律及特点。甘南州地处青
藏高原东北缘，黄河、长江两大水系的上游，是我国重要的绿色
生态屏障区，整体上属于内陆封闭区域。甘南州的城市发展有着
久远的历史，自古就是汉藏交流的先锋地带，是承接内地，沟通
青藏的特殊区域。由于经济社会的发展水平远远落后于发达地
区，甘南州的城镇发展十分缓慢。甘南州早期的城镇主要发挥着
军事防御、茶马互市等职能，城镇的数量少，规模小，行政归属

---

① 《习近平在第二次中央新疆工作座谈会上强调：坚持依法治疆、团结稳疆、
长期建疆，团结各族人民建设社会主义新疆》[N]，《人民日报》，2014-5-30 (1)。

② 闫国芳、郝苏民：《费孝通的甘肃实践》，《西北民族研究》2007 年第 2 期，
第 9 页。

经常变更。新中国成立后，甘南州城镇不仅开始了现代工业建设，改革开放以后，尤其是西部大开发以来，甘南州的城镇建设更是迎来了新的发展契机。有鉴于此，对甘南州的城镇发展做一个全面的梳理和考察，这不仅有助于解析甘南州城镇发展的规律，同时也可以为民族地区城镇的科学发展提供参考的范式。

3. 选题的学术意义

甘南州作为"后发"的少数民族地区，其城市起步晚，规模小，一直未形成大规模的中心城市。即便是在全球城市化快速发展的今天，甘南州的中心城市合作市的人口也不足 10 万。首先从历史的视角梳理分析甘南州城市发展的脉络和规律，探讨新时期城市发展的道路选择，这是对民族、宗教、经济、文化多元化地区城市发展研究的学术关注。甘南州地处青藏高原的边缘，是多民族大杂居、小聚居地区，世界三大宗教并存于此，文化与经济发展呈多元态势，农业经济、半农半牧经济、畜牧经济与林业经济等不同经济类型是甘南州城市发展的基础，这不仅体现出不同类型城市的发展状况及规律，同时也揭示出"民族走廊"地区农耕文化与游牧文化碰撞中的城市发展特点。因此，对甘南州城市发展的研究具有重要的学术意义。

其次，选择对甘南州城市发展的研究，这是对小城镇发展的学术关注，也是对单体城市研究多年来集中在少数大中城市，而对中小城镇和小城镇研究相对薄弱的弥补。此外，甘南州居于青藏高原文化圈的边缘地带，具有浓郁的民族宗教文化特色，其城镇发展有着独特的民族特色。在区域视角基础上，结合历史发展脉络，梳理甘南州城镇的发展变迁，并从整体的、综合的、多类型的角度深入探讨民族地区城镇发展的特殊性和民族性，以期探索对少数民族地区城镇发展具有指导意义的城镇化可持续发展理论，这也正是本书选题所期望实现的学术价值。

二、基本概念

（一）城市的概念

城市是一种历史现象，是人类历史长河中文明与进步的产物，也是社会经济和文明发展的重要标志。在漫长的历史岁月中，古代城市此起彼伏，曾给人类带来了初步繁荣，创造了灿烂的历史文化。今天，城市成为人类政治、经济、科学、文化和生活的中心，对社会的发展起着举足轻重的作用。

城市的概念是许多学科领域关注和研究的问题，关于城市的定义和概念有上百种，并且随着研究领域的扩大和城市功能的复杂化，城市的概念还在不断增加。城市既是经济社会发展的产物，又是经济社会发展过程的体现。因此，人们从社会学、经济学、地理学、文化学、历史学等领域出发给予城市不同的内涵和诠释。韦伯认为，社会学定义上的城市是一个住所空间封闭的聚落，这种区域十分广阔，以至于非城市地区邻人间密切来往的特色，在此极为缺乏；经济学意义的城市是一个居民主要依赖商业及手工业——而非农业——为生的聚落。[1] 从经济学出发，美国经济学家沃纳·赫希认为：城市是具有相当的地域面积、以经济活动为主和住户集中这三个特征，以至于在私人企业和公共部门中能产生规模经济的连片地理区域。[2] 英国的巴顿则认为：城市是各种经济市场——住房、劳动力、土地、运输，等等——相互交织在一起的网状系统。[3] 从地理学出发，德国地理学家拉采尔指出：地理学上的城市，是指地处交通便利之所、覆盖有一定数

---

[1] 韦伯著，康乐等译：《城市的概念》，参见薛毅主编：《西方都市文化研究读本》第一卷，桂林：广西师范大学出版社，2008年版，第253～254页。

[2] 李钒主编：《区域经济学》，天津：天津大学出版社，2013年版，第102页。

[3] 杨伯钢、陶迎春、龙家恒编著：《城市精细化管理基础数据建设与应用》，北京：测绘出版社，2012年版，第2页。

量的人群和一定面积房屋的密集结合体。① 有的学者认为：城市是人类为了生存和发展的需要，经过创造性劳动创造出来的物质环境。它是人类社会生产分工以后，一种相对于乡村而言更人性化了的社会载体。② 人们通常认为：城市是规模大于乡村和集镇的以非农业活动和非农业为主的聚落，是一定地域范围内的政治、经济、文化中心。③

从上述定义看，大多数学者都提到了城市最基本的两个特征：人口和非农业生产活动。由此可见，城市就是大量的人口和非农产业活动在较大的地域空间的聚集，构成一个对社会生活起重要作用的人居中心。它通常具备以下条件：

（1）人口相对集中；（2）商品交易中心及金融、信息、服务业的汇集地；（3）从事第三产业和脑力劳动者所占比重高；（4）拥有行政、宗教或特有的职能机构；（5）对周边村落有文化影响；（6）拥有一定区域内的交通枢纽。④

（二）城市化的概念

城市化的概念源于英文 Urbanization，Urban 为"城市、都市"的意思；ization 是表示一种行为发生、变化的过程，即中文"化"的意思。从字面意思看，城市化就是非城市地区转变为城市地区的过程。⑤

---

① 王卫：《城市交通与城市经济发展》，南京：东南大学出版社，2016 年版，第 6 页。

② 辛章平：《人往何处去——城市科学简介》，武汉：湖北人民出版社，1987 年版，第 10 页。

③ 程美东：《现代化之路：20 世纪后 20 年中国现代化历程的全面解读》，北京：首都师范大学出版社，2003 年版，第 35 页。

④ 林广、张鸿雁：《成功与代价——中外城市化比较新论》，南京：东南大学出版社 2000 年版，第 3~4 页。

⑤ 赵长海：《中小城市商业房地产开发策略》，天津：天津人民出版社，2009 年版，第 78 页。

实质上，城市化是一个复杂而又漫长的历史过程，在这个过程中，城市化在不同阶段表现出不同的特征和规律。由于受地理环境、资源禀赋、经济发展水平、社会文明程度以及人民的思想观念等因素的影响，城市化可以有不同的理解和定义。不同的学科强调的是城市化的不同侧面，因此对城市化的定义是不同的，也有不同的解释。

经济学家强调从乡村经济向城市经济的转化，也就是城市产业结构的重组与转型。人口学对城市化的定义是：农业人口向非农业人口转化并向城市集中的过程，表现为城市人口的自然增长，农村人口大量涌入城市，农业工业化，农村日益接受城市的生活方式。[①]

城市规划学对城市化的代表性定义如下：城市化是由第一产业为主的农业人口向第二产业、第三产业为主的城市人口转化，由分散的乡村居住地向城市或集镇集中，以及随之而来的居民生活方式的不断发展变化的客观过程。[②]

社会学对城市化的定义是：城市化是农村社区向城市社区集聚和转化的过程。包括城市数量的增加、规模的扩大；城市人口在总人口中比重的增长；公用设施、生活方式、组织体制、价值观念等方面城市特征的形成、发展以及对周围农村地区的传播和影响。一般以城市人口占总人口中的比重衡量城市化水平。[③]

城市化的其他定义还有：城市化是一个地区的人口在城镇和城市相对集中的过程。城市化也意味着城镇用地扩张，城市文

① 《中国百科大辞典》编委会：《中国百科大辞典》，北京：华夏出版社，1990年版，第150页。

② 《中国百科大辞典》编委会：《中国百科大辞典》，北京：华夏出版社，1990年版，第275页。

③ 赵长海：《中小城市商业房地产开发策略》，天津：天津人民出版社，2009年版，第78页。

化、城市生活方式和价值观在农村地域的扩散过程。城市化也指人类生产和生活方式由乡村型向城市型转化的历史过程，表现为乡村人口向城市人口的转化以及城市不断发展和完善的过程。

从定义分析，城市化主要有三种表现形式：（1）城市人口所占总体的比例提高，农业人口转变为非农业人口；（2）城市规模扩大，不断更新，农村地区出现新兴城镇；（3）城市经济关系和生活方式普及与扩大。①

三、学术回顾

（一）国外研究现状

城市在人类历史中扮演着极其重要的角色，它是人类社会发展到一定历史阶段的产物，是人类集中高效率地利用各种自然资源创造物质文明和精神文明的载体。马克思认为："城市是随着野蛮向文明的过渡、部落向国家的过渡，地方局限性向民族的过渡而开始的，它贯穿着全部文明的历史，并一直延续到现在。"②

西方城市史研究的出现与近代以来西方社会所发生的剧烈变化有关。工业革命不仅在生产技术上突飞猛进，而且也改变了人类的生活方式，这一切对城市的发展产生了深刻的影响，也引起了学者持续不断的研究。腾尼斯提出了"通体社会"和"联组社会"的概念，前者指小规模的、有内聚力的、紧密团结在一起的共同体，后者指由现代城市或国家组成的庞大而复杂的"大社会"；迪尔凯姆在读书时把大部分时间都用来研究那些失去了稳定社会规范引导的人们惶惑不安的心理状态；西美尔也论述过城

---

① 林广、张鸿雁：《成功与代价——中外城市化比较新论》，南京：东南大学出版社，2000 年版，第 4 页。

② 中共中央马克思恩格斯列宁斯大林著作编译局：《马克思恩格斯全集》第 3 卷，北京：人民出版社，2002 年版，第 56 页。

市社会对人们心态的影响；马克思一直关注城市问题，恩格斯的《英国工人阶级状况》更是经典的城市史研究著作；韦伯则以更精确的历史分析方法考察了大量城市。城市问题促进了社会学研究快速发展，这也是城市史研究兴起的社会背景。[①]

韦伯、库朗士、皮朗等人的研究属于早期城市研究范畴，他们的论述虽然在学术上有一定影响力，但在本质上并没有激发人们对城市史研究的兴趣。城市史作为一门独立的学科出现在第二次世界大战期间。城市史主要研究城市的起源、发展、嬗变、规划、城市与环境之间的关系以及在这一进程中出现的各类社会问题，是历史学与社会学、地理学、经济学、政治学、建筑学等许多学科相互交叉而形成的一门新兴边缘学科。1933 年，美国历史学家施莱辛格出版了《城市史的兴起》一书，论述了 19 世纪后期美国城市的崛起和发展，标志着这门学科的诞生。[②] 40 年代至 50 年代，西方的城市历史学曾一度沉寂。进入 60 年代，城市史在欧美又重新崛起，并获得了较大的发展。这一时期，西方城市史研究主要集中在各种城市问题的研究上。70 年代以后，城市研究转入对一些城市深层次问题的研究，如对城市社会结构、社会流动性等问题的探讨。80 年代以来，西方的城市史学者更加重视对城市理论、城市文化及城市体系等有较大时空跨度的课题研究。

（二）国内研究现状

20 世纪 80 年代，中国城市史的研究兴起，并取得了丰硕的研究成果。据张利民统计，自 1979 年至 1994 年，国内出版的关

---

① 陈恒：《他山之石，可以攻玉——西方城市史研究的历史与现状》，《上海师范大学学报》2007 年第 3 期，第 9～10 页。

② 路磊光：《西方学者关于城市史学的研究简述》，《历史教学》1996 年第 5 期，第 55 页。

于近代中国城市史的专著、资料集、论文集等共计 534 部。自
1986 年至 2006 年，《历史研究》《中国史研究》《近代史研究》
《史林》等八家主要历史专业期刊中，共刊发城市史及相关研究
文章 390 篇，占这些刊物所刊发论文总数的 3%。① "七五"期
间，城市史主要集中在对单体城市的研究，张仲礼主编的《近代
上海城市研究》（1990 年）、隗瀛涛主编的《近代重庆城市史》
（1991 年）、罗澍伟著的《近代天津城市史》（1993 年）、皮明庥
主编的《近代武汉城市史》（1993 年）相继出版。90 年代以来，
单体城市的研究领域不断拓宽和深入，一方面研究视野从对上
海、天津、武汉、重庆四个新兴城市的研究拓展到对其他更多的
城市的研究，从大城市研究转向中小城市的研究、从通商口岸城
市的研究转向其他类型城市的研究。北京、成都、苏州、广州、
深圳、济南等城市的研究专著也相继问世。其成果主要有曹子西
主编的《北京通史》（1994 年），邢凤麟主编的《深圳城市史》
（1996 年），沈毅著的《近代大连城市经济研究》（1996 年），王
卫平著的《明清时期江南城市史研究：以苏州为中心》（1999
年），何一民主编的《变革与发展：中国内陆城市成都现代化研
究》（2002 年），党明德、林吉玲主编的《济南百年城市发展史：
开埠以来的济南》（2004 年），周子峰著的《近代厦门城市发展
史研究：1900—1937》（2005 年）等。另一方面，单体城市研究
向多层次、多角度、多学科交叉研究深入发展，学者对城市的经
济、政治、文化、建筑、社会生活、阶级阶层等领域的研究都有
一些较有分量的成果。

　　90 年代以来，城市史的研究领域继续向纵深拓展，强调对
不同类型城市的综合研究和区域研究。出现了将近代城市研究与

---

　　① 熊月之、张生：《中国城市史研究综述（1986—2006）》，《史林》2008 年第 1
期，第 22 页。

现代城市发展研究相结合的趋势。^①在此期间，各研究院（所）先后完成的有"中国近代不同类型城市综合研究""东南沿海城市与中国近代化研究""近代华北城市系统研究""山东城市史研究""北京与周围城市关系史""粤港澳城市互动研究"等。主要研究成果有隗瀛涛主编的《中国近代不同类型城市综合研究》（1998 年），王守中、郭太松著的《近代山东城市变迁史》（2001年），张仲礼、熊月之、沈祖炜主编的《长江沿江城市与中国近代化》（2002 年）等。在中国城市史综合研究方面，何一民先生颇有建树。何先生在 1994 年出版的《中国城市史纲》中，全面论述了中国城市产生、发展的整体历程，并将中国城市发展分为三个时期：从原始社会末期到春秋战国的"城市产生和初步发展时期"，从秦代到清代鸦片战争前的"古典城市发展时期"，鸦片战争到 1949 年的"传统城市向近代城市过渡时期"。在《近代中国城市发展与社会变迁（1840—1949）》中，他从近代中国城市的演变与城市发展动力机制的转变，近代中国城市化的进程，近代中国城市等级、规模、结构的演变与区域城市的发展，近代中国城市管理的现代化趋势，社会结构的演变，城乡关系的变迁，城市社会生活的变迁，城市婚姻与家庭的变迁等八个方面对近代中国城市进行了综合考察。^②在《中国城市史》（2012 年）中，何一民先生"叙写了从史前时期到 1949 年新中国建立前中国城市从起源形成到发展变化的历史过程，展现了不同时期中国城市发展的各方面状况，其中富有深入分析和精到见解，可谓一幅中

① 何一民：《21 世纪中国近代城市史展望》，《云南大学学报》（社会科学版）2002 年第 3 期，第 61 页。

② 熊月之、张生：《中国城市史研究综述（1986－2006）》，《史林》2008 年第 1 期，第 33 页。

国城市历史的恢宏画卷"。①

（三）甘南藏族自治州城镇发展的研究现状

西部大开发战略实施以来，城镇发展是战略重点之一。西部地区的城镇发展成为新一轮区域经济布局的中心地域，城市经济也逐步成为西部区域经济发展的主体。可以说，西部大开发是对西部城镇发展的一次聚焦，西部的城镇建设正在经历重要的历史转折。甘南藏族自治州由于社会经济总体水平低，自然地缘因素欠佳，民族宗教文化浓郁，城镇密度小等因素，其城镇发展的道路思考也引起了学者们的关注。因此，探讨和深入研究甘南州的城镇发展，已成为当前理论和实践提出的重大而又紧迫的现实课题。CNKI 期刊网以甘南为研究对象的论文有两千余篇，研究议题主要集中在旅游、生态、畜牧业、特色经济发展等方面，其中关于甘南州城镇发展研究的论文较少。王舟英、益希卓玛《甘南藏族自治州城镇化发展问题初探》（《甘肃民族研究》2004 年第 4期）分析了甘南藏族自治州城镇化的现状，认为甘南州城镇体系逐步形成，空间布局日趋合理；城镇基础设施不断改进，市容镇貌有较大改观；镇域产业开发得到重视，特色小城镇发展取得新的发展；政策规划逐渐建立，小城镇建设已初步走上法制化轨道。这篇论文还认为：甘南州基础设施建设滞后，全州城镇化水平低；城镇建设机制不活，管理效能低；小城镇数量多，规模过小；县域发展相对滞后，城镇化水平不高等是甘南州城镇化存在的主要问题。同时，该文还提出甘南州城镇化进程中行政管理体制改革滞后，市场体系发育不完善，投资体制改革进程缓慢，政策制度不配套，政策机制调整缓慢是影响甘南州城镇化的制约因素。该文在此基础上，提出了甘南州城镇建设的总体思路、目

---

① 毛曦：《解构：如何书写中国城市通史——读何一民〈中国城市史〉》，《中华文化论坛》2013 年第 3 期，第 180～181 页。

标、路径与对策选择。刘庸的《甘南藏族自治州城镇化影响因素分析》(《甘肃民族研究》2007 年第 3 期)从经济、机制、社会、自然四个方面分析了甘南州城镇化的影响因素。杨培涛的《甘南城市可持续发展研究》(《经济研究导刊》2008 年第 2 期)提出:在 2000—2005 年期间,甘南州城市可持续发展能力总体处于不断上升的趋势,发展力和持续力的变化趋势有较高的趋同性,呈稳步上升趋势,协调力曲线的走势从 2000—2005 年呈现出下降趋势,并有略微的波动,这将会成为甘南州城市发展的制约因素。张惠的《甘南州城镇体系的时空演进与结构优化研究》(西北师范大学 2011 年硕士论文)阐述了甘南州城镇体系的演进历程及特点,通过对甘南州城镇体系的规模等级结构、职能结构、空间结构的现状分析,探讨了甘南州城镇体系的规模等级及结构特征,并进一步从经济、政治、环境等方面分析了甘南州城镇体系发展的条件,提出了甘南州城镇体系结构优化的战略模式和相应的优化策略。王生荣、李巍、王录仓的《人地关系视角下的少数民族生态脆弱区城镇化问题研究——以甘南藏族自治州为例》(《农业现代化研究》2013 年第 5 期)通过构建人地关系状态模型和人地关系演进与城镇化关系分析模型,对甘南州人地关系演进、人地关系演进与城镇化发展的关系和程度进行了分析。姚志春的《甘肃少数民族地区城镇化与生态环境保护协调发展研究——以甘南州为例》(《兰州商学院学报》2014 年第 1 期)在深入分析甘南州生态环境现状、城镇化建设现状的基础上,提出了促进甘南州城镇化与生态环境协调发展机制形成的 11 条对策。王生荣、李巍的《制度创新视角下的少数民族生态脆弱区城镇化问题研究》(《生态经济》2014 年第 3 期)通过对新中国成立后甘南州城镇化历程的梳理,探讨制度变迁对甘南州城镇化的作用;并从草场承包制度、牧民定居制度、就业制度、社会保障制度等方面对甘南州城镇化的制度困境进行了详细分析,提出了甘南州城镇化的创新思路。王生荣、李巍的《西北高寒民族地区农牧城镇化发展研究——以甘南藏族自治州为例》(《农业现代化研究》2014 年第 2 期)通过分析甘南州农牧村城镇化条件、城镇化功能、城镇化动力的区域特殊性，提出了中心城镇优先发展战略，并从确定合理的城镇规模、增强中心城镇基础设施和服务设施的供给能力、壮大城镇产业、注重城镇特色化建设、加强中心城镇生态环境保护等五个方面，提出了中心城镇发展的路径。赵兵坤的《牧区城镇化道路浅析——以甘南藏族自治州为例》(《经贸实践》2016 年第 2 期)在分析甘南州牧区特点的基础上，探讨了牧民定居点建设存在的问题及其对牧区城镇化的影响，提出牧区城镇化道路要循序渐进，增加教育和就业培训投入，加强公共设施建设，吸引人口迁入和加快农牧民合作社发展的对策。张佩佩、董锁成、李泽红、马蓓蓓的《甘南藏族自治州城镇化与生态环境耦合协调关系》(《资源与环境》2017 年第 1 期)通过构建城镇化与生态环境指标评价体系，运用层次分析法和熵值法对2000—2015 年城镇化水平与生态环境质量进行综合评价，并采用耦合协调模型，分析了甘南藏族自治州生态城镇耦合协调关系的演变趋势。

师守祥等人著的《小流域可持续发展论——兼论洮河流域资源开发与可持续发展》一书对洮河流域重点开发区域甘南藏族自治州合作市的发展做了专题研究，主要从合作市的战略地位、藏区发展对我国政治、经济的战略影响，甘、青、川结合部发展对整个藏区发展的重要性，合作市的中心地位、战略重点等方面展开论述。该书通过分析合作市社会经济发展在甘、青、川藏区的优势地位，提出"城市规模大，基础条件较好，以服务业和畜产品加工业为主的个体私营经济发展较快，农牧结合，协调发展，矿产资源丰富，旅游客流较多"将是合作市进一步发展的优势，并在分析合作市作为甘、青、川藏区重点城市建设有利条件的基础上，提出国家应在"甘、青、川藏区设立经济开发区，在生态环境建设和基础设施建设方面以国家投资为主体，多渠道融资"，甘肃省政府可将"合作市列为生态与藏文化旅游开发区和生态畜牧业基地"以加快其发展等建议。①

《西北少数民族地区城市化及社区研究》对甘南州城镇化的战略思考做了专题研究，针对甘南州民族分布混合杂处、犬牙交错，各民族经济文化发展不平衡的局面，作者认为在甘南州少数民族地区积极推进城镇化进程，充分发挥城镇的政治、文化中心功能，有利于促进该地区民族文化的发展。在此基础上，该书进一步分析了推进甘南州城镇化的有效措施，提出加快甘南州经济发展是增强城镇功力支持的观点。该书认为甘南州城镇多分布在"河岸谷底"，"沿交通线指向明显"，"空间规模小"，"空间规模和行政等级相应"的空间布局不合理，提出"以 213 国道为一条贯穿南北的中央主开发轴，辅之东西方向两条开发轴，北面沿岷县公路，南面沿欧拉秀玛到舟曲的公路"构筑"土"字型城镇空间布局，并依此编制符合各城镇的空间结构布局规划，推进城镇基础建设，突出城镇特色，实现甘南州城镇"既具有当代文化内涵，也蕴涵甘南地方的人文特色"的可持续发展路径。②

《西部民族地区城镇化模式与应用对策》从产业创新体系建设的意义，基础要素、构建思路、构建战略、构建对策等方面出发，对甘南州玛曲县产业创新体系建设的规划思路和对策进行了专题研究。③

---

① 师守祥、张智全、李旺泽：《小流域可持续发展论——兼论洮河流域开发与可持续发展》，北京：科学出版社，2002 年版，第 216～245 页。

② 高永久：《西北少数民族地区城市化及社区研究》，北京：民族出版社，2005年版。

③ 柴生祥、李含琳：《西部民族地区城镇化模式与应用对策》，兰州：甘肃人民出版社，2006 年版。

综上，目前关于甘南州的城市研究主要取得了以下成绩：一是对甘南州城市化道路的研究成果较多，道路探讨也比较深入，提出了不少具有实践意义的城市化建设措施。二是在甘南州城镇体系方面的研究比较深入，提出了城镇体系的优化方案。三是对区域内单体城市的研究取得了一些成绩，比如对合作市、玛曲县的研究。四是近年来学者多倾向于对甘南州城镇化发展与生态环境关系的研究。此外，还有学者从旅游、经济、文化等视角出发对甘南州的单体城市如夏河、临潭等县进行研究，并取得了相应的成果。①

关于甘南州城市发展研究存在的不足主要有以下一些：一是缺乏对甘南州城市发展进行较长历史时段的系统研究；二是关于甘南州与西藏、云南、康巴等区域城市发展的对比研究不足。

四、研究思路

本书主要以位于中国西北黄土高原与青藏高原过渡地带的甘南藏族自治州城镇与区域发展为研究对象，运用历史学、民族学、经济学、人类学的理论和方法，通过一定历史时段的考察，对甘南州城镇的产生、发展、变迁及其与区域经济的关系进行系统的研究和审视，揭示其城镇发展的内外影响力、特点及其规

---

① 任弼霞：《改革开放后藏族社会文化变迁——以甘肃省甘南藏族自治州夏河县文化变迁为例》（《文学界》2010 年第 5 期）；代莹：《夏河县旅游资源开发与可持续发展研究》（硕士论文，2007 年）；孙丽：《旅游开发背景下夏河藏族的社会文化变迁》（硕士论文，2007 年）；李小玲：《社会转型时期藏族妇女的职业困境——以夏河县为例》（硕士论文，2009 年）；马广德：《族际和谐与文化创新——以甘肃临潭地域文化为个案》（《宁夏社会科学》2006 年第 4 期）；敏文杰：《临潭回族的商业变迁研究》（博士论文，2008 年）；苗红：《基于 USP 理念的旅游营销研究——以甘肃省临潭县为例》[《淮海工学院学报（社会科学版）2006 年第 2 期》]；石彩霞：《我国旅游业发展趋势及对临潭县旅游业发展的启示》（《甘肃科技纵横》2008 年第 1 期）；敏生才：《藏区回族文化认同研究——以甘肃省临潭县为例》（《康定民族师范高等专科学校学报》2009 年第 1 期）等。

律。本书以城镇发展变迁为主线，全面梳理了 20 世纪中后期甘南州城镇的发展脉络，分析其城镇变迁的特点，并对甘南州城镇与区域发展之间的关系互动进行了探讨，对影响该区域城镇发展的因素进行了分析。同时，还对甘南州不同类型的城镇发展做了解析，旨在通过对甘南州城镇发展不同视角的分析，探讨新时代区域城镇可持续发展的道路模式。具体研究内容如下：

本书前四章全面梳理了 20 世纪中后期甘南州城镇的发展脉络，并从甘南州的自然地理、人文环境、战略区位出发分析甘南州城镇发展的背景因素。历史上，甘南州交通发展的长期滞后，宗教的兴起，多民族共处的历史条件促使该区域的城镇发展十分缓慢，而国家政权力量的介入及其为了控制地方社会而实施的行政区划调整，也直接影响着这一区域城镇的建置和规模。新中国成立后，政治制度的变迁，国家发展战略的政策推行对甘南州的城镇发展带来了深刻的影响。甘南州的城镇体系日益完善，城镇布局日趋合理，城镇产业结构得到优化，城镇规模不断扩大，全区城镇化水平也不断提高。

第五章主要分析了甘南州城镇体系的变迁与区域城市化之间的关系互动，通过分析甘南州城镇化水平进一步揭示其城镇化迟滞的原因。第六章主要从甘南州城镇的类型出发，分析了不同类型城镇职能的变迁及其特点。第七章主要分析了西部大开发战略的政策演进，以及甘南州城镇发展所面临的契机，并对新时代甘南州城市可持续发展做了战略的思考。

本书的创新之处主要是以 20 世纪中后期为时间段，较为全面地分析了甘南州这个特定区域的城镇发展状况、城镇化现状以及不同类型城镇的职能变迁。从研究范围看，本书几乎涉及了甘南州各县（市），是对该区域比较全面的研究和分析。从研究视角看，本书主要是针对甘南州城市发展问题的研究，内容涉及对该区域城镇体系的变迁、区域经济的发展与城镇化、城镇发展影响因素的分析、不同类型城镇的变迁以及新时代城镇的可持续发展道路的探讨。甘南州的城市发展道路体现出欠发达少数民族生态脆弱区域城市发展的一般规律和特点,具有较为典型的示范作用。从资料来源看,本书所参考的资料种类丰富,有民国时期的考察日记、地方志、网络报道、政府规划等资料。

五、研究方法及资料来源

(一) 研究方法

研究方法是指在研究中发现新现象、新事物,或提出新理论、新观点,揭示事物内在规律的工具和手段。这是运用智慧进行科学思维的技巧,一般包括文献调查法、观察法、思辨法、行为研究法、历史研究法、概念分析法、比较研究法等。

本书的研究方法主要包括以下几种:

1. 文献搜集与整理法

利用网络期刊数据库搜索国内外专家学者提出的相关理论与研究成果,研读国内外关于城镇建设、区域经济、宗教文化等的相关理论与资料,为本书的深入研究提供必要的理论基础和实践背景。

2. 实地调研法

赴甘南藏族自治州调研考察,实地考察该地区城镇发展的地理生态环境,向相关部门查询、收集资料,了解其城镇发展现状与存在的问题,获取充实的一手资料,丰富对甘南州城镇的直观了解和感性认识。

(二) 资料来源

鉴于本书是以特定的区域为研究对象,因此,资料的搜集主要是围绕该区域展开的。甘南州的资料搜集有一定难度,其中又以笔者不懂藏语为最大的障碍,这也是本书的研究时段定在 20

世纪中后期的重要原因。这一时期关于甘南地区的考察日记、政府文件、规划资料大都是汉文资料，这在很大程度上弥补了笔者不懂藏语的不足。2010 年和 2013 年，本人先后两次赴甘南州实地考察，认识和接触到一些当地的汉族朋友，并通过他们获得了《甘南州年鉴》，甘南州第二次、第三次全国工业普查资料汇编及部分政府规划资料。通过熟悉甘南州的学友，我获得了一些关于甘南州的内部资料，并在与他们的交流中得到了诸多启发。此外，近年来甘南州政府网上关于交通、教育、城镇基础设施、政府规划等信息报道，也是本书研究改革开放以来该区域城镇发展非常重要的参考资料。关于网上的信息报道，本书在采用时十分谨慎，也尽力多方考证。

第一章　甘南州城镇发展的背景分析

城市是人类文明的产物，但城市不是孤立发展的，所有的城市都必须依托一定的环境才能形成和发展。环境是指"围绕着人类的外部世界，是人类赖以生存和发展的社会和物质条件的综合体"。[①] 综合而言，环境是指自然地理环境和历史人文环境。在长时段的历史发展中，人类总是受到自然地理环境的制约，正如布罗代尔所说："多少世纪以来，人类一直是气候、植物、动物种类、农作物以及整个慢慢建立起来的生态平衡的囚徒。"[②] 甘南州城镇的发展就是在高山峡谷、汉藏文化交流融合，宗教信仰多元的自然人文环境中慢慢成长起来的。

第一节　甘南州的自然地理和人文环境

城市的地理位置是城市及其外部的自然、经济、政治等客观事物在空间上的结合。有利的结合即有利的城市地理位置，必然有利于城市的发展，反之亦然。[③] 一般来说，广阔的平原、高低

---

① 《辞海》编撰编委会：《辞海》，上海：上海辞书出版社，1999 年版，第 3418 页。

② ［法］布罗代尔：《历史学与社会科学：长时段》，载《论历史》，北京：北京大学出版社，2008 年版，第 34 页。

③ 许学强、周一星、宁越敏编著：《城市地理学》（2 版），北京：高等教育出版社，2009 年版，第 42 页。

适中的地形、便利的水陆交通等有利的地理因素是城市产生、发展的重要条件。在各种地形地貌中，平原地区"自然环境优越，地形平坦，交通方便，水源丰富，物产丰盈，能为城市的兴起和发展提供一切必要的条件"[①]。"凡是有条件从事初步农业和畜牧饲养业的地方，就会有村庄存在"[②]，这些村庄有的可能就是城市的过渡形式。河流、平原、农业为人口聚居提供了理想的生产生活场所，从而也为城市的产生和发展创造了有利条件。"许多城市都发端于大河河谷地区，这并非偶然。"[③] 甘南州以高山峡谷的地理环境和"三河一江"（黄河、洮河、大夏河，白龙江）提供的水资源条件为区域内城市的早期发展奠定了基础，而历史形成的多民族大杂居、小聚居人口分布及宗教信仰的多元性，则是该地区城市早期发展的重要人文因素。

一、甘南州的自然地理

自然地理是人类社会及其重要聚居地——城市存在和发展的必要条件。所谓"自然地理"是指"存在于人类社会周围的自然界。包括作为生产资料和劳动对象的各种自然要素，如地质、地貌、气候、水文、生物、土壤和矿产等"[④]。在甘南州城市的产生、发展进程中，自然地理扮演着重要的角色。

甘南州自然环境主要分为高山草原、高山峡谷和丘陵。高山峡谷和丘陵草原的地理环境决定着当地居民主要从事农业、牧业

---

① 马正林编：《中国城市历史地理》，济南：山东教育出版社，1998 年版，第22 页。

② ［美］刘易斯·芒福德著，宋俊岭、倪彦文译：《城市发展史：起源、演变和前景》，北京：中国建筑工业出版社，1989 年版，第43 页。

③ ［美］刘易斯·芒福德著，宋俊岭、倪彦文译：《城市发展史：起源、演变和前景》，北京：中国建筑工业出版社，1989 年版，第55 页。

④ 张全明：《中国历史地理学导论》，武汉：华中师范大学出版社，2006 年版，第2 页。

或半农半牧。区域内峡谷河流地带，水源充足，灌溉方便，是发展农业的较好地段。夏河县甘加八角城至今还保留着"古代弃耕的层层梯田，有的地方梯田一直修至山顶"[①]，其农业发展程度由此可见一斑。农业定居的生产生活方式能有效地促使人口聚集，这是甘南州早期城市产生的重要条件。区域内高山草原形成的天然牧区，则是甘南州牧业发展的基础。牧业"逐水草而居"的生活状态使得人口的流动性增强，很难形成固定的城市，这也是导致甘南州西部城市稀少的重要因素。

从城市的起源而言，几乎所有重要的城市都是围绕江河湖海产生，"因水而生"是城市发展的重要规律之一。甘南州境内河流众多，"三河一江"（黄河、洮河、大夏河，白龙江）及其 120多条支流纵横全境，为城市的产生和发展创造了有利条件。回溯历史上甘南州出现的城市，也基本符合"因水而生"的规律。如甘南州现存的古城遗址甘加八角城位于"夏河县甘加滩东部央曲河与央拉河交汇的台地上"[②]；桑科古城位于"夏河县城西大夏河与大纳河交汇处北侧山头上"[③]；卓尼县羊巴古城建于木尕山脊北端，其"东、西、北三面并枕洮水"[④]；该区域的迭当什古城也是"坐北面南依山而筑，东西北三面均被洮水环绕"。[⑤]

此外，气候作为人类赖以生存的自然环境中的一个重要组成部分，也是城市产生和发展的重要条件之一。据统计，在全世界20 万人口以上的城市中，处于热带的城市占总数的 7.6%；处于

① 师宗正、秦斌峰：《河西走廊（甘肃二）》，北京：中国旅游出版社，2015 年版，第 181 页。
② 师宗正、秦斌峰：《河西走廊（甘肃二）》，北京：中国旅游出版社，2015 年版，第 181 页。
③ 西北师范大学古籍整理研究所：《甘肃古迹名胜辞典》，兰州：甘肃教育出版社，1992 年版，第 200 页。
④ 刘满：《唐洮州治所位置考》，《敦煌学辑刊》2011 年第 1 期，第 22 页。
⑤ 马永寿：《卓尼史话》，兰州：甘肃文化出版社，2007 年版，第 277 页。

干燥带的城市占 5%；处于温带的城市占 72.6%；处于冷带的城市占 14.8%。[①] 由此可见，绝大多数城市分布在温带上，寒冷、干旱、过于湿热的地区，城市则相对较少。从气候看，甘南州属于大陆性高原气候，高寒低温。甘南州西部的碌曲、玛曲、夏河由于海拔高，空气稀薄，透明度高，年平均气温在 3℃ 以下。临潭、卓尼两县平均气温为 3~6℃。迭部位于东南部，气候比较温和，年平均气温在 6℃ 以上。而位于白龙江河谷东端的舟曲县年平均气温在 13℃ 左右，冬无严寒，夏无酷暑。[②] 总体而言，甘南州的气候偏冷，不是最适宜人类居住的地方，这也在很大程度上限制了区域人口的密度，进而制约了城市发展的数量和规模。

综上，首先，甘南州位于甘肃省南部，甘、青、川三省交界处，东与陇南市、定西市毗邻，南与四川阿坝藏族羌族自治州交界，西连青海黄南、果洛两个藏族自治州，北靠临夏回族自治州，其"交界"的地理位置促使了辖区内民族的融合和文化的多元。因此，其城市的发展也体现出多元的特色，如以藏传佛教寺院为特色的城市夏河县城，回族商业重镇临潭县城等。其次，甘南州作为黄河流域的上游地段，水源充沛，城市在这里"因水而生"，虽其数量由于资料的缺乏而不能确切统计，但从现存的古城遗址以及今天仍在发展中的城镇来看，这里的城市发展比较活跃。最后，甘南州总体上属于高原环境，河谷、草原、高山将全区分为不同的区域，与此相适应的是农、牧、林经济生产方式。不同的生产方式使得甘南州的人口密度分布悬殊，表现为"东密

---

① 参见 ［日］矶村英一主编，王君健等译：《城市问题百科全书》，哈尔滨：黑龙江人民出版社，1988 年版。转引自马正林编：《中国城市历史地理》，济南：山东教育出版社，1998 年版，第 27 页。

② 洲塔：《甘肃藏族部落的社会与历史研究》，兰州：甘肃民族出版社，1996 年版，第 44 页。

西疏、农密牧疏、谷密山疏"①，这也决定了其城市主要分布在东部农业发达的河谷地区，如洮河流域的临潭、卓尼，白龙江流域的舟曲等。

由于自然地理环境的限制，甘南州的城镇发展一直缓慢，城市化水平较低，是城市发展的"后发"地区。"后发"虽然反映出区域城市发展的落后状态，但同时也表明该区域的城市发展具备"后发"的开发潜力和优势。黄河流域是中华文明的摇篮，河流形成的台地与冲积平原土层深厚，土质肥沃，为农业生产的发展提供了必要条件。而发达的农耕文明是形成人类聚居地——城市的基础。甘南州虽地处黄河流域的上段，但由于该地段位于青藏高原的边缘，地形主要以高山峡谷为主，没有形成黄河流域中下游那样宽阔的台地和平原。因此，从地形因素而言，甘南州很难产生大规模的城市。不过，城镇的不发达也意味着环境资源的开发程度不高，而这也正是未来城镇拓展的优势之一。

甘南州偏冷的气候条件既不利于农业的发展，也不宜于人类的生存，所以境内人口密度较低，这虽然不利于城市的产生和发展，但从环境的可持续发展而言，较低的人口密度有效降低了人类对环境的破坏力，为甘南州城镇的可持续发展储备了一定的资源。此外，作为"后发"民族地区，甘南州的城镇发展还可以借鉴发达国家和国内经济发达区域的成功经验，有选择性地、创造性地规划道路，避免走弯路，从而实现城镇的可持续发展。

二、甘南州的人文环境

人文环境是研究区域发展的必备考量因素，其形成和演变适应了人类社会文明进步的客观需要。人文环境可以定义为一定社

① 甘南藏族自治州地方史志编纂委员会：《甘南州志》（下），北京：民族出版社，1999 年版，第 1030 页。

会系统内外文化变量的函数，文化变量包括共同体的态度、观念、信仰系统、认知环境等。人文环境是"社会本体中隐藏的无形环境，是一种潜移默化的民族灵魂。广义的人文环境就是指人们周围的社会环境，是由于人类活动产生的周围环境，是人为的、社会的，非自然的。"① 根据定义，行政建置、人口、民族、宗教信仰等都属于人文环境的范畴，下面就从这些方面对甘南州予以介绍。

（一）建制沿革

甘南州在夏、商、周以至春秋战国时期属古西羌地，古羌人是羌族的前身，当时他们的活动范围很广，西起黄河源头，东到陇西地区，南达川西北，北至新疆鄯善一带。他们以原始狩猎和游牧为生，居住村落甚为分散。秦穆公三十七年（前623），秦国向西扩展，拓地千里，今甘南州的临潭、舟曲等地进入秦国版图。这一时期，甘南州的东部、北部部分地域属陇西郡临洮县，其余仍为羌人牧区，称羌中。汉代沿袭秦制，甘南州部分地区属陇西郡、金城郡辖，在今舟曲设羌道县②，属武都郡。三国至南北朝三四百年间，朝代更迭，政权林立，甘南州各地分属不同政权、不同郡县辖治。隋代，甘南州属枹罕、临洮、宕昌、河源、饶河等郡辖领，其中河源郡辖今玛曲县全境。唐代开始设置道、州、县，甘南州部分地区属陇右道、剑南道统领，西部属吐谷浑及羌人弥药部领属。宋袭唐制，全国分为十五路，其下设府、州、军、监，熙河路辖洮、岷、熙、河四州，今舟曲属阶州。金代甘南分属河州、洮州、利州。元代改制，设省、路、府、州、

---

① 钱静、朱启酒：《镇域经济发展战略和路径选择》，北京：中国农业出版社，2012年版，第75页。

② 《舟曲县藏族部落》，载甘南州政协文史资料委员会编：《甘南文史资料》（第11辑），合作：甘南报社印刷厂，1994年版，第2页。

县，在朝廷设总制院（后改宣政院）掌管藏区军政事务，下辖藏区各宣慰司、万户府等地方军政机构，甘南州分属吐蕃等处宣慰司、西固蕃汉军民千户所、松潘宣抚司辖领。明代改行省为布政使司，下领府、州、县，甘南州分属陕西郡司洮州卫军民指挥使司、河州卫、岷州卫西固军民千户所辖领，另有卓尼杨土司、小杨土司、洮州咎土司、西固黄土司、宕昌马土司、岷州后土司及大小僧纲所辖封地。清代甘南州分属河州、循化理番厅、阶州西固分州、洮州厅及各土司、僧纲辖领。

1913 年，废府设道，临潭属兰山道，西固属渭川道。1928 年建立夏河县，由原循化辖改属甘肃省管理，1937 年设立卓尼设治局。1949 年设岷县专区驻岷县，领岷县、陇西、漳县、临潭、夏河五县及卓尼设治局。1950 年 5 月 20 日，撤销岷县专区。1952 年 7 月设立甘南州委员会，1953 年 10 月甘南藏族自治区成立，是全国十个藏族自治州之一，下辖夏河、玛曲、碌曲、卓尼、迭部、临潭、舟曲和合作市七县（市）。1954 年，碌曲、玛曲、舟曲行政委员会设立，1955 年建立碌曲县、玛曲县、舟曲县。1955 年 7 月 1 日，甘南藏族自治区更名为自治州。至此，甘南州辖夏河、碌曲、玛曲、舟曲、临潭、卓尼六县，1956 年州府由拉卜楞镇迁至合作镇。1959 年行政区划调整，碌曲、玛曲两县合并为洮江县，卓尼县并入临潭县，舟曲与卓尼所属的下迭区新建迭部县。1996 年 6 月，经国务院批准设立合作市，经过一年多的筹备，1998 年 1 月 1 日合作市正式成立。至此甘南州的辖区为七县一市，此后，甘南州七县一市的行政区划趋于稳定，并一直延续到今天。

纵观甘南州的建制沿革，作为西陲三省"交界"的多民族交融之地，中原王朝政权力量的介入与否及介入后为控制地方社会而实施的行政区划调整，对该地区城市的发展产生了较大的影响。秦以前，甘南州是古羌人生息的游牧地，"逐水草而居"的分散状态在很大程度上阻碍了城市的产生。秦以后，随着国家政权力量的不断介入，郡县行政机构的不断完善，区域内逐渐产生了政治意义上的城市雏形。从政权的更迭中，临潭、舟曲、迭部等地由于更靠近国家政权中心，经历代经营，与汉文化的交融程度更深，因此该区域的城市一直不断发展。而甘南州西北部、中部等地虽然也曾出现过一些政治、军事城市，但他们与汉文化地区较远的地理位置使得国家政权的力量很难持续介入，而一旦中断，这些城市很可能就成为历史记忆。今天甘南州现存的甘加八角城、桑科古城、羊巴古城等遗址即是最好的历史证明。

（二）多民族的人口构成

甘南州现有总人口 68.03 万，含藏、汉、回、土、蒙等 24 个民族民众，其中藏族人口 37.85 万，占总人口的 55.6%。① 从民族构成看，甘南州是以藏族为主体的多民族聚居地。然而，由于不同民族对生产技术的掌握程度存在差异，因此，甘南州多民族的人口构成特点使得其城市的发展与内地城市有所不同。

甘南州的藏族是区域民族的主体，在渊源上与古羌人、氐人和吐蕃人等有关。洲塔先生曾从方言口音分析了甘南州藏族与吐蕃人的渊源，他指出："今甘南舟曲一带的藏族，多是吐蕃时期来自西藏工布地区马兵军队的后裔，至今当地仍操工布方言的口音；今甘南卓尼地区的藏族，多是吐蕃时期来自西藏彭波地区驻牧部落的后裔，至今当地藏族仍操彭波口音；今甘南迭部、陇南文县地区的藏族，多是吐蕃时期来自西藏达布（在今山南市）地区驻牧部落的后裔，至今当地藏族仍操达布藏语口音。"② 可见，甘南州的藏族基本上可以说是游牧民族的后裔。游牧民族过着逐

---

① 《甘南藏族自治州能源发展研究报告》（调研资料）。
② 洲塔：《甘肃藏族部落的社会与历史研究》，兰州：甘肃民族出版社，1996年版，第12页。

水草而居的生活，农业经济不发达，人口分散，这对城市的形成十分不利。

甘南州三省"交界"的边缘位置促进了民族的流动，其中汉族移民对这里城市的发展有着极为重要的影响。历史上，甘南州的汉族移民主要通过两种渠道进行，其不同的移民动因对城市的形成有着不同影响。其一，为逃避战乱或暴政而自发迁入甘南州的汉人，他们往往与当地民族呈大杂居、小聚居分布，并逐渐形成汉人聚居城。今甘南州的洮岷地区山大沟深，历来为汉人避乱迁移的首选之地。公元前210年，大批今陕西、山西等地的汉人为逃避秦朝的暴政，逃往洮岷地区居住。[①] 隋朝宗室部分子弟也在王朝灭亡后，逃到了今洮岷地区避难，现在临潭旧城、新城、陈旗以及卓尼的部分杨姓群众自称为隋朝宗室后裔。[②] 避难而来的汉人不仅为洮岷地区带来了先进的农耕技术，促进了农业经济的发展，而且他们还设堡立镇，建立了汉城，如临潭的江卡寺即是"汉人城"的意思。[③] 这些汉人城其实就是汉人移民的聚居地，虽算不上真正意义上的城市，但对当地的游牧民族而言，这无疑是定居的城市生活的雏形。其二，国家政权"强边固防"的移民通常都伴随着屯兵城堡的修建和形成。甘南州的洮州地区是区域内"西连九曲、东接秦陇；东南可到巴蜀，西北可达河湟"的交通要冲[④]，成为历朝移民屯兵的重要地区。洮州地区的羊巴古城曾于唐天宝八年七月建成战楼一座，并树碑铭文，即八棱碑，其碑文《石堡战楼颂》中"敛其甲兵"一语道出了这里的军

---

① 马晓军：《甘南宗教演变与社会变迁》，兰州：甘肃人民出版社，2007 年版，第 39 页。

② 《临潭县志》编撰委员会：《临潭县志》，兰州：甘肃民族出版社，1997 年版，第 773 页。

③ 甘肃省图书馆书目参编部：《西北民族宗教史料文摘》（甘肃分册），兰州：甘肃省图书馆，1984 年版，第 59 页。

④ 刘满：《唐洮州治所位置考》，《敦煌学辑刊》2011 年第 1 期，第 17 页。

事意义，同时也充分证明羊巴古城是唐代的屯兵重镇。[1] 北据峡口，西临洮河的包舍口古城正是"后凉五屯护军中石门护军遗址，亦为宋王韶进军洮州时所设之军事重镇"。[2] 明洪武十二年，朱元璋在临潭旧城东六十里修建新城，把应天府（南京）和凤阳、定远（今安徽境内）一带的大量居民迁到洮岷地区屯田，许多罪犯也被发配到这一地区服役。

在甘南州，重商的回族也有相当的数量，他们是这里商业城市形成的重要推动力。公元1252年，忽必烈率领军队从西北出发，经四川前往云南征战，其"探马赤军"和"西域亲军"中的穆斯林随军留下驻守洮州。[3] 元朝统一后，这些驻守洮州军队中的穆斯林定居下来，成为甘南地区回族的来源之一。明朝洪武年间，"洮州十八族番叛"，回族将领西平侯沐英率领明军平息叛乱。随后，明廷留下将士在洮州筑城戍守，这些留戍的回族将士也成为甘南地区回族的重要来源。清代，拉卜楞寺在甘南地区建立，善于经商的回族出现在了通往寺院的交通要道上。此后，随着社会的进步和商业的不断发展，拉卜楞成为甘南地区的商业中心城市，不少来自临夏的回族商户定居于此做生意。随着回族在甘南州力量的壮大，一些重要的回族聚居区逐渐形成，临潭旧城即非常典型的回族商贸城。

综上，甘南州人口最多的是以游牧为生的藏族，其分散的人口在很大程度上延缓了城市的形成。而移民形成的汉人城和屯兵城堡不仅促进了这里城市的发展，同时也为游牧民族提供了修城筑堡的经验。1538年，卓尼第六代土司杨臻在上卓沟河与洮河汇流处的冲积扇面上，修筑了"东西骑跨左纳、桃日两山，坐北

① 马永寿：《卓尼史话》，兰州：甘肃文化出版社，2007年版，第280页。
② 马永寿：《卓尼史话》，兰州：甘肃文化出版社，2007年版，第283页。
③ 马晓军：《甘南宗教演变与社会变迁》，兰州：甘肃人民出版社，2007年版，第34页。

朝南，呈不规则多边形"的卓尼古城。① 卓尼古城虽然由游牧民族自主修筑而成，但其城市的位置选择、朝向、形态等都与汉族城堡极为相似。

总之，作为大杂居、小聚居的多民族地区，甘南州的城市发展具有多元化特性。汉人城、屯军城堡是以农业为主的城市，寺院型城市夏河更多体现的是消费型城市的特点，而临潭则是回族商贸城市。

（三）宗教信仰

甘南州有着深厚的宗教文化传统，是世界三大宗教的汇集之地，其中藏传佛教是其宗教文化的主体。伊斯兰教、基督教和藏传佛教共存于甘南州，并对城市的发展产生了一定的影响。

1. 甘南州的宗教信仰状况

公元7世纪前，佛教尚未传入甘南地区时，这里的藏族人信奉的是原始宗教——苯教。苯教认为万物有灵，对自然充满敬畏之情。公元7世纪左右，佛教从印度和汉族地区传入西藏，结合青藏高原特殊的人文地理和历史环境，经过与传统苯教的冲突、调适与融合，逐步形成了以"密宗传承"②为特点的藏传佛教。藏传佛教随吐蕃王朝在甘南地区的活动而传播。公元15世纪，格鲁派（黄教）兴起。1709年，嘉木样一世在甘南州夏河县修建拉卜楞寺。拉卜楞寺逐渐发展为西藏外最大的格鲁派寺院，并成为安多地区藏传佛教的圣地。此外，苯教、藏传佛教的分支宁玛派和萨迦派在甘南地区也有不少信奉者，如迭部一带就有仍尕寺等八座苯教寺院，夏河县的红教寺即宁玛派寺庙，迭部的自古寺则是萨迦派寺院。

伊斯兰教在甘南州的传播是与回族进入该区域相联系的。明

---

① 马永寿：《卓尼史话》，兰州：甘肃文化出版社，2007年版，第281页。
② 蒲文成：《宗喀巴与藏传佛教》，《文史知识》，2006年第2期，第41页。

洪武年间，跟随沐英西征的回族将领敏大镛在临潭新城修建了西门清真寺，这是当时在临潭修建的首座清真寺。由于藏传佛教在该地区的强大影响力，伊斯兰教在甘南州腹地的影响力很有限。1901 年，马启西在临潭创办西道堂。西道堂重视以商业为支柱的经济发展，重视农业和林业，其规模虽然不大，但内部分工清楚，逐渐形成以临潭县城关为中心，包括 13 个乡庄在内的农、林、牧、商、副五业齐全的"西道堂大家庭"。①

道教作为中国土生土长的一种宗教，它的信仰者主要为汉族群众。道教在今甘南地区的传播始于宋、金，发展于明。元朝以佛教为国教，虽然在一定程度上抑制了道教的发展，但由于道教在甘南州有不少信徒，故道教在甘南州的部分地区并未衰败。元朝，洮州一地，先后有由道士募化建成的文昌宫、关帝庙、三清庙、三官庙、三霄殿、财神庙、瘟神庙、城隍庙多座；西固（今舟曲）一地也先后建成玄天观、天庆观、东岳庙、文昌宫、灵山寺、鳌山寺等。② 道教之所以在这些地区一直存在，究其原因，在于当时今甘南地区已有一定数量的汉族人口，受汉文化的影响较深。

鸦片战争以后，基督教的新教开始传入甘南州，临潭和卓尼是最早的传教地区。以拉卜楞为中心的甘南地区西部区域，其基督教的传播是从 19 世纪末期开始的，而迭部县和舟曲县的基督教是民国年间传入的。在甘南州，藏传佛教和伊斯兰教在藏族和回族中，几乎是全民信教。作为近代才传播的"后发"外来宗教，基督教面临的不仅是中西文化的冲突问题，而且信徒资源也十分有限，因此，甘南州的基督教主要是在汉族中传播和发展。

---

① 《临潭县志》编纂委员会：《临潭县志（1991—2006）》，兰州：甘肃人民出版社，2008 年版，第 824 页。

② 甘南藏族自治州地方史志编纂委员会：《甘南州志》（下），北京：民族出版社，1999 年版，第 1733 页。

2. 甘南州多宗教信仰对城市发展的影响

藏传佛教的神山信仰在很大程度上延缓了甘南州的城市化进程，成为其城市"后发"的重要因素之一。藏传佛教的中心在青藏高原万山之中的西藏，那里山地植被较好，不仅可以提供较充足的草木之实和禽兽之肉，而且还可以免遭洪水的威胁，这是早期人类的理想栖息之地。山在青藏高原的藏族社会中居于中心地位，藏族人民对山的依恋和情感融入藏传佛教的信仰中，并主要体现在藏族人对神山的崇拜或祭祀中。在藏族地区有这样一种观念，山都是父亲，即父山。这种神山信仰使得藏族地区的每一座神山都被"赋予某种无形神灵的存在而得到藏族信众的崇拜和保护"，"藏族信众对每座神山上的动植物都不敢轻易砍伐"[①]，当然也不可能轻易开发矿产资源。因此，藏族地区对神山的崇拜不仅保护了自然环境，同时也限制了矿产资源的开发。即便是今天，藏族地区阻止开发神山的事件也时有发生。2007 年，甘南州夏河县麻当乡藏族群众就因为不同意安多水泥公司开采矿山的行为，而集体将公司的装载机扣押在矿山，并要求与公司协商解决问题。[②] 在藏区，神山与矿山的碰撞揭示的是民族宗教文化与现代化的冲突问题，而这也是制约甘南州城市化发展的重要因素之一。但与此同时，神山信仰又保护了山地资源，为其城市化发展提供了"后发"资源优势。此外，对山的敬畏，还使得藏传佛教的寺院大都建筑在"人口密集的河谷地区的山地"[③]，这对藏区城市的布局产生了一定影响。甘南州牧区人口分散，寺院往往

---

① 尕藏加：《藏区宗教文化生态》，北京：社会科学文献出版社，2010 年版，第 35 页。

② 王丽娟、丁鹏：《传承、更新与借助：对藏族"戎亢"的解读——以甘肃省甘南藏族自治州夏河县麻当乡为例》，《民族研究》2008 年第 6 期，第 53 页。

③ 朱普选：《山与藏传佛教寺院建筑》，《青海民族研究》1997 年第 4 期，第 39 页。

能有效地促进其人口的聚集。寺院建立以后，一部分牧民在寺院周围定居下来，而众多寺院的僧侣又会产生消费需求，于是寺院型城镇便应运而生。甘南州夏河县就是典型的依托拉卜楞寺发展起来的寺院型城镇。

伊斯兰教崇商重商的伦理价值观念，推动了甘南州商业经济的发展，促进了城市的发展。在甘南州临潭县，西道堂自建立以来，按照伊斯兰教的教义精神，利用自己的宗教特权和教派的力量，进行集团性的商业活动，使商业成为临潭旧城的第一大产业，同时亦促进了农业、林业的发展。

在城市文化教育方面，甘南州的三大宗教都有所作为。清末，政府在寺院提倡新式教育。1939年3月，禅定寺宋堪布在卓尼创办卓尼禅定寺喇嘛半日制学校，这是甘南州最早对僧侣进行现代科学文化知识教育的学校。1945年，拉卜楞寺在寺内设立了青年喇嘛职业学校。伊斯兰教西道堂也十分重视学习文化知识，主张男女均应上学读书，并创办了小学和中学，对完善临潭的城市职能做出了重大的贡献。此外，基督教虽然在甘南地区的信徒较少，但传教士在甘南地区各地兴办的学校、诊疗所和慈善事业，也在一定程度上促进了甘南州各大小城市文化、教育和医疗卫生事业的发展。

作为多宗教的民族地区，甘南州的城市发展与内地有所不同。在这里，城市的发展与宗教信仰的关系十分密切，如以拉卜楞为中心的寺院型城市夏河的兴起与发展就与藏传佛教的兴盛关系密切，而以西道堂为中心的商贸城市临潭则与伊斯兰教崇商重商的教义有关。可见，甘南州城市的产生、布局及产业发展等都蕴涵着特定的宗教文化内涵。

第二节 甘南州的战略区位

城市发展的战略区位系指一个城市形成发展的重要地理位置，尤其指交通地理位置和经济地理位置。[①] 甘南州的战略区位是指其西接藏区腹地，东连陇右汉地的"民族走廊"区位。[②] 沟通汉藏两地是甘南州特定的区位意义。从农业时代到工业时代，随着国家战略的不断调整，甘南地区"民族走廊"也由中原王朝与西部民族政权的缓冲区演变为国家的行政边缘开发区，并在交通、经济及文化区位上表现出发展的"后发"优势，成为推动甘南州城镇发展的重要力量。

一、"民族走廊"的区位意义

"民族走廊"是费孝通先生在 20 世纪七八十年代三次讲话中检讨过去民族调查及民族研究存在的缺陷时提出的研究观念。从含义上理解，"民族走廊"是在"中国特定的自然历史条件下形成的、处于古代冲积平原农业文明区域边缘、属一定历史民族或族群选择的、多半能够避开文明中心政治经略与开发、既便于迁徙流动又便于躲避以求自我保存的、其地形复杂而又依山川自然走向、平面呈条带状的特殊地带"[③]。"民族走廊"在中国民族发展史上，具有普遍的意义。

甘南州地处青藏高原东缘，黄河的上游地段，远离冲积平原农业文明的区域边缘，是沟通汉藏两地的"民族走廊"。历史上，

---

① 姚士谋：《中国大都市的空间扩展》，北京：中国科学技术大学出版社，1998年版，第 158 页。

② 马晓军：《甘南宗教演变与社会变迁》，兰州：甘肃人民出版社，2007 年版，第 19 页。

③ 段渝：《南方丝绸之路研究论集》，成都：巴蜀书社，2008 年版，第 209 页。

民族的迁徙、战争的频繁、地形的复杂以及中原王朝的经略与开发是甘南州"民族走廊"形成的自然与历史因素。承接内地、沟通青藏的"民族走廊"区位也成为甘南州城镇形成、发展的重要推动力。

农业时代，中原王朝与西部民族政权交汇的"民族走廊"区位使甘南州成为冲突的区域，城镇发展呈边缘化特征。历史上的甘南地区是各民族政权军事争战的战略节点。如建于唐代以前的八角城，其"城虽不小，城角之间距离均在弓弩的有效射程之内，可互为照应，因而易守难攻"①。城市布局的军事防御功能显而易见。著名的藏民族史诗《格萨尔王传》也记载："格萨尔王每次出征，都要举行盛大的插箭仪式。而且，在许多危急关头，格萨尔总是以自己那神奇的弓箭化险为夷。"② 至今，甘南地区还保留着插箭节和"出征舞"。这正是今甘南地区战事频繁的历史写照。

进入工业化时代以后，甘南地区由中原王朝与西部民族政权的交界边缘演变为中国的行政区划边缘，其战略地位也由农业时代的冲突区变成了工业时代的开发区，且"民族走廊"边缘区域的发展日益受到国家的战略关注。在今天的城市化、现代化进程中，由于国家经济发展战略的推动，部分区位条件有利的区域优先发展起来了，"民族走廊"与发达地区之间的差距也越来越大，而且呈进一步扩大的态势。2000 年，为改变欠发达地区的落后状态，缩小东西部发展差距，国家适时进行了战略调整，实施了西部大开发战略。西部大开发战略使甘南州"民族走廊"获得了新的发展契机，国家财政的大力支持、政策的倾斜及东部发达地

---

① 师宗正、奉斌峰：《河西走廊（甘肃二）》，北京：中国旅游出版社，2015 年版，第 181 页。

② 林泉：《插箭节：甘南州特有的一种祭神风俗》，《寻根》2007 年第 2 期，第 64 页。

区的对口支援等措施有效地推动了甘南州的发展。在新的技术理念及可持续发展思路引导下，甘南州的边缘"后发"优势不断凸显。

二、经济方式的多种发展形态及商业贸易的活跃

经济方式的发展形态具有明显的地理特征。甘南州地处青藏高原和黄土高原的过渡地带，东部为连绵起伏的丘陵山区，西部是广袤无垠的平坦草原，地形特征主要表现为高山草原、峡谷和丘陵。山脉、河流与草原组合的地理环境是这里经济发展的基本条件。地理环境的组合特征决定了甘南地区经济方式的多种发展形态，即绿洲农业、草原游牧与半农半牧生产方式的共存。

当然，地理环境也不是经济方式发展形态的唯一决定者。正如拉铁摩尔所认为，"地理特点的差别的意义，只是表现在后来社会对环境的不同利用中。当原始农业获得有力的历史发展而凌驾于狩猎及畜牧经济之上时，这个广大区域的同一性允许它以农耕已然建立由于灌溉发明而获得改良的地方为据点，向周围扩散"①。但是，在甘南州，虽然经过多少世纪凿渠灌溉的巨大努力，这里的农田仍然还是分散的河谷绿洲状态。在绿洲之间的土地上，粗耕、旱作或者大规模牲畜饲养，都是比冲积平原更重要的经济方式。换句话说，在甘南州，农业发展的天然限制使当地人不能有与冲积平原地区相同的发展模式。此外，"民族走廊"的过渡性也为甘南州居民在漫长的历史进程中同时利用"汉族的农耕技术与草原的畜牧技术"提供了交流的机会，从而推动了多种经济形态的发展。②

---

① ［美］拉铁摩尔著，唐晓峰译：《中国的亚洲内陆边疆》，南京：江苏人民出版社，2005 年版，第 107 页。

② ［美］拉铁摩尔著，唐晓峰译：《中国的亚洲内陆边疆》，南京：江苏人民出版社 2005 年版，第 309 页。

进入工业时代以后，甘南地区丰富的自然资源和多种经济形态成为工业发展的基础条件。甘南地区是青藏高原东部的一个重要板块，是黄河、长江两大水系重要的水源涵养区，拥有大面积的草原、雪山、湿地、森林以及一百多条河流，水力、旅游、畜牧、藏药药材和山野珍品、矿产等多种资源丰富。在工业时代的技术条件下，甘南州经济发展的潜力优势日益显现，目前已形成水电工业、旅游业、农畜产品加工业、矿业和藏药加工业为特色的经济产业。

贸易的发展源于物质的需求。"民族走廊"意味着甘南地区在沟通汉藏两地的贸易中占据重要地位。历史上，今甘南地区的贸易更多体现为中原王朝维持其西部交通通道的政策结果。如有名的唐蕃古道贸易则是中原王朝与西部民族政权之间各种物质交流的结果。而且这种贸易还带有明显的政治成分，进贡品和赏赐品即属此类。当然，随着贸易路的不断发展，"民族走廊"的边缘过渡性使甘南地区居民在贸易交流上更容易获得内地农业与草原牧业之间的利益。加上不同经济形态之间的物质需求的推动，甘南地区的商业贸易十分活跃。民国时期，甘南州拉卜楞地区的商业贸易不仅辐射甘、青、川地区，甚至也包括西藏地区。今天的甘南州政府所在地合作市也是甘、青、川地区重要的物质集散地，有的物品甚至还转运到西藏拉萨地区。

三、"民族走廊"的交通枢纽地位

"民族走廊"的特点奠定了甘南州的交通枢纽地位。甘南州地处青藏高原的东北边缘，东通三陇，南接四川，西连康藏，北近青蒙，历史上曾是古丝绸之路唐蕃古道的黄金通道，是甘、青、川三省安多藏区政治、经济、文化及宗教活动的中心和"茶马互市"的鼎盛之地，也是青藏高原通向内地的门户之一，具有重要的交通枢纽作用。

甘南州内外联系的通达性和可接近性较好，是区域边缘的交通枢纽。甘南州北距兰州 260 公里，南距成都 816 公里，东至西安 800 公里，西距西宁 400 公里，具有一定的地理区位优势。甘南州主要以公路交通为主，目前已基本形成"三纵三横"的交通运输网络。甘南州先后建成了王达公路、碌则公路、舟迭公路、卓西公路、尕玛公路延伸段、国道 213 线临夏至郎木寺段、江迭公路、定新公路、巴代公路及一批通乡柏油路和通村公路，与周边重要出口通道基本打通，全州公路总里程达到 5648.8 公里，二级公路从零增加到 289.2 公里；所辖七县一市全部通三级以上柏油路，95 个乡镇全部通公路。① 全州现有国道 1 条（213 线）、省道 5 条（312 线、313 线、306 线、311 线、210 线）、县道 28 条、乡道 34 条，州内公路交通方便，交通区位初具规模。

但是，在现代交通工具日益发达的今天，甘南州的交通区位优势有待进一步挖掘和提升。比如，由于受自然条件的限制，比公路更为便捷的铁路和航空在甘南州的建设仍有待加强。不过，这样的局面已有明显改观。2008 年 9 月 26 日开始修建的兰渝铁路途经甘南州，这是第一条通过甘南的铁路。2017 年 9 月 29 日，岷县至夏官营段开通，兰渝铁路全线正式开通运营。2009 年，根据国家铁路中长期调整规划，铁道部发展计划司委托中铁第一勘察设计集团有限公司编制完成了《新建铁路兰州至合作铁路预可行性研究报告》，并通过专家组评审，其中兰合铁路是规划兰州至成都铁路新通道的一部分。② 2014 年 12 月 12 日，兰合铁路开工建设，总工期 4.5 年，计划 2019 年建成。兰合铁路的建成将大大改善该区域的通达能力，促进甘南州南北经济的联系。2009 年 2 月 19 日，国务院常务会议审议通过了夏河拉卜楞

---

① 《甘南藏族自治州能源发展研究报告》（调研资料）。

② 刘健：《临夏甘南火车梦愈来愈近》，《兰州晨报》，2009 年 7 月 6 日。

民用机场立项报告，场址定为阿木去乎镇的二郎滩。二郎滩场址
位于甘南州夏河县阿木去乎镇和牙利吉乡之间，距离夏河县和合
作市分别约 72 公里和 56 公里。① 2010 年 9 月 7 日，该机场开工
建设，并于 2013 年 8 月 19 日建成通航。夏河机场的修建进一步
改善了甘南州的交通状况，提升了其交通区位条件。

四、多元文化的共生

"民族走廊"的边缘区位形成了甘南州多元文化的共生，边
缘的叠合效应提升了甘南州在青藏高原东缘的宗教影响力，使其
成为青藏高原文化圈边缘的文化中心。甘南州地处青藏高原文化
与汉文化的过渡带，自古以来就是草原文化和中原文化交流的区
域。在文化的多元化进程中，"每个人都遵守自己所属群体的规
则、习俗和行为模式，尽管未必完全为这些东西所决定"②。在
甘南地区，多民族"混居"的居住布局，有力地促进了不同文化
的交流，藏文化与汉文化、回族文化，传统文化与现代文化等多
种文化和谐发展，形成了以藏文化为主体的多元文化共生现象，
即生产方式上的"农牧商"共生，宗教信仰上的藏传佛教、伊斯
兰教与道教的共生及居住上的定居、游牧与西道堂大家庭的共
生，等等。

甘南州的藏族文化隶属青藏高原文化圈③，是藏族群众在适
应自然、改造自然过程中所创造的高原文化，既是植根于藏族社

---

① 甘肃省旅游局信息中心：《夏河县拉卜楞机场即将开工》，欣欣旅游网，2009
年 3 月 23 日，https：//m. cncn. com/news/72253。

② ［法］弗朗索瓦·佩鲁著，张宁等译：《新发展观》，北京：华夏出版社，
1987 年版，第 19 页。

③ 我国的青藏高原文化圈以西藏拉萨为中心，向外辐射到卫藏、康巴和安多等
三大藏语方言区，以及邻国不丹、锡金和尼泊尔及印度的拉达克等地区。（参见伦珠
旺姆：《神性与诗意：拉卜楞藏族民俗审美文化研究》，北京：民族出版社，2003 年
版，第 14 页。）

会的民族文化，也是一种特定社会历史阶段下形成并发展的宗教文化。① 它具有"淳厚的群体意识，悠久的辩证逻辑思维训练，沉静的自我完善观念和乐天吃苦的精神"。② 乐天、自我完善的特质使它具有较大的包容性。正是源于藏族文化的包容性，才使得藏族"重牧农，轻工商"的文化理念并未阻碍商业的发展，如以回族为主的临潭旧城曾一度是甘南地区有名的商业城镇，这不能不说与藏族文化的包容性有一定关系。

在多元文化共生发展的进程中，"民族走廊"的边缘性特征推动了文化的变迁，促进了中心文化的形成，并奠定了甘南州以藏传佛教为核心的宗教文化中心地位。1709 年，拉卜楞寺在今甘南地区建成。藏族文化"重宗教义理研究，轻科学技术探讨"的理念及当地藏族群众对宗教信仰的执着，成为寺院发展壮大的动力因素，而甘、青、川"交界"边缘的叠合效应则进一步提升了寺院的凝聚力。经过 300 多年的发展，拉卜楞寺成为整个安多藏区的佛教中心，并在青藏高原藏区产生重要影响。

综上，甘南州城市发展具有特定的"民族走廊"边缘区位优势：地理上，甘南州地处青藏高原与黄土高原、陇南山地的过渡带；文化上，甘南州在青藏高原文化圈的东缘，是汉藏文化交流的重点区域；行政区划上，甘南州位于甘、青、川三省"交界"之地。历史上，由于"民族走廊"的政治、军事战略区位因素，中央政权十分重视对今甘南地区的政治控制，屯兵移民、修筑军事城堡等都在很大程度上促进了民族的交融和经济的发展，为后来城市的发展奠定了基础。新中国成立后，国家对西部地区的政策关注和财力投入，甘南州的城镇发展虽然存在行政区划的"边

---

① 李忱、张世海、杨勇主编：《甘肃民族研究论丛》第 2 辑，兰州：甘肃人民出版社，2005 年版，第 370 页。

② 丹珠昂奔：《藏族文化发展史》，兰州：甘肃教育出版社，1997 年版，第 21 页。

缘"弱势，其现代化建设也明显落后于甘肃省其他区域，不过，甘南州承接内地、沟通青藏的"民族走廊"发挥了特定的"边缘区位优势"，并使其与青藏高原藏区的城镇发展相比略显优势。

第二章 甘南州早期城市的发展及其 历史格局

　　甘南州高山峡谷的自然地理环境在很大程度上决定了当地以畜牧业、农业为主的生产方式，影响了区域人口的分布状况，并对早期城市的形成与分布产生影响。高寒的地质条件制约着当地经济的发展，区域内农业生产比较落后，畜牧业也不发达，人口的聚集十分困难，缺乏产生城镇的空间聚集条件，因而甘南州的城镇数量少。峡谷的地形更是极大地限制了大规模城市的形成。而国家政权的力量能否介入及介入后为控制地方社会所实施的行政区划调整，也直接影响着这一区域城镇的建置和规模。本章主要从自然人文环境出发，分析今甘南州早期城市发展的条件、特点和状况。

第一节　甘南州城市的发展概况及影响因素

　　甘南州位于甘、青、川三省"交界"的位置，是多民族、多宗教地区。作为沟通汉藏的"民族走廊"，甘南州不仅是汉藏文化交流的过渡带，同时也是农牧经济的交织区域。在政治、军事、交通、宗教等因素的影响下，甘南州的城镇职能主要以政治和军事为主。长期以来，各城镇的行政隶属不尽相同，缺乏必要的分工与协调，故难以形成城市等级关系及相应的规模，城镇体系处于孤立发展时期。历史上，今甘南地区高原峡谷的地形地貌限制了城市的发展，区域内城镇数量少，分布不平衡，呈"东密西疏、农密牧疏、谷密山疏"的状态。

一、城镇体系的历史发展

城市体系是"由一系列城市（镇）组成的城市（镇）有机系统，其形成、发展经历了漫长的历史过程"。[①] 甘南州地处甘肃省西南部，青藏高原的东北边缘，山大沟深，是"古丝绸之路和唐蕃古道的重要通道，也是广大藏区同内地进行经济文化交流的核心区域之一。"[②] 一方面，汉藏交流促进了城镇的产生、发展，另一方面，甘南州居民逐水草而居的游牧生活又在很大程度上阻碍了城镇的产生和发展。总体而言，甘南州的城镇起源早，发展慢，城镇体系的形成也经历了漫长的发展历程。

今甘南州地区在夏、商、周以至春秋战国时期属古西羌地。西汉时期，产生了正式的治所城镇，有白石县、羌道县、珊瑚城、茶城4个治所城镇。东汉时期，甘南州分属于凉州刺史部的陇西郡、武都郡和羌人驻牧区。区内有白石县、羌道县2个治所城镇。三国时期，甘南州分属曹魏魏雍州陇右郡、蜀汉益州阴平郡、武都郡和羌人驻牧区。有治所城镇白石县和军事城堡洮阳城2个城镇。西晋时期，甘南州有永固县和洮阳县2个治所城镇。东晋十六国时期，纷争割据，朝代更替较快，地方行政单位的隶属关系随朝代更替而变化频繁。这一时期有治所城镇2个，军事城池4个。南北朝时期，有治所城镇5个。隋朝，治所城镇有3个。唐代，甘南州共有治所城镇4个，军事驻地3个及1个军事镇。五代十国时期，甘南州为吐蕃属地，没有治所城镇。北宋时

① 顾朝林：《中国城之内体系——历史·现状·展望》，北京：商务印书馆，1996年版，第5页。

② 王雅红：《西北民族地区城市发展研究》，北京：民族出版社，2005年版，第115页。

期,有洮州、循化、怀羌、讲朱、叠州、通岷寨、沙滩寨、武平寨、峰贴峡寨9个城镇。南宋时期,甘南州内仅有洮州和循化2个城镇。元朝仍只有2个城镇。明朝,共有城镇6个,其中住所城镇2个,洮州卫治所和西固城守御军民千户所;戌军(城堡)城镇4个,旧洮州寨、着泥寨、平定关和花石关。清朝时期,本区共有各类城镇10个,其中治所城镇有2个,为洮州厅治所和卓尼司治所(在今卓尼县境内),依托寺庙形成的城镇有2个,为拉卜楞寺和沙沟寺,军事城镇(城堡)有7个,为旧洮州堡、太平寨、平定关、化石关、武都关、西固堡、峰贴峡寨等。①

民国时期,国民政府在甘南州的城镇行政建置分别为设治局和县。"设治局"是民国时期推行的一种"相当县治"或"准县治"的地方行政制度,或者可以说是一种"预备县",经过相当治理时间以后,就改为"县治"。1931年6月,国民政府颁布了《设治局组织条例》,明确规定:"各省尚未设置县治地方,得依本条例之规定,暂置设治局,至相当时期,应改为县治。"② 由此看来,"设治局"只是相当于县治的地方特殊行政制度,换句话说,设立"设治局"的地区并不完全具备置县的条件,正所谓:"惟在边远省份,与县治相等地方,或因种族居处之不同,或因文化经济之落后,依其人口财赋,及地方各种状况,未能立时达到设县程度,而开发之初,又不能不特设机关,以资治理。"③ 于是,"设治局"这种特殊的地方行政制度就应运而生。

甘南州地处青藏高原边缘,山大、沟深、河流多,这里交通极为不便,既无公路又少桥梁,是经济文化落后的少数民族聚居

---

① 张惠:《甘南州城镇体系的时空演进与结构优化研究》,兰州:西北师范大学硕士学位论文,2011年,第18~22页。

② 程方:《中国县政概论》,北京:商务印书馆,1939年版,第110页。

③ 谢振民:《中华民国立法史》,北京:中国政法大学出版社,1999年版,第468页。

地。1913 年，改洮州厅为临潭县，属兰州道辖；改置西固县，隶陇南道。1927 年 2 月，拉卜楞设治局成立，隶兰州道。这是国民政府在甘南地区设立的第一个"准县治"地方行政机构。1927 年 7 月，甘肃省废道，设治局和县都隶属于省。1928 年 10 月，国民党中央政治会议决定，将拉卜楞设治局升格为夏河县，划归甘肃省管辖。1937 年，卓尼发生兵变，国民政府始置卓尼设治局。至此，甘南地区形成了 3 县 1 设治局的城镇格局。这一时期，甘南州城镇格局的最大变化是以拉卜楞为代表的，包括卓尼、黑错、郎木寺、土门关、桥沟、陌务等地的新的城镇居民点的出现。①

综上，历史上甘南州的城镇数量少，城镇职能以行政和军事防御为主，各城镇的行政隶属关系不尽相同，且常随政权更替而变化，城镇之间缺乏必要的分工与协调。显然，在这段时期，甘南州缺乏明显的城市等级及相应的规模关系，城镇体系处于孤立发展阶段。

二、城镇空间分布及特点

在传统农牧业时期，甘南州城镇的分布一方面受制于自然地理环境因素的影响；一方面，宗教寺院的人文因素及其历史基础也在较大程度上影响了该区域城镇的产生、发展及分布。甘南州位于甘、青、川三省交界之地，从地理因素看，"交界"具有一定的区位优势。纵观历史，甘南州"交界"的地理区位使得它远离中原王朝的权力中心，成为中原王朝与西部民族政权的交汇点，故而经常陷入战争的泥潭。频繁的军事冲突破坏和延缓了甘南州城镇的发展。然"交界"的控制之争同时也是一把双刃剑。

---

① 张惠：《甘南州城镇体系的时空演进与结构优化研究》，兰州：西北师范大学硕士学位论文，2011 年，第 22 页。

历史上，为加强对政权边缘的控制力度，中原王朝往往会采取移民屯田或军屯的方式进行管控，这不仅有效地促进了甘南州经济的发展，同时也维系着甘南州城镇生命的延续。从汉代白石县建置开始，到民国时期，甘南州的城镇虽历经战乱破坏，仍能基本延续下来，这就足以证明"交界"边缘有维系城镇生命的特殊作用。

新中国成立前，甘南地区共设有夏河、临潭、西固（今舟曲）三县和"准县治"卓尼设治局，其地域分布与区域水系呈一致态势，具体表现为：夏河县位于甘南州的西北部，大夏河自西向东纵贯城区，南北诸山屏围，东西两口渐束，形如右旋海螺，犹如"金盆养鱼"。临潭县位于甘南州的东部，洮河上游的拐弯处。西固县位于甘南州的东南部，临近白龙江。卓尼设治局位于甘南州东南部的洮河流域。

甘南州城镇内部空间分布具有山地城镇的特点，受山形地势的影响，城镇呈"组团式"分布，并且结构单一。譬如，临潭作为甘南地区商业发达的区域城镇，其城镇分为新、旧两城。临潭新城，古称洪和城、洮州城，位于临潭县城东36公里处。新城建于明代，依山而筑，四面环山，气势宏伟。新城建立后，洮州卫从旧城堡迁到了新城，意味着临潭的政治中心移往了新城。清代以来，随着甘南地区茶马贸易的不断发展，临潭的旧城则逐渐发展为以"大宗交易马匹、牛骡、布匹、百货"的贸易中心。[①]夏河县城也是分为二部分，一为市街，是汉、回、藏互市贸易的场所；一为拉卜楞寺院，是藏族之宗教信仰中心。县城有一条大街，连接着拉卜楞寺和城里的商业区、居民区。[②]

---

① 康柳锁：《甘南州近代货币流通概述》，《货币史研究》1990年第1期，第37页。

② 白洁：《甘南岁月》，北京：中国电力出版社，2006年版，第47页。

城市是社会发展的产物，是人类文明的结晶。城市的产生、发展及其分布，受到政治、经济、文化、地域等各种社会因素的制约，因而具有一定的地域属性。因此，在甘南州自然地理、人文环境、政治宗教等因素的综合影响下，其城镇分布具有以下特点。

首先，特定的生产方式、水源分布和居住方式使得甘南地区的城镇布局表现为"东密西疏"和"农密牧疏"。甘南地区山高沟深的地质特点，决定了农牧业的生产方式。游牧民族逐水草而居，乃"移动的村落"，这种聚落要实现城镇转型，必须有足够的经济支撑以形成固定的聚落，并不断地聚集人口，扩大城镇规模才行。因此，在很长一个历史时段，甘南地区都处于部落发展的阶段，能够顺利转型为城镇的聚落很少。甘南地区历史上形成的四座城镇分别坐落于大夏河、洮河和白龙江的河谷地段，这里水源充沛，农业发达，人们安居乐业，城镇因人口的聚集而不断发展。甘南地区的西部是广阔的草原，那是游牧民族"移动村落"的乐土，所以甘南州的城镇呈"东密西疏"和"农密牧疏"的布局。

其次，甘南地区城镇的分布集中于宗教与政治控制力较强的区域。其原因在于，甘南地区地广人稀，沟谷地区的农业经济和广阔草原的牧业经济并存，经济的落后导致居民对商品交换的需求不迫切。因此，不从事生产的消费群体——僧侣和土司，成为促使商业贸易发展的动因之一。比如寺院型城镇夏河：拉卜楞寺兴建以后，随着格鲁派势力的不断壮大，寺院喇嘛人数也不断增长，最多时有"喇嘛四千"[①]，这样一个庞大的消费群体在很大程度上刺激了夏河商贸经济的发展。同时，这里也是历代政府屯

---

① 马无忌：《甘肃夏河藏民调查记》，张羽新、张双志主编：《民国藏事史料丛编》，北京：学苑出版社，2005年版，第282页。

成移民的大本营，是中央政权经营边地的军事前哨基地。大量的汉族移民带来了先进的生产技术，促进了当地农业经济的发展，为人口的增长开创了条件，聚落由此逐渐扩大，于是之前的寨子也就被牢固的城垣代替了。在政治宗教的影响下，甘南州的城镇布局主要集中在寺院和军事防御力量强大的地区，比如临潭、卓尼、西固三县。历代政府也比较重视对这里的经营和管理，以临潭为例，中央政权为加强对茶马互市的管理，遂在此修筑了新城。

最后，甘南州山大沟深的地形条件使得该地的城镇布局以河流峡谷为轴线分布，空间结构松散。自古以来，水系就是城镇发展的摇篮，人类的聚居活动离不开河流。水是城市的命脉，维系着城市的生产、生活用水。因此，水源丰富的地区，农业生产往往比较发达，村民也才能够有条件固定聚居，从而为城镇聚落的产生奠定基础。虽然，与江河湖沼的平原地带相比，峡谷地区的农业发展的确十分缓慢，但就甘南州整体自然环境而言，峡谷地带显然具有发展农业的相对优势。甘南地区历史上形成的四座城镇沿着大夏河、洮河和白龙江的水域分布，正好印证了水系对城镇分布的重要意义。空间结构的松散状态，主要源于峡谷地带的农业发展远不能与平原地带相提并论。甘南州农业经济的发展程度既制约着食物的供应力，又限制了人口的规模，并由此形成地广人稀的自然格局，这也是其城镇布局松散的重要原因之一。

三、推动城镇发展的影响因素

中国早期城市的形成类型分为两种：一种是依靠经济力量聚集人口，从而形成城市；一种是以政治、军事实体为基础，以法律的、宗教的、行政的或暴力的强制性手段实现人口的聚集。中国早期城市大都为后一种类型。① 在我国，农业时代城镇的发展基本遵循着政治中心优先发展的规律：即一个城市的发展规模和发展速度与其行政地位的高低成正比。行政地位越高的城市，规模就越大，发展速度就越快；反之，行政地位越低的城市规模就越小，发展速度就越慢。如果一个城市成为国家或地区的政治中心，那么这个城市就会在较短的时间内得到超常的发展。相反，当它一旦失去了相应的行政地位，那么它的发展就会衰落。② 马克思曾在《剩余价值学说史》一书中说道："亚洲城市的兴旺或说得更好些，完全与政府的消费有连带关系。"③ 可见，政治是中国城市发展变迁的重要影响因素。

（一）执政力量的变迁

甘南地区山高沟深，地广人稀，一方面农业耕种条件艰苦，农业发展缓慢，一方面牧业的生产方式决定了人们"逐水草而居"的生活方式。在甘南地区，落后的经济力量和生产方式显然无法有效聚集人口形成城市。于是，作为自古以来"承接内地，辐射青藏"的汉藏交流前哨，历代中央政权经略甘南的执政力之强弱则成为影响该区域城镇变迁的重要因素。

1. 民国以前中央政权经略甘南的执政力对区域城镇的影响

夏、商、周以至春秋战国时期，甘南属古西羌地。羌族主要以游牧和狩猎为业，逐水草而居，不从事农耕，因此城镇的形成缺乏基础条件。秦汉时期，随着秦国的向西扩展，汉军征讨河湟羌人的胜利和在河湟设护羌校尉，甘南东部地区（今临潭、舟曲等地）逐渐被纳入中原封建王朝的郡县制中，西部仍为羌人之

---

① 何一民：《中国城市史纲》，成都：四川大学出版社，1994年版，第2页。

② 何一民：《从政治中心优先发展到经济中心优先发展》，《西南民族大学学报（人文社科版）》，2004年第1期。

③ 刘凤云：《明清城市空间的文化探析》，北京：中央民族大学出版社，2001年版，第2页。

地。在与中原封建王朝频繁的交流过程中，甘南东部地区的牧民（"东羌"）逐渐由"所居无常，依随水草，地少五谷，以畜牧为主"① 的经济生活向农耕经济转化，进而开始了定居的生活方式，这为今甘南州东部临潭、舟曲等地城镇的发展奠定了人口基础。

三国时，甘南州境内东部属魏国。公元 247 年后迭山以南属蜀国。公元 4 世纪初，吐谷浑自西晋永嘉末年（313）度陇而西，以洮河流域为中心，建国于郡羌之地。公元 7 世纪，松赞干布统一西藏高原建立吐蕃王朝后，吐蕃正式占领洮州，统治了甘青大部分地方。公元 998 年，河湟流域的吐蕃人建立了角厮啰政权，即藏史所称的"宗喀王"。这一时期，甘南大部分地方为吐蕃人管辖。至公元 1073 年，甘南全境归属吐蕃管辖。公元 13 世纪，元朝在河州设立吐蕃宣尉司都元帅府管辖甘南。明朝在青南、川西设朵行都指挥使司，总管藏区事务，包括甘南地区。公元 17 世纪（1636 年）厄鲁特蒙古和硕特部众由天山以北迁居青藏高原，成为青藏高原的统治民族。甘南西部在其管辖范围内。清雍正初年，罗卜藏旦律反清失败，由清朝西安行都指挥使司总辖河州、朵干、马斯藏三卫，甘南西部被纳入青海循化厅的管辖范围。

综上，在中原王朝经略甘南的执政力制约下，甘南州的城镇建设总体呈阶段性发展，既缓慢又不稳定，郡县机构废置不定，城镇规模亦兴衰更替。春秋战国及秦汉时期，甘南是以羌族为主的各游牧民族纵马驰骋的广阔游牧区，各诸侯国或者中央王朝只在东部的边缘区域设置了一些管辖范围有限的行政机构，而且时断时续，废置不定。三国魏晋南北朝时期，中原地区纷争不断、

---

① 甘肃省民族事务委员会、甘肃省民族研究所：《甘肃少数民族》，兰州：甘肃人民出版社，1989 年版，第 97 页。

诸国林立，西北地区的割据政权为了扩大实力，积极开疆拓边，在甘南地区增设郡县。但是，由于西北割据政权的实力有限和盛衰更替急速，所以设置的郡县骤起骤落，城镇建设十分不稳定。隋唐时期，随着国力的不断强大和统治者的积极拓边开疆，甘南地区初步被纳入中央政权的行政管理轨道。公元 618 年，吐蕃在青藏高原崛起。唐末"安史之乱"，吐蕃攻陷洮州，并控制了甘南地区。宋朝，中央政权逐步夺回今甘南州由吐蕃政权控制的小部分地方，并设置行政机构。元朝，在元政府僧俗并用的政治制度下，甘南地区被纳入了中央政权的管理体制中。明清时期，中央政权沿用旧制，以拉拢宗教势力的方式实现了对民族地区的有效统治。明朝，中央政权以洮州为重点经营甘南地区。明洪武十二年，明政府在临潭旧城东 60 里修建新城，并在此屯军，进而加强了中央政权在临潭地区的政治控制力。在政治中心城市优先发展这一规律的作用下，临潭的城区规模不断扩大，逐渐形成新城和旧城分掌政治和商业的城镇空间格局。清朝中后期，清政府以拉卜楞和卓尼两大政教集团为支点，既加强了对甘南地区的统治，又为甘南的城镇建设开辟了道路，为日后夏河、临潭（洮州）和卓尼县城的不断发展奠定了基础。

2. 地方体制对甘南城镇变迁的影响

首先，甘南由于特定的地理环境和民族宗教的影响，在长期的历史发展中形成了特殊的政治制度——"政教合一"。学者认为："甘南州政教合一包括政权支配教权的政教合一体制和教权支配政权的政教合一体制。前者以卓尼杨土司辖区为代表，后者以拉卜楞寺辖区为代表。另外还有一些独立的部落，要么是土司、土官、头人等世俗政权支配教权，要么是僧纲为主的寺院教权支配世俗政权。此外，还有'政教分离'的情形，即政权属于部落，部落所有寺院的教权归于其他寺院。"①

　　甘南的政教合一开始于元代。元代，甘南地区已出现大大小小的部落和地方势力。元政府为了维护其在藏区的统治，积极支持佛教的发展，以封赐法王、大国师等方式拉拢教派首领，并在藏族聚居区设有宣慰使、安抚使、招讨使、万户、千户等官职，负责管理当地军政事务。"各级官员都是僧俗并用，军政通摄，即在地方上不但管理民政，而且同时又管理军政。"② 这种僧俗并用的制度一直延续了下来，成为此后藏族地区政教合一的地方封建政权。

　　"政教合一"影响着甘南城镇的分布与发展。1710 年，嘉木样率弟子在扎西琦地区修建拉卜楞寺，弘扬格鲁派。在宗教政治体系内，寺院以宗教职能为核心，形成了完备的"政教合一"的行政组织系统。在甘南，拉卜楞寺既是最大的寺院，拥有众多的属寺，掌握着教权；同时又是这里的政治统治中心，掌握着政权，其统治机构就设在寺院之内。拉卜楞寺的政教合一制是政权与教权由一座寺院执掌的"政权与教权合而为一"的形式。拉卜楞作为政教合一的政权机构，其嘉木样拉章组织内的各级僧官都有权过问政教和司法等事宜。拉章组织由经师、侍从官、秘书、内管家、恰最意（为大管家或内务总管）、司食长、司服长、经务长、护法法师、活佛代表、医务员、卫队和杂务人员组成，这些官员职数为 1 至 3 人，且有正副或大小之分。卫队和杂务人员较多。③ 拉卜楞通过嘉木样活佛座前茶话会议和寺院常务大会管

---

　　① 李景铭、切排：《甘南藏族部落特点及其现代化转型研究》，《中国藏学》2005 年第 4 期，第 16 页。

　　② 杨士宏：《卓尼杨土司传略》，成都：四川民族出版社，1990 年版，第 13 页。

　　③ 贡保草：《拉卜楞"塔哇"的社会文化变迁》，北京：民族出版社，2009 年版，第 40 页。

理拉卜楞内外、属寺、部落的一切政教、司法和其他重大事宜。此外，拉卜楞还指派"赤哇""郭哇""更擦布"等官员到属寺和属民部落主持政教事务，进而达到控制所属部落政教权的目的。在拉卜楞整套政教管理体制的运行之下，到 20 世纪初，拉卜楞逐渐发展成为安多藏区政治、经济和宗教文化的中心。

拉卜楞寺自建寺以来，先后建有经堂 6 座，大小佛殿 48 座，其中 7 层楼 1 座，6 层楼 1 座，3 层楼 8 座，2 层楼 9 座；鎏金铜瓦顶楼 4 座，绿色琉璃瓦顶楼 2 座；寺主嘉木样活佛的藏式楼房 31 座，各活佛住宅 30 院，大厨房 6 所，印经院 1 所，讲经院 2 处，嘉木样大师别墅 2 处，经轮房 500 余间，普通僧舍 500 多院，占地面积千余亩。[①] 如此庞大的寺院建筑和三四千不从事生产的僧侣，以及无从统计的大量朝拜者，这使得拉卜楞在甘南地区成为人口聚集的重要场所，这是城镇形成、演变的重要推动力。拉卜楞的上、下"塔哇"村落就是在这样的变迁中不断发展起来的。

拉卜楞"塔哇"村落最早的村民主要是拉卜楞寺的属民，靠放牧寺院的牲畜为生，并义务承担寺院的各种杂役。这些属民据说是 1709 年嘉木样一世从西藏来甘南的路上，途经四川若多时带来的。属民刚来拉卜楞时，寺院还未建，他们在这里以游牧为生，因此无法定居形成村落。随着拉卜楞寺院的建设发展，到嘉木样二世时，即 1744 年以后，寺院旁边的属民开始定居下来，他们一边放牧，一边垦荒种地。而他们居住的地方也被称为"塔哇"，即寺院周围的村庄。嘉木样三世时，从青海黄南地区迁来了十一户牧民，这些牧民居住在原"塔哇"村边严卡浪山沟上沿，租种寺院土地，故称为"塔哇贡马"，即"上塔哇"。原来的

---

① 贡保草：《拉卜楞"塔哇"的社会文化变迁》，北京：民族出版社，2009 年版，第 55 页。

"塔哇"因在严卡浪山沟下沿，故称为"塔哇秀马"，即"下塔哇"。至此，拉卜楞寺旁的上、下"塔哇"村落初步形成。随着拉卜楞寺的建立、发展、壮大及宗教影响的扩大，寺院僧侣增多，庙会逐渐频繁，朝拜者络绎不绝，拉卜楞的商业日益繁荣，寺院经济得到发展，经济的发展又吸引了很多民族前来定居、经商，随着大量商业移民的涌入，致使拉卜楞"塔哇"的住户猛增，房屋多达 5100 余间，居民区迅速扩张，逐渐形成了以"塔哇"为中心的"丛拉"，东起曼克尔，西至寺院，南及河南居民区的城镇雏形，拉卜楞也成为甘南地区最为发达的商业城镇。①

其次，土司制度是我国西南、西北少数民族地区的特殊制度。该制度由汉唐时代的羁縻政策发展、演进而来，开始于蒙古帝国及元朝时期，大盛于明代和清朝前期，衰落于清末。② 元末，藏王赤热巴巾派来安多地区的征税大臣噶·益西达尔吉的长子些地，为了寻找宜农宜牧的地方，率部历经艰险，来到卓尼，立根创业，成了藏人的首领，被卓尼寺第一任法台萨迦派"格西"尊为施主，并委托他管理寺院的所有事务。③ 神权和族权的结合，是卓尼土司制度的雏形。到了明代，政府继续推行"以本土之人，司本土之事"的政策，分封土司，安抚地方势力。甘南卓尼土司的势力越来越大，集族权与教权于一身，并因有功于朝廷而被授予世袭指挥佥事兼武德将军，为第一任土司。正德元年（1505），第五代土司旺秀承袭父职，弟弟从小出家为僧。这时，卓尼不仅管辖范围有所拓宽，卓尼寺院也有很大起色。卓尼土司

---

① 贡保草：《拉卜楞"塔哇"的社会文化变迁》，北京：民族出版社，2009 年版，第 160 页。

② 刘继华：《民国时期甘肃土司制度变迁研究——以卓尼杨土司、拉卜楞寺土司群为例》，《兰州教育学院学报》2003 年第 2 期，第 9 页。

③ 杨士宏：《卓尼杨土司传略》，成都：四川民族出版社，1990 年版，第 13 页。

制度是政权与教权由土司家族执掌的"政权与教权合而为一"的形式，与拉卜楞寺的政教合一制有所不同。在拉卜楞寺，政权低于教权；而在卓尼，政权高于教权。历代土司的继承，遵循着世代延续下来的一种习惯法，即"政属于土司，教属于僧纲；兄任民长，管理政务；弟任寺主，主持宗教；土司长子例袭土司，次子例袭僧纲。遇独子时，土司得兼僧纲，政教合而为一"。①

卓尼土司制度所依存的土地制度是城镇发展的制约因素。土司的经济来源于他所有的土地、草场上依附农（牧）民所提供的劳动剩余价值。② 土司拥有朝廷给予的可以世袭的封地，即"户世田"。户世田的生产形式为集体耕作，由土司管辖内的小农自带工具、口粮进行生产，生产的粮食除提留种子外，全部交土司仓库，用于公共储备，防止灾荒和支付土司的费用，包括战争、祭祀、进贡等。除户世田外，土司将部分自营田租佃给农户，让他们谋生。兵马田也是土司所有，属民以户为单位耕种，地租负担不是很重，但是耕种者每户一人一枪一马，遇有战事时自带粮食应征。户世田的所有权属于土司，耕种者紧紧依附在土地上不能迁移。因此，卓尼土司虽然管辖着大约3万平方公里的世袭领地，属民有十余万人，但是经济上的封建依附关系却限制了卓尼城镇人口的聚集，是制约城镇变迁的重要因素。

卓尼土司的家族城堡，在维护土司统治的前提下有限发展。其城镇规模并不大，全城周约二里许，只开辟南、西二门，略如土堡。从城镇居住人口分析，卓尼仅有居民百户，而当时临潭东南的新堡镇却有居民一百二十户，临潭新城则有三百余户，足见卓尼的居住人口很少，连临潭的一个镇都比不上。之所以出现这

---

① 弘学：《藏传佛教》，成都：四川人民出版社，2015年版，第115页。

② 杨士宏：《卓尼土司制下几种土地制度的遗存》，《西藏研究》1989年第3期，第45页。

种情形，究其原因，主要在于卓尼是土司的家族城堡，私属性更强。而这也正是土司城堡与交通贸易型城镇和中原王朝屯兵城堡的根本区别。如位于临潭新城与卓尼之间的新堡镇即为交通贸易镇。该镇"北循朱旗沟经扁都至新城，西溯洮河达卓尼"①，是临潭通往岷县的交通要道。城内居民均为汉人，多经营小商业。新堡镇附近土地肥美，农产品较为丰富，城镇商贸经济逐渐发展，城镇人口也不断增长，城镇规模比卓尼略大。而建于明代的临潭新城，是中原王朝的屯兵重镇，其城镇规模也比卓尼大。

第三，游牧民族部落制度对甘南城镇变迁的影响。甘南藏族部落形成于吐蕃占领时期，吐蕃王朝解体后，包括甘南在内的广大藏族群众失去了统一政权的领导，"种族分散，大者数千家，小者百十家，无复统一矣"，而散居在甘、青、川广大地区的众多部落亦互不统属，各自为政。元朝建立，第一次将整个藏区纳入了中央政权的直接统辖范围。甘南藏族土司制度和部落制度相结合，部落制度开始具有了地方基层政权的合法性。明清时期，沿袭元朝对甘南州的羁縻安抚政策，继续广封众建，因俗而治，封授了大批土司、僧纲和宗教领袖，使土司制度、部落制度和宗教寺院更加紧密地结合为一体，是甘南藏族部落社会发展的顶峰。② 新中国成立以后，甘南州的部落制度保持了一段时间，直到 1958 年民主改革时才完全退出历史舞台。

甘南藏族部落是一种封建性质的，且带有原始部落残余的封建制社会组织，其主要的部落有碌曲的双岔、西仓、玛曲的乔科等。部落内部，血缘关系占重要地位，部落中生产资料的公有制比较普遍。政权与教权的交织不仅使部落的世俗合法性得到承

---

① 甘肃省委员会文史资料研究委员会：《甘肃文史资料选辑》第 28 辑，兰州：甘肃人民出版社，1988 年版，第 182 页。

② 李景铭、切排：《甘南藏族部落特点及其现代化转型研究》，《中国藏学》2005 年第 4 期，第 14 页。

认，更使其得到了神权的庇护。这对甘南藏族社会部落制的延续和巩固产生了深远的影响。

部落制度反映了甘南地区牧民的生活状态。甘南地区最具代表性的部落有西仓、双岔和郎木寺。它们地处甘南地区的西南部，拥有东西广袤二百余里，南北三百余里的辽阔地带，居民靠畜牧为生，大都住帐篷，逐水草而居，所需的粮食等生活资料，则到夏河、临潭旧城一带采购。在上述整个区域内，有房舍五百余座，房主以耕种为业。西仓等部落的首领依赖寺院维护其统治，首领与牧民之间有统属关系，其社会结构以血缘为纽带，这对城镇的建设发展是一种制约。此外，由于该地较为偏僻，历史上虽曾被中原王朝纳入统治，但很多时候鞭长莫及，对此地的有效管理较弱，当然也就不可能有政府主导修筑的城池。再有，部落中绝大多数居民都过着非定居生活，这也是这一地区一直未能形成中心城镇的重要原因。

3. 民国时期近代市政制度影响下的甘南城镇

民国时期，国民政府在甘南建立了县政基层政权组织，相继设立西固县、临潭县、夏河县和卓尼设治局，并推行保甲制度，从而开启了甘南的近代城镇建设。但是，国家基层政权体系的推行并不顺利。一方面由于甘南环境艰苦，政府官员对到此开展工作的积极性不高，甚至还有个别官员根本就不到任。当时，甘肃都督曾委派一个姓林的知事掌管临潭县政，但该知事嫌夷地蛮荒，长期不到职视事。临潭的实际统治权，实际上也就由洮州首富、"义兴恭"商号大老板敏含章掌握。另一方面，县政的推行还受到甘南政教合一制度的阻碍。因此，国民政府并不能掌握大部分本属于政府的世俗权力。民国的夏河县"向来的军政大权都操在拉卜楞寺活佛和黄正清①手里，县政府的力量仅及于县城附近的地方，到较远的地方编组保甲或做其他的事情，都要透过当地的旧势力"②。因此，国民政府虽然在夏河统治十余年，却形同虚设，在这里政令不出县署，政、教、军大事依然由寺院集团决定，而所谓的保甲制实际上也是在寺院统治机构的基础上建立的，如改任"则瓜"为乡长，"干森姆"代行保、甲长职权等。③而卓尼设治局设立后，政令也仍出自杨土司。20 世纪 30 年代，著名记者范长江到卓尼采访后说，杨氏对于属民的统治一如既往，是"完全封建的、神权的方法"。④ 国民党政府在卓尼设岷洮路保安司令部和卓尼设治局等军政机构，保安司令由卓尼土司兼任，下属 3 个民团的军官也都是由土司委派大小头人担任，兵员则是种"兵马田"的属民，因此实际上还是封建士兵制。卓尼设治局相当于县级机构，由国民党临潭县政府兼管，一切政令都商之于土司衙门，权力甚微。部分农区虽设乡、保制度，但乡长、保长均由旗长和头人担任，徒有其名而已。⑤

　　不过，由于国民政府在财政上的投入，也促进了甘南地区城镇的建设，并明显地表现在城镇职能的变迁上。这一时期，甘南地区的城镇在原有政治、宗教、商业职能的基础上，增加了新的职能，具有一些近代城镇的特征。一是城镇文化事业有明显进

　　① 黄正清为拉卜楞寺第五世嘉木样（活佛）之兄，拉卜楞镇政教权力的实际控制者。

　　② 奇客：《黄正清与杨复兴分治下的"安多藏区"》，《西北通讯》1947 第 5 期，第 25 页。

　　③ "则瓜"是世俗官员，由"议仓"直接委任。"干森姆"意译为"三老"，是拉卜楞村落的负责人，经村民会议选举后报"则瓜"。（贡保草：《拉卜楞"塔哇"的社会文化变迁》，北京：民族出版社，2009 年版，第 82 页。）

　　④ 芈一之：《黄河上游地区历史与文物》，重庆：重庆出版社，2006 年版，第 334 页。

　　⑤ 甘肃省民族事务委员会、甘肃省民族研究所：《甘肃少数民族》，兰州：甘肃人民出版社，1989 年版，第 109 页。

步。过去，甘南地区有学识的都是喇嘛，他们不仅学经文，也学习藏医、天文等知识。国民政府为加强甘南地区的文化事业的发展，修建了新式学堂、图书室等。1945 年 4 月 1 日，国民政府教育部在拉卜楞成立了国立拉卜楞寺青年喇嘛职业学校，并特聘嘉木样五世担任校长。1946 年春，由国民党中央直属拉卜楞区党部、拉卜楞保安司令部、夏河县政府会办的"拉卜楞社会服务处"成立，下设民众学校、民众代笔问字处、俱乐部、书报阅览室、民众医疗所等部。1949 年，夏河县共建有 13 所小学、936名学生，拥有 29 名教员。①

二是城镇医疗卫生和体育事业得到发展。1944 年，甘肃省立拉卜楞医院成立，1945 年 10 月医院竣工。该院系国民政府应拉卜楞致敬团所请而设，院址在大夏镇，共有医护人士 16 人，上隶省卫生处，办理诊疗防疫及有关事宜。是年，"夏河青年诊疗所"经三青团中央干事会特准设立，并补助开办费 10 万元，月经费 5 万元。1945 年 2 月，"安多篮球队"在拉卜楞成立。球队负责人马兆麒，有经费 30 万元。1946 年 10 月 10 日至 10 月14 日，夏河县第三届运动大会在示范镇举行。竞赛项目有田径、拔河、足球、篮球、排球和越野赛，表演项目有团体操、国术等。1947 年 9 月，夏河举办"秋季民族运动会"，会期 7 天，项目包括田径、拔河、歌舞等。②

三是国民政府近代市政管理理念的实践，在某种程度上促使民族地区的城镇建设走向开放。1944 年 10 月 14 日，国民政府将夏河县大夏镇列为"示范镇"，以其"商业辐辏，人力物力稍为充裕"作为其他乡镇的模范。12 月 1 日，大夏镇正式易名为"示范镇"，下辖新街保、旧街保、西街保、益民保、实验保、新

---

① 林跃勇：《夏河地区历代大事记》，内部资料，1991 年版，第 289～321 页。
② 林跃勇：《夏河地区历代大事记》，内部资料，1991 年版，第 284～318 页。

安保。1945年12月6日，夏河县政府又将其作为乡镇长选举的试办区域。翌年上半年，夏河县还健全了各级民意机构，并按时召开"保民大会"及"乡镇民代表大会"。下半年度，又奉国民政府令在全县14个乡镇普遍举行了乡镇保长的选举。① 显然，当时的选举并不能真正地体现民意，即便如此，我们也不能完全否认选举这样的形式是城镇管理中的新元素。

（二）军事控制力的消长

甘南州"民族走廊"的区位特点，决定其成为中原王朝与西部民族政权争夺的焦点。各政权在甘南地区军事控制力的消长影响着其城镇的产生与发展。

1. 军事控制力的消长对城镇行政建置的影响

甘南地处中央政权的边缘，为加强控制，历代政府都十分重视甘南地区行政机构的建设，并以移民屯兵的方式修筑城镇，从而促进了城镇行政建置的变迁。以甘南州临潭为例，该城自秦汉以来就是古洮州政治、经济、文化、军事中心，是"扼川、甘、青之钥，锁吐蕃、回纥之匙"② 的陇上重镇，因此，历代政府多次在这里设置郡、州、县政权。民国时期，距离民国临潭县城西70里的废县遗址，曾是汉章帝时"诸羌退聚洮阳"的地方。西晋惠帝于292年置洮阳县，隶属秦州。自西晋永嘉之乱至十六国末，临潭地区被吐谷浑占据，为河州（今临夏）洪和郡覃川县所辖。天嘉二年（561），周遣大使巡视天下，于洮阳城（今城关附近）首次设置洮州，随之又置洮阳郡汎潭县。隋开皇十一年（591），改汎潭县为临潭县。唐贞观十三年（639）为陇右道洮州临潭县。开元二十八年（740）为陇右道临洮郡所辖。安史之乱，

---

① 林跃勇：《夏河地区历代大事记》，内部资料，1991年版，第285、302页。

② 柴繁隆：《高原红色古城——临潭新城》，《丝绸之路》2011年第11期，第44页。

陇右弃之不守，洮地陷于吐蕃，号洮州为临洮城。北宋初为吐蕃玛尔晋所占，仍称临洮。大观二年（1108），童贯统治官辛淑献、冯灌等复洮州，再改临洮为洮州，归秦凤路辖。南宋时期，甘南地区大部分地方沦为女真族所建金朝的领地。金朝升熙州为临洮府，以治理蕃部。公元1226年，成吉思汗率师攻占西凉府，次年，又亲自率师渡河攻取积石州、临洮府及洮、河等州，甘南地区进入蒙古统治时期。当窝阔台任蒙古大汗时，将上述诸州及青海、宁夏等地划给他的儿子阔端做封地。元朝在中央设总制院（后改称宣政院），以统领佛教及吐蕃事务，在今甘南州地区置洮州，下领可当县（今临潭县新城）。明洪武四年（1371）一月，于旧城（今城关）置洮州军民千户所，隶河州卫。十二年（1379），西平侯沐英戡平十八族叛蕃，奉帝谕筑城于临潭新城，升洮州军民千户所为洮州卫军民指挥使司，隶陕西都司。清乾隆十三年（1748）改洮州卫为洮州厅，隶属甘肃省巩昌府。1913年，改洮州厅为临潭县，属兰山道辖。1936年8月，中国工农红军第四方面军十二师长征途经甘南，并占领临潭县，在新城成立了苏维埃政府。1938年，甘肃省调整行政督察区，划临潭县隶属于第一督察区。1949年9月27日，临潭县人民政府成立，归岷县专区管辖，1950年划入临夏专区（现临夏回族自治州）管辖；1953年划归甘南藏族自治州管辖，并延续至今。[①]

2. 军事控制力的消长对城镇经济发展的影响

军事城镇的居住者主要是屯兵及其家属，城镇军户以国家军饷维持生计，这种固定的收入是一般州、县居民所没有的。因此，军事城镇居民的生产、生活方式也就与一般州县百姓不同，城镇的消费职能突出，居民对市场的依赖程度也大于普通农户，

① 临潭县志编纂委员会：《临潭县志（1991—2006）》，兰州：甘肃人民出版社，2008年版，第35~36页。

从而使城镇商业日益繁荣。宋朝，洮州地区开始了官营的茶马互市，从而带动了商业贸易、物资交流和市场的形成，临潭逐步发展成为陇右商品集散地和汉藏贸易的枢纽。两宋时期，宋王朝军队与辽、金政权的战争较为频繁，对军马的需求量大增。为加强对茶马互市的控制，宋王朝相继设置名目繁多的专管茶马交易的机构，并颁布了一系列相关法令。同时，朝廷还设置提茶茶马司，颁布"以茶博马法"等，以获得大批良马，并借贸易活动控制边陲各少数民族和部落。明朝，政府继续在河州、洮州、甘州等地设茶马司，专司同番部的茶马互市，并颁发金牌为信，牌面上镌"皇帝圣旨"，下左镌"合当差发"，下右镌"不信者斩"。清初，沿袭明代茶马交易旧制。乾隆、嘉庆时期，由于政局较为稳定，用马量减少，茶马互市渐渐失去意义。随着茶马司的裁撤，甘南的茶马交易由官办转为民间的自由贸易，藏汉商业贸易由此更为繁荣。大批茶叶和内地出产的生活、生产资料如衣服、绸缎、烟、酒、铁器等商品通过洮州运往藏区，藏区的各种土特产、畜产品通过洮州运往内地。洮州（今临潭）逐渐发展成为甘肃西南部重要的商品集散地和汉藏贸易中心地之一。

同时，屯兵将内地先进的生产技术传入甘南地区，促进了地区经济的发展和民族的交融。洮州由于其"西番门户"的重要地位，明代在此"筑城戍守"，以达到"扼其咽喉"的目的。为解决城镇军民的供养问题，李文忠等将领将带来的江淮一带的军士留在当地开荒种田，战时为兵，平时三分守城，七分屯田，并陆续将屯军家属迁来定居。屯军不仅增加了城镇人口，同时还带来了先进的生产技术，促进了洮州农业经济的发展。

此外，由于政权的更替，战乱的发生，军事城镇的经济又常常遭受到严重破坏，这对城镇的发展建设十分不利。金朝统治者为了防止蕃部与南宋交往，将今临潭地区原有的民族贸易场废弃，禁止米、面入蕃，加上金朝的边将又很贪暴，这就使得不少蕃部"叛服无常",政局十分不稳,当地的经济发展严重受挫。1929年4月,临潭旧城发生马尕西顺暴乱。暴乱导致"临潭西道堂的西大寺、道堂本部建筑、商号、学校以及旧城的民房、庙宇、清真寺、铺店等全部付之一炬"[①]。此后,甘南的商业中心一度由临潭旧城转移到了拉卜楞,直到1933年,西道堂的商业中心才从夏河迁回临潭旧城。但是,当1937年顾颉刚来到临潭旧城时,看到的依然是"败壁颓垣,城内只有两户"的惨景。暴乱以前,临潭城内外居民有二三万人,乱后不到十分之一,其破坏程度可想而知。1942年,于式玉途经今临潭地区,她写道:"经过西城外,一切房屋都因十七八年之乱只剩了些破烂的墙根,走到西门,才看到有几家正在修补破房。……进西门,穿过城内到南关,除了在关帝庙的第三区公署,以及汉人的第一完全小学、回族老教初级小学等还有几间完整的房舍外,其余也像西关一样,尽是许多断壁颓垣。洮州本是草地藏民与川陕等处通商的重镇,百物繁盛的区域,经过民国时期的两次内乱之后,乃一落千丈,而使商业重心移于夏河。近二年有逐渐重兴的意思,南关一带已有数家商店开张。"[②] 说民国十七八年临潭城内有几万人,虽然数据未必属实,但是商业繁盛却是不容置疑的。马仲英兵围临潭,纵火焚烧,导致了该城的萧条。

　　3. 军事控制力的消长对城镇空间分布和城镇形态的影响

　　甘南作为汉藏接合部,历来是兵家必争之地。一方面,战争导致时局不稳,行政归属的更迭影响了城镇的可持续发展;另一方面,中原王朝与西部民族政权在这里的军事博弈也对城镇的空间分布带来了影响。基于历代政府分析区域利弊因素,有效建置

---

　　① 朱刚:《西道堂大事记》,《青海民族学院学报》1982年第4期,第80页。
　　② 于式玉:《于式玉藏区考察文集》,北京:中国藏学出版社,1990年版,第137页。

行政机构的军事博弈策略，甘南地区部分城镇出现了兴衰更迭，城镇的可持续发展严重受阻。譬如西南的碌曲县，由于地理位置偏僻，中原王朝对此地的控制力度不大，加上百姓基本以牧业为生，流动性大，因此，在漫长的历史岁月中，碌曲县不仅行政建置屡有变更，而且还因其军事战略意义远逊于临潭地区而不受重视，其城镇发展亦渐渐衰微。十六国前凉时，今碌曲晒银滩至尕海措宁一带驻有军队。隋代在此设置洮源县、洮阳县，唐初设置西沧州，之后沦为吐蕃领地。公元1072年，宋政府命王韶以武力开拓西北蕃部聚居区。王韶受命在洮水之东筑武胜城（今临洮县境）。之后，宋政府以武胜城置熙州，旋将熙、河（今临夏）、洮（今临潭）、岷（今岷县）等州及通远军之地划为熙河路，任王韶为熙河路经营安抚使，进一步征服甘南吐蕃诸部，并"拓地千二百里"。在宋政府开疆拓土的经略下，洮州的军事、经济地位日益提升，并成为此后历代政府屯兵之地的首选。与之相随的是，今碌曲地区在这一时期的军事博弈中沦为了洮州的辖区，城镇建置也因此中断。可见，军事一方面促进了汉藏接合部城镇的发展，同时也制约了甘南西部地区城镇的发展，这是甘南地区城镇布局形成"东密西疏"格局的原因之一。

军事战略因素还对甘南城镇形态产生了较大的影响，使边地城镇形态烙上了中央王朝城镇形态的印记。历代政府对今临潭地区的战略意义和军事意义都有充分的认识。为有效维护中央对边地的控制，在今临潭地区筑城屯军成为历代统治者的选择。明洪武十二年，西平侯沐英、大都督金朝兴攻占洮州后，即在"洮河之北，东陇山之南川"筑新城，置洮州卫。新城依山而筑，东北高而西南低。城周长4390米，高9.90米，基宽7.92米，顶部宽6.60米，雉堞2050个。修护城池深5米，宽4米。城墙四面设城门，上建碉楼。四门筑有瓮城，城门顶建有城楼，东门"武定"，西门"怀远"，南门"迎薰"，北门"仁和"，城西北角修

"水西门" 1座。① 新城北圆南方，筑有护城河，与封建时期我国的城镇形态基本一致。从布局而言，新城按照内地城镇进行布局，在其前后设置"卫所、厅署、协署、中署、照磨、学署等衙门；文庙、武庙、徐达庙、城隍庙等庙宇建筑群体，还有书院、私塾等"，市场设在城外南关，城内"街道井然，店铺栉次相连，巷内民宅，排列有序"②。该城镇布局充分显示出新城的政治功能居于首位，官吏、军队是城镇的骨干力量，商业则处于从属地位，是为城镇内的官吏、士兵服务的。

（三）经济生产方式的影响

甘南州地处汉藏文化交流地带，不同民族的不同经济生产方式汇聚于此，并形成了简单产业结构中多种生产方式并存的格局。汉族的农耕、藏族的游牧与回族的商贸共生，从而对甘南城镇的变迁产生了影响。

1. 农牧业对城镇发展的影响

农业的充分发展是形成人口空间聚集的重要条件，而人口"充分的空间聚集——产生城市只能在经济较发达，剩余的自由资源可获得程度提高"的区域。③ 甘南地处青藏高原和黄土高原的过渡地带，东部为连绵起伏的丘陵山区，西部是广袤无垠的平坦草原，南邻一望无际的川西草原，境内除高耸的主峰外，其余为平缓起伏的丘陵。基于地理环境因素的影响，甘南州的经济发展方式基本以农牧业为主，大多数人农牧兼营，单纯以农业或牧业为生计的人家较少。高寒的气候条件决定了这里的农作物主要以青稞、豌豆、油菜为主，春小麦、蚕豆、荞、燕麦次之。白龙

---

① 石为怀：《甘南史话》，兰州：甘肃文化出版社，2007年版，第22页。

② 丹曲、扎扎：《藏学论文》（第2辑），北京：民族出版社，2006年版，第58页。

③ 何一民：《中国城市史纲》，成都：四川大学出版社，1994年版，第2页。

江河谷地带，气候比较温湿，主要种植玉米，低处可栽种水稻。
这里的牧民都不种植蔬菜，农民所种的蔬菜种类也不多，一般只
有洋芋、萝卜、圆根、莲花白、白菜等数种。甘南地区的农业采
取粗放式耕种，许多地区的农田不施肥，漫撒播种，广种薄收，
无中耕、除草、施肥的习惯。农民对土地采取轮耕的方法恢复地
力，有的山区还残存着"刀耕火种"的原始耕作方法。生产工具
亦极其简陋，只有皮绳、马绊、驮鞍、奶桶、奶钩、酥油桶、刀
子等，用刀子割羊毛和木棍拔牛毛的现象颇为普遍。铁制农具仅
有锄铲、镰刀等数种，耕地用"二牛抬杠"法，下籽则用手漫
撒，脱粒用槤枷拍打或驱赶牛群践踏。因此，历史上甘南地区的
农业产量很低，正常年景，青稞亩产仅一百来斤，沿洮河一带的
农田也不过 150 斤左右。① 艰苦的生存环境，落后的农业生产不
仅影响了甘南地区经济的发展，还使得甘南的人口聚集程度不
高——虽然在河谷地带也产生了一些聚居点，但人口规模都不
大，与产生城镇还有一定距离。

　　畜牧经济是甘南藏族群众赖以生存的主要经济。近代以来，
其经济主要有两种：一是贷牧，一是自牧。贷牧指牧主占有草
原、牧场及大批畜群，以贷牧等方式，把牛羊交给牧民放牧的牧
主经济。牧主经济在甘南地区占了一半以上。每年牧主付给贷牧
者酥油 30～90 斤不等，收取租牧者大约 50％的畜产品为租金，
并从贷牧者那里获取贷牧牛羊的繁殖数。自牧就是牧民有自己的
牛羊，在牧主（部落头目）的草场上放牧，每年给牧主缴纳一定
的草租。甘南地区自牧经济大约占 40％。其实无论是贷牧还是
自牧，牧民都依附于牧主，广大牧民的劳动成果被牧主（部落头
人）占有，因此，牧民的劳动积极性不高。畜牧生产技术的落后

---

① 甘肃省民族事务委员会、甘肃省民族研究所:《甘肃少数民族》，兰州：甘肃
人民出版社，1989 年版，第 137 页。

也严重阻碍了畜牧经济的持续发展。过去的甘南牧区，每年冬天牧民都会因严寒冻死大批瘠弱病老的牛羊而遭受损失，春季又会因饲草不足而饿死大批牧畜。可见，牧业的落后已成为该区域经济发展的制约因素，同时也限制了人口的空间聚集。人口的集中和增长是城镇形成和发展中十分重要的因素，牧民逐水草而居的帐篷在相当长时期内都只能是甘南牧区孤立的、彼此相距甚远的移动站点，几百户的定居点，相对广袤的草原而言，也只能称得上为星星点点的聚居点，不具备形成城镇的条件。

综上，农牧经济的发展是甘南城镇形成的前提。历代政府在甘南的经营，如行政建置、屯兵移民等，为甘南输入了大量劳动力，他们带来的先进生产工具和生产技术成为推动农业发展的重要动力。如今临潭地区，明政府曾在这里屯兵和修筑城堡，镇守军士和移民曾在这里开垦荒地，促进了经济的发展，百姓安居乐业，农牧兴旺，集市繁荣，从而出现了"烽烟尘消，千里肃静"的局面。① 社会的稳定和经济的发展，有力地推动了临潭城镇的发展。

2. 工商业对城镇发展的影响

新中国成立前，甘南地区不仅没有现代工业，甚至连手工业也不发达，全州主要城镇的手工业共有 314 户。他们中有从事金、银、铜器加工和农畜产品加工的小作坊；有用手工捻线、简单的木机织褐子的织户；有用古老的方法对当地的铁矿进行微量开采，进行矿石冶炼，铸造简单农具的冶炼户。他们是甘南唯一的"工业生产"，但由于经营分散，资金薄弱，生产工具和技术都非常落后，因此规模也很小。新中国成立后，甘南州在大力发展国营工业企业的同时，对私营工商业实行了"限制、利用、改造"的政策。1953 年 6 月，党中央提出了我国在社会主义过渡

---

① 石为怀：《甘南史话》，兰州：甘肃文化出版社，2007 年版，第 46 页。

时期的总路线和总任务，指出要对资本主义工商业和手工业逐步实行社会主义改造，并将其纳入国家计划轨道，使资本主义工商业逐步过渡到社会主义。公私合营是国家资本主义的高级形式，最有利于将私有企业改造成为社会主义企业。根据过渡时期的总路线，甘南州召开了资本主义工商业改造会议，开始了社会主义改造运动。1957 年上半年，全州各类手工业者分别自愿加入了生产合作社和供销合作社。

城镇商业方面，甘南的商业分布比较集中，以致"卓尼藏人住区，虽有三万多平方公里的面积，境内并没有一处集中贸易的商品市场，他们的经济中心，却远在洮州旧城、拉卜楞和松潘"。① 夏河拉卜楞名为"丛拉"的商品交易市场主要是以寺院经济为依托而形成的，贸易交换的货物基本是日常生活用品。民国时期，民族学家俞湘文曾对拉卜楞地区做过调研，当时的拉卜楞有"店铺百余家，均为回汉商人所开设，主要出售百货、番靴、皮毛、绸缎、茶叶、食粮、药品，以及匠工铺、成衣店、茶饭馆等。藏民很少专营商业的，其贸易情形，尚滞留于物物交易与硬币交易之间的半原始状态。他们极少开设店铺，但有一个交易场所，地点在寺院旁边的街道上，每日清晨各以所有至市场求售，其货品有牛羊、马匹、酸奶、酥油、皮毛、糌粑、喇嘛衣帽等。……回汉商人，至市场贸易的，也为数极多，其货物多为藏民的日常用品，如酥油灯、绸缎、茶叶等。此种交易场所，藏人称之为'冲惹'"。② 新中国成立前，拉卜楞地区无银行、典当等金融业，因此大部分资金掌握在寺院活佛、富僧及各部落的土官、头人手中，他们参与经商、放债等活动，从而形成商业垄断

① 明驼：《卓尼之过去与未来》，《边政公论》1941 年第 1 卷第 2 期，第 55 页。
② 李文海主编：《民国时期社会调查丛编：少数民族卷》，福州：福建教育出版社，2014 年版，第 453 页。

集团。寺院经商不设店号，他们委托代办人把内地商品贩往西藏，又从我国西藏、印度等地贩回毛料、手表、珠宝、香料、纸烟、钢笔、鼻烟、镌植等商品，获利数倍。[①]

明清时期，临潭旧城设置了"洮州茶马司"，随着社会经济的不断发展，这里商贾云集，生意兴隆，成为汉、回、藏各族人民进行商品贸易的中心城镇。新中国成立初期，临潭县共有各类商业户 828 家，从业人员 888 人，共拥有资金 1,018,343 元（白洋）。其中：旧城 669 户，从业人员 723 人，有资金 966,033 元（白洋）；新城 138 户，从业人员 144 人，有资金 46,154 元；冶力关 21 户，从业人员 21 人，有资金 6,150 元。全县共有小手工业 114 户，从业人员 180 人，拥有资金 23,965 元。其中：旧城 92 户，新城 15 户，冶力关 6 户。[②] 根据 20 世纪 60 年代的统计数据，新中国成立初期分布在甘南地区各城镇和乡村大大小小的商铺有 2120 户，其中临潭地区就占了 1/3 强，拉卜楞地区据俞湘文考察，其商铺有百余家，而卓尼县做生意的人甚少，全县只有 58 户小手工业和经营日用杂货的小商贩，他们大都是县城内以务农为主的兼营商业者。整个县城只有铁匠 3 户，肉铺 3 户，茶铺 2 户，木匠 1 户，单人小客店 2 户，小摊贩 7 处，坐商 33 户，零食摊贩 2 户。这些商贩中的资本有 150 元（白洋）的只有一户，10 元以上的约 17 户，3 元以上的约 20 户。[③] 新中国成立初期，舟曲县有小手工业者 4 户，工商业者 36 户，拥有资金 20,500 元。新中国成立初期，甘南商业的主要特点是资金少，

[①]　康柳锁：《甘南州近代货币流通概述》，《货币史研究》1990 年第 1 期，第 38 页。

[②]　中共甘南州委党史资料征集办公室：《甘南党史资料》（第 2 辑），内部资料，1989 年版，第 91 页。

[③]　中共甘南州委党史资料征集办公室：《甘南党史资料》（第 3 辑），内部资料，1988 年版，第 127 页。

户数多；行业多，专业户少；少数民族商品多，小商小贩多；流动性和季节性较强。①

3. 寺院经济对城镇发展的影响

新中国成立之前，基于"政教合一"的城镇管理体制，甘南地区围绕土司和寺院的消费经济在城镇经济中占据主导地位。土司和寺院拥有雄厚的资产，以致土司和寺院资本成为城镇商业的重要组成部分。如拉卜楞寺院据有八大部落，十三庄的 3388 户"香火户"，他们的生产资料大多属于拉卜楞寺院或寺院高级僧侣。如嘉木样佛宫的财产，计有土地 4518 亩，水磨 7 盘，牲畜6000 余头（只、匹），房屋 890 余间，森林 30 余处，基金银 3万两，银元三十余万元，另有流动资金若干。② 1938 年，史学家顾颉刚考察拉卜楞寺时曾感慨道："此寺区域大于皇宫，其璀璨亦逾于皇宫，金银珠宝之饰尤较皇宫为甚，殊有黄金铺地之概。盖二百数十年来安多区蒙番民之财富尽流潴于此矣。"③ 然如此巨额之寺院财产从何而来？据学者胡翼成所论，"寺中财产多系官方赐予。人民之无后裔的，遗产亦多捐赠入寺。而募化所得，数量亦可观，亦为寺院基金之一。故寺院拥有大宗田产，放租给农民而后佃户收取租粮，故寺院积有大批资金，其资本之雄厚远非普通人可比较，即土司头人亦不能与之匹敌"④。值得思考的是，土司和寺院虽然拥有大量资本，但他们却把资金投入消费市场，从而限制了向工业部门的投资，阻碍了城镇"从消费型城镇

① 中共甘南州委党史资料征集办公室：《甘南党史资料》（第 3 辑），内部资料，1988 年版，第 126 页。

② 李景铭：《甘南藏族自治州经济社会发展研究》，兰州：甘肃民族出版社，2006 年版，第 123 页。

③ 顾颉刚：《西北考察日记》，兰州：甘肃人民出版社，2002 年版，第 244 页。

④ 胡翼成：《论康藏喇嘛制度》，《边政公论》1942 年第 1 卷第 3－4 期，第 13页。

向生产型城镇的转化"。[①]

（四）交通变迁与城镇发展

道路交通是连接城镇的主要纽带，承载着为城镇发展输送人流、物流的重任，并对生产要素的流动、城镇系统的成长有抉择性的影响。任何城镇的起源和发展都与交通的通达程度密切相关。道路交通从"选址、发展、变迁、空间分布和职能等各个层面上影响着城镇的发展兴衰"[②]。

1. 古代道路交通对甘南地区城镇形成的影响

甘南藏族自治州地处青藏高原和黄土高原的过渡带，地势西北高、东南低，地形复杂，特殊的地域环境，恶劣的自然条件，极大地制约着道路交通的发展。江河阻隔，关山重重，交通闭塞是甘南地区古代交通的特点。古代甘南地区的道路主要是崎岖不平的羊肠小道，峡谷较为平坦的地方为可供一人一畜通行的栈道，洮河、大夏河、白龙江的沿河地段则靠驮道、栈道、溜索和冰桥维持交通。桥梁的主要形式有伸臂木梁桥、木架桥、石台木梁桥、溜索、吊桥等。冬季，高寒地区有可利用的冰桥数十处。栈道主要分布在白龙江、洮河流经的迭部、舟曲、卓尼境内，多达数百处，长数米至数公里不等，宽一米左右。九甸峡、九龙峡、尼傲峡、旺藏沟、达拉沟、插岗等地现在还有古代栈道遗址。在河流"岸宽水深"的地方，设有渡口。渡运工具以皮筏、皮袋、马拉船为主。其中马拉船为方形的木箱，长约9尺，宽约6尺，内铺装牛皮，船内装货物或人畜，由马拉拽过河。马拉船主要在玛曲黄河上使用，一直到1979年才停运。

---

① 黄达远、牟成娟：《近代安多藏区寺院型城镇成因与特征初探》，《宗教学研究》2007年第4期，第135页。

② 范少言、王晓燕、李建超：《丝绸之路沿线城镇的兴衰》，北京：中国建筑工业出版社，2010年版，第210页。

首先，交通运输是区域经济发展的重要支撑，是城镇对外贸易的延伸通道。因此，交通是甘南地区城镇形成的引导力。一方面，基于高山峡谷的地形条件限制，甘南较具优势的交通主要分布在沿河地段，尤其是平坦的河谷地段，这些地段不仅生产条件好，交通条件也好。交通运输能实现互通有无，是集市产生的重要推动力，而集市又对人口的聚集具有引导力。集市与城市发展成正比关系：市场发育的程度越高，人口聚集的密度也就越大，进而推动城镇的形成与发展。因此，古代甘南地区的城镇大都在河谷地段形成，如洮河流域的临潭、卓尼，大夏河流域的夏河县城。

其次，交通是商业贸易与城镇发展的重要推动力。自汉代中西贸易的"丝绸之路"开通以来，西北少数民族地区经济不断发展，沿丝绸之路的甘南地区也参与到丝路贸易中，并在与中原地区的经济联系中发展了互市贸易，并形成了内陆地方贸易的重要商路——茶马古道。茶马古道源于云南和西藏的茶马互易，是一个跨度很大的道路系统，并与沿途城镇聚落有着密切的联系。甘南洮州（今临潭）就是茶马古道上的重要商业城镇。洮州的茶马互市"始于唐，兴于宋，衰于金元。然后又在明初兴起，明中叶至清中期达到高峰，到清中期后衰落"[①]。唐宋时期的"唐蕃古道"在前期主要是一条政治交往之路，后来成为汉藏茶马互市的主要通道。大量的川茶从"川西的邛崃、名山、雅安和乐山等地经成都、都江堰、松潘，过甘南，输入青海东南部，然后分运至西藏、青海各地"[②]。洮州在茶马互市商路的推动下，商业聚集力日益凸显，截至1949年，临潭旧城（今城关镇）已拥有铺面

---

① 敏文杰：《临潭回族的商业变迁研究》，兰州：兰州大学博士学位论文，2008年。

② 杨波、陶永生：《生肖马》，济南：齐鲁书社，2004年版，第62页。

61 间，旅店 2 处。其"天兴隆"分号遍及四川、青海、陕西、宁夏和甘肃：在甘肃碌曲县拉仁关、山民县、夏河县建有贸易集散地；在成都、松潘、兰州、西安、张家口、北京、天津、上海、内蒙古设有商行；在汉口、江西、广州、河南、新疆、西藏等地设有商业网点。可见，基于商道而繁荣起来的商业经济是推动临潭城镇发展的重要因素，临潭也由此成为甘南地区的商贸重镇，并在甘、青、川的商贸经济中占有重要地位。

此外，甘南落后的交通运输也严重阻碍了经济的发展。其一，狭窄的道路和落后的运输工具限制了大规模物质的运输。在高山峻岭之间，道路十分狭窄，且多为羊肠小道，栈道虽然宽点，但也仅能容一人一畜通过。运输工具完全依靠人力、畜力和"马拉船"，由人背畜驮的运输方式显然无法满足大规模物资运输的需要。其二，落后的交通增加了运输成本。交通与运输成本之间成反比，交通越落后，运输成本就越高。高额的运输成本限制了甘南地区对外贸易的发展，因此，甘南大量的土特产品运不出去，生产、生活用品又运不进来，即便运进的物品，也由于高额的运输成本导致价格十分昂贵，在甘南"一只羊换一根针"的事屡见不鲜。因此，基于落后交通条件的制约，甘南经济发展十分缓慢，并在很大程度上限制了其城镇发展的规模。

2. 近代公路交通对甘南城镇的影响

城镇的生长与交通事业的发展具有同步性。甘南的近代公路交通始于民国时期。国民政府对西北的战略地位和能源资源十分重视，"自民国十七年国民政府统一中国后，对于边事，已甚注意。二届四中全会，五中全会，三次全国代表大会及中央政治会议等，对于开发西北边陲都会通过许多议案。其中最重要者如：西北交通案，西北水利案，西北科学考察案，西北文化古迹保存

案，国防线调查案等"①。基于"开发西北"的构想，国民政府
开始了甘南的交通建设。1928 年，国民政府在夏河县勘定桑科
滩飞机场。显然国民政府企图以一个飞机场将甘南迅速纳入其统
治，但这对改善甘南广大区域的交通条件似乎意义并不大，更何
况这个急功近利的措施也不具备实施的可行性，因此，直到国民
政府退出大陆统治都没有实现在甘南通航的计划。1928 年 8 月，
拉卜楞电报局成立②，拉开了甘南邮政事业的序幕。1936 年 10
月，拉卜楞邮局开始收寄羊毛包裹，以骡驮发运至兰州，经汽车
外运，自拉卜楞至天津，每公斤收费 0.35 元。是年 10 月至 12
月，即运出 4000 包，占总输出额的 70%。③ 邮政运输为甘南的
物资集散提供了新的渠道，这是值得肯定的。与此同时，国民政
府也开始了甘南的公路建设。但由于工程艰巨、资金不足等原
因，甘南的公路建设进展缓慢。1940 年 6 月，甘肃省岷县第一
行政督察专员公署、保安司令部在夏河县黑错（合作）寺院召开
保安行政会议，会上百余名藏族代表建议兴建岷县至夏河、夏河
至郎木寺公路。1941 年夏，省政府同意了岷县专署的申请。
1942 年，国民政府在甘南又开工修建了两河口至西固（舟曲）
的公路，全长 17 公里，因技术标准低，车辆无法通行。1943 年
底，由于临夏至夏河道路修建的工程十分艰巨，难以如期完成，
国民政府批准将原定由西北公路工务局修建的临夏至夏河公路，
改为修建岷县至夏河的一段公路④，并于 1944 年春，在岷县组
设"岷夏公路工程处"，由省政府以第一区专员胡受谦兼处长，
黄正清、盛石如任副处长，分头筹备，发动岷、临、卓、夏四县

---

① 王美蓉：《甘肃近现代工业经济史论》，成都：西南交通大学出版社，2015
年版，第 69 页。
② 林跃勇：《夏河地区历代大事记》，内部资料，1991 年版，第 211~213 页。
③ 林跃勇：《夏河地区历代大事记》，内部资料，1991 年版，第 237 页。
④ 林跃勇：《夏河地区历代大事记》，内部资料，1991 年版，第 280 页。

民工义务修路。岷夏公路起自甘川公路 260 公里处，向西延伸。岷县至临潭旧城段 104 公里多属山岭线，旧城至夏河段 150 公里多属草地线。工程由岷县、卓尼、临潭、夏河四县包干施工。1944 年 4 月开工，次年 9 月基本完工。1944 年，国民政府拨款重新整修了两河口至西固（舟曲）的公路，使其勉强可以通车。1945 年 4 月 12 日，兰州至夏河公路通车。5 月 15 日，县政府以"岷夏公路班车沿线不便"，令各乡镇分派民夫，整修由黑错至夏河路段。① 1945 年 12 月 16 日，在岷县举行试车典礼，国民政府、交通部、甘肃省政府、岷县专署和沿线各县均派代表参加。代表分乘 4 辆卡车，从岷县到夏河，全程行驶 14 个小时。

岷夏公路是甘肃最早通向少数民族地区的公路。公路建成后，开放了岷县至旧城的客车，但旧城至夏河的路况差，未能继续通车。② 岷夏公路的建成，结束了甘南地区无公路、不通汽车的历史，改善了甘南地区的交通条件，进而促进了公路沿线城镇的发展。该公路还将甘南地区两大中心城镇夏河和临潭连接起来，并借助岷县加强了甘南与甘肃其他地区之间的联系，可见，岷夏公路是推动甘南州城镇发展的重要力量。

（五）民族宗教信仰的影响

宗教不仅是思想上层建筑中的一种社会意识形态，而且又是一种有组织的社会力量。宗教的本质与政治的本质有着内在的必然联系。在人类历史上，宗教的教义全部或者部分具有法律效力，政治通过利用宗教的社会影响来巩固统治。而宗教则依靠政治的扶持来宣传自己的教义，扩展自己的信徒，发展自己的势力。世界上不少古老城市都是神权政治的中心，在城市，统治者

---

① 林跃勇：《夏河地区历代大事记》，内部资料，1991 年版，第 299 页。

② 恒考：《天路纵横话交通：甘南交通改革发展三十年》，兰州：甘肃民族出版社，2009 年版，第 19 页。

享有神圣的权力，并以神的化身来维护其统治。因此，宗教与城镇有着十分紧密的联系。

甘南藏族自治州是一个多宗教地区，有藏传佛教、伊斯兰教、基督教等，其中藏传佛教分为格鲁派、宁玛派、本波派、萨迦派等；伊斯兰教有格底目、西道堂、依赫瓦尼三大教派，有哲赫忍耶、北庄、华寺等 10 多个门宦。截至 1990 年底，全州开放宗教活动场所 156 处，宗教职业者 7418 人，信教群众 364,152 人。其中藏传佛教寺院 100 处，住寺僧尼 6593 多人（现有活佛 106 人）；清真寺 52 座，有阿訇 72 人，满拉 280 人；基督教堂 3 处，神职人员 31 人；道观 1 处，尚未经政府批准而自行恢复的庙观庵堂 17 座。① 如此多的宗教场所和信众充分表明：民族宗教已成为甘南地区社会形态的重要组成部分。在这里，宗教信仰已经深入藏族人的生命基因之中，宗教力量在城镇的发展中产生了重要的影响。国内有学者按照马克斯·韦伯的权威分类法，提出藏传佛教从最初引入藏区起，首先是一种"卡里斯马权威"；而后逐渐成为一种"传统型权威"——其合法性是建立在遗传下来的（历来就存在的）制度和统治权力神圣的基础上，对它的服从是基于传统赋予它们的固有尊严——"藏传佛教权威"。② 在社会主义初级阶段，民族宗教还将在一定时期和一定范围内存在。作为一种较强的社会力量，甘南民族宗教与政治、经济、文化、教育等发生不同程度的联系，对城镇建设产生了不可忽视的影响。

---

① 甘南藏族自治州地方史编纂委员会：《甘南州志》，北京：民族出版社，1999 年版，第 1738~1739 页。

② 陕西师范大学中国历史地理研究所、西北历史环境与经济社会发展研究中心编：《人类社会经济行为对环境的影响和作用》，西安：三秦出版社，2007 年版，第 287 页。

1. 宗教是甘南城镇形成的原因之一

人类的城市史不仅与政治、军事、经济相关，同时也与宗教密切相关。在甘南州城镇的起源及发展进程中，既有中央政权的作用，市场的作用，也有宗教的作用。基于"高山峡谷"自然地理因素的限制，甘南州的农牧业生产技术水平落后，商贸经济不活跃，区域人口空间聚集力弱，因此很难形成城镇。历史上，甘南城镇的形成除了源于政治中心和军事的堡垒外，宗教也在其城镇的产生中发挥了不可忽视的作用。宗教以庞大的寺院为载体，以强大的精神认同力聚集人口，进而促进了寺院城镇的产生，其中尤为典型的就是基于拉卜楞寺院而发展起来的夏河县。

首先，甘南有着深远的宗教文化传统。早在公元 7 世纪前，佛教尚未传入甘南时，这里的藏族人就信奉着原始宗教——苯教。苯教由西藏阿里南部古象雄地方兴起，传入甘南地区。至今甘南州仍有苯教的信奉者，如迭部一带现有仍尕寺等八座苯教寺院。其次，藏传佛教宁玛派在甘南也有悠久的历史，夏河县的红教寺即为宁玛派寺庙。萨迦派在甘南有不少的信奉者，今天的迭部自古寺就是萨迦派寺院。到公元 15 世纪，格鲁派（黄教）兴起，并传至甘南地区。1710 年，嘉木样一世在此修建拉卜楞寺。拉卜楞寺逐渐发展为西藏以外最大的格鲁派寺院，并成为安多地区藏传佛教的圣地。此后，格鲁派在甘、青、川地区的影响力很大，所属寺院多，信徒也多，成为该地区最大的教派。

随着寺院的不断扩大和宗教地位的日益提升，拉卜楞寺对甘南乃至甘、青、川藏区都产生了强大的吸引力。基于宗教精神意义的独特联系，人口、物质、文化等方面的不断聚集，成为推动拉卜楞城镇化建设的重要动因。在交通条件、生活水平极为落后的时期，"一心向佛"这一信仰的力量从客观上增强了城镇的凝聚力。20 世纪 30 年代，人类学家于式玉教授在藏区考察时就发现："各处寺院建立起来之后，一部分老百姓为了供应活佛差役，也就离开了游牧的大队，来到寺旁定居下来，内地商人，为供给寺院用品……也同他们一起住下来。以后，收买皮毛的商人，也从四方聚居到此。百姓、商人乃形成了今日寺旁的村庄。"① 拉卜楞寺旁的上、下"塔哇"村落就是这样形成的。拉卜楞聚集着三四千不从事生产的僧人以及数量众多的朝圣者，他们的各种生活所需也有力地促进了商业贸易的发展。拉卜楞输出大量的畜产品，如羊毛、皮革等，购进的主要有粮食、茶、布匹等生活用品。当时兰州食用的牛羊主要源于拉卜楞地区，而拉卜楞的粮食菜蔬则依赖临夏，茶叶来自松潘，藏民所佩戴的刀剑又由青海循化的撒拉、回族同胞所铸。同时，寺院也参与到商业活动中，在"寺院十八囊欠之中，每年有走西藏者，将印度之毛织品，大批运来，以作买卖"②。拉卜楞寺院经济的发展吸引了很多民族前来定居、经商。大量的商业移民涌入拉卜楞，致使"塔哇"的住户猛增，房屋多达 5100 余间，居民区也迅速扩张，逐渐形成了以"塔哇"为中心，东起曼克尔，西至拉卜楞寺院，南及黄河以南居民区的城镇雏形，拉卜楞也发展成为甘南地区最为发达的商业城镇。③ 正如学者马无忌先生所言，"夏河县治可说是附属于拉卜楞寺而成立，而拉卜楞寺又可说为宗教都市"④。

2. 宗教对甘南城镇空间结构的影响

宗教因素影响藏区城镇体系的形成，其特点有以下一些：强大的精神联系机制、寺庙等级下的城镇体系、城镇布局中的宗教

---

① 于式玉：《于式玉藏区考察文集》，北京：中国藏学出版社，1990 年版，第 44 页。

② 马无忌：《甘肃夏河藏民调查记》，张羽新、张双志主编：《民国藏事史料丛编》，北京：学苑出版社，2005 年版，第 285 页。

③ 贡保草：《拉卜楞"塔哇"的社会文化变迁》，北京：民族出版社，2009 年版，第 160 页。

④ 马无忌：《甘肃夏河藏民调查记》，张羽新、张双志主编：《民国藏事史料丛编》，北京：学苑出版社，2005 年版，第 285~286 页。

观念，"政教合一"体制下的城镇"双极"格局等。① 基于宗教因素的影响，夏河县明显体现出二元分区的城镇"双极"格局，即宗教区和城区各据西东，由一条大街连接着拉卜楞寺和城里的商业区、居民区。②

拉卜楞寺位于大夏河上游，河谷较窄，东西长约 1200 米，南北长约 700 米，两头小中间大，形如鱼。因此，拉卜楞的城镇布局只能沿河谷呈带状发展。建寺以来，在繁荣的商业推动下，拉卜楞逐渐形成两个中心，一为市场，一为寺院，且两大中心在人口数量上基本持平。据马无忌先生统计，这两部分的人口数量基本都在三千左右，占全县人口的 2% 强。但是，由于区域条件的限制，市场只能沿大夏河下游分布，往大夏河上游发展不仅用地不足，而且对宗教区有影响，所以，夏河县的城镇格局是宗教区位于上游，城区位于下游。目前，随着夏河县的不断发展，东部城区已成为政治、商业、文化教育、工业及生活居住区。

甘南历史上重要的经济中心临潭，其旧城的布局也赫然烙上宗教的印记。临潭分为新城和旧城，新城是明朝在临潭旧城东 36 公里处依山而筑的屯兵城堡。新城建立后，明政府将洮州卫从旧城迁到新城，这意味着中央政权在甘南边地的政治中心也转移到了新城。临潭旧城作为茶马古道上的商业重镇，则继续发挥着商贸交流的作用。清朝光绪年间，马启西先生在临潭旧城创立西道堂，以伊斯兰教教义总管宗教、行政、经济等一切事务。西道堂重视传教，前后共建有七座清真寺以供开展宗教活动。同时，西道堂也积极从事农、牧、商等各业的开发经营，并取得了良好成效。此后，临潭旧城不仅发展为"大宗交易马匹、牛骡、

---

① 张复合：《中国近代建筑研究与保护》（六），北京：清华大学出版社，2010年版，第76页。

② 白洁：《甘南岁月》，北京：中国电力出版社，2006年版，第47页。

布匹、百货"的贸易中心,同时也成为回族伊斯兰教的宗教中心。①"围寺而居"是回族穆斯林的典型居住格局。② 西道堂以院落套院落,即典型的以"回"型建筑布局的城镇。

3. 宗教对甘南城镇职能的影响

城镇职能是指城镇在区域或国家政治、经济、文化、社会、服务等活动中承担的任务和作用。城镇职能随社会、经济、自然条件而变化。基于宗教因素的影响,夏河县的城镇职能不断变迁。寺院建成之初,拉卜楞实行政教合一制,城镇的政治、宗教职能居于首位。随着拉卜楞寺的发展壮大,寺院喇嘛和朝圣者日益增多,庞大的佛教人员的生活需求,促使距寺三里的范围形成了为寺院服务的村落——"塔哇"。清末民初,寺院开放塔哇,邻近地区的汉、回、撒拉等族商人携货入居,塔哇逐渐兴旺,并出现了交易市场,即藏语所称之"丛拉"。"塔哇"商贸活动日趋繁盛,晋、陕诸省商家也纷至沓来,就连洋行也涉足其地。寺院也通过其雄厚的资本参与到经商活动中。寺院从布施、募化、讲经等宗教活动中积累了大量的资金,在拉卜楞教区的农、牧民中曾流行这样一句话:"十年辛苦供一场经。"寺院还通过放高利贷参与商业活动,积累财富。随着拉卜楞市场经济的日益繁荣,到20 世纪 40 年代,拉卜楞已成为甘肃西南部仅次于临潭旧城的物资集散地。

临潭旧城曾是茶马古道上的军事、商业重镇。自明政府将洮州卫从旧城迁到新城后,旧城的政治职能便转移到新城。清朝光绪年间,马启西先生在临潭旧城创办西道堂。西道堂主张正视现实,注重实践,"人当以己之生命要为永远继续之永生努力不

---

① 康柳锁:《甘南州近代货币流通概述》,《货币史研究》1990 年第 1 期,第 37 页。

② 何星亮、欧光明:《民族学研究》第 13 辑,北京:民族出版社,2005 年版,第 138 页。

懈"，做出光辉的事业。马启西讲究"两世吉庆"，把对彼岸的精神追求与此岸的现实生活结合起来，在宗教精神的指导下，团结教众兴办实业。

西道堂是将"伊斯兰教与中国传统文化相结合而形成的新型伊斯兰教派"[①]，有教众数万人，其成员以回族为主体，也包括撒拉族、东乡族和一小部分皈依的汉族与藏族，主要分布在甘肃、青海、宁夏、新疆等省区。西道堂实行"教主集权制，由教主总管宗教、行政、经济等一切事务，教徒必须绝对服从教主"[②]。经济上采取共同生活、生产、经营的集体制。伊斯兰教既注重信仰追求，又关注现实生活，主张发展生产、繁荣经济、公平交易、诚实无欺等。这些思想成为广大穆斯林从事生产和经商活动的精神力量。西道堂《古兰经》明示："谁在大地上发现许多出路和丰富的财源……真主必报酬谁。"创始人马启西先生也提倡："名实兼收，不独润身还润屋；经营俱到，真能成己更成人。"[③]

按照教义精神，西道堂利用自己的宗教特权和教派的力量，集团性地进行商业活动，使商业成为临潭旧城的第一大产业。临潭旧城的北、西、南都是藏区，藏族人信仰藏传佛教，为了能顺利跟藏族人进行商贸活动，马教主"借用了藏传佛教的组织，管教主叫作活佛，……以下的管事人有'文布''阿拉荷'等都是照搬过来的"[④]。借助宗教的认同力量，西道堂的买卖在藏区各

---

① 罗惠翾：《伊斯兰教社会功能研究：以几个穆斯林社区的对比调查为例》，北京：中央民族大学出版社，2008年版，第220页。

② 况浩林：《中国近代少数民族经济史稿》，北京：民族出版社，1992年版，第178页。

③ 刘天明：《伊斯兰经济思想》，银川：宁夏人民出版社，2001年版，第306页。

④ 段金录、姚继德：《中国南方回族经济商贸资料选编》，昆明：云南民族出版社，2003年版，第307页。

部落顺利开展，真可谓无处不在。全盛时期，西道堂"不仅在北京、张家口、兰州、包头、阿坝、康定、拉萨等地设立商行，而且行商遍及全国各大城市。经营商品不仅有各种畜产品、贵重药材、珊瑚、玛瑙、粮食、木材，而且还有布匹、百货等，资金达百万白洋"[①]。截至 1949 年，西道堂旧城有铺面 61 间，旅店 2 处。[②]

　　农业在西道堂的经济中仅次于商业。1943 年西道堂经济发展的鼎盛时期，农业生产取得了前所未有的巨大成就，仅粮食一项年总产量达 90 多万公斤。当时分布于临潭县西部农业区的 13 个农庄和 4 个农业经营点上，有将近千人的劳力，协同耕作在上万亩的土地上，供使役的畜力就有 500 多头，真可谓大农业、大收成。[③] 林业方面，西道堂有大林场九个，小林场四个。所出产的木材除了供本道堂建造清真寺、学校及教徒修建房屋外，也用于出售。1937 年，西道堂与马步芳在兰州合办西北木厂经销木材。马步芳出钱，西道堂出人、出林。西北木厂在临洮设有木材分销站。牧业方面，西道堂在夏河、碌曲、卓尼各有一处牧场。至 1949 年，共有驮牛 2000 余头，马 600 余匹，菜农 500 余头，耕牛 200 余头，羊千余只。[④]

　　伊斯兰教是一个十分重视学习文化知识的教派。穆罕默德教导人们"学习从摇篮到坟墓"，"愚昧是最低贱的贫困，智慧是最高贵的财富"。因此，西道堂历代教主都十分重视教育，主张男

　　① 　陈忠祥、沙爱霞、马海龙：《宁夏回族社区人地关系研究》，银川：宁夏人民出版社，2007 年版，第 109 页。
　　② 　王永亮：《西北回族社会发展机制》，银川：宁夏人民出版社，1999 年版，第 111 页。
　　③ 　陈忠祥、沙爱霞、马海龙：《宁夏回族社区人地关系研究》，银川：宁夏人民出版社，2007 年版，第 109 页。
　　④ 　况浩林：《中国近代少数民族经济史稿》，北京：民族出版社，1992 年版，第 181 页。

女均应上学读书，不可强制儿童念经。教主马明仁提出："立教化民，要顺应时代潮流，提高民族文化是一个民族立于社会的根本。"在他的倡导下，从1919—1922年四年间，西道堂先后设立了临潭普慈小学和临潭旧城私立第四高小，招收各民族学生，家庭贫寒者免费入学。[1] 尤为可贵的是，他们还从"教育了一位女子犹如教育了一家人"的理念出发，于1943年修建了当时回族地区少有的女子学校——启西女子小学。启西女子小学培养了数以百计的各民族女性，这是西道堂在教育事业上的突出贡献，是对繁荣城镇文化事业的进步举措。至1949年，西道堂有大学生6人，高中生20余人，初中生40余人，小学毕业者百余人。[2]

综上，基于西道堂"大家庭"理想社会的实践影响，临潭旧城不仅经济职能提升，同时城镇的文化职能也不断发展。

第二节　甘南州重要城市的兴衰

"农业时代，城市的兴起一般都是以原始农业的发展为前提的，人类早期城市几乎都分布在当时农业生产较为发达的地区，如中国的黄河流域、长江流域，在世界其他地区则如印度河流域，幼发拉底河、底格里斯河两河流域，尼罗河流域，这些大河流域都是当时农业最发达的地区。"[3] 农业的发展依赖于土壤、地形、气候等环境因素，因此，"土壤、地形、特别是气候，乃

① 罗惠翾：《伊斯兰教社会功能研究：以几个穆斯林社区的对比调查为例》，北京：中央民族大学出版社，2008年版，第229页。
② 胡国兴：《甘肃宗教》，兰州：甘肃人民出版社，1989年版，第38页。
③ 何一民：《川大史学·专门史》卷二《城市史》，成都：四川大学出版社，2006年版，第93页。

始终为人类将居何处之主要决定者"①，同时也是城市起源于何处的决定者。

历史上，甘南州的城市发展主要表现为：（1）高山峡谷的地形以及高寒的气候条件影响了农牧业的发展水平，其城市的兴起较晚；（2）汉藏"民族走廊"的地理位置使甘南州城市的产生与中央政权对此地控制力量的消长密切相关；（3）甘南州城市的发展具有多民族多宗教的文化特色。

一、军事重镇——白石县

汉昭帝始元六年（前 81），"以边塞阔远"，取天水、陇西、张掖三郡各二县，设置金城郡（治允吾，在今青海省民和县境内）。② 金城郡下辖白石县，以白石山（即今太子山）位于县治之东而得名，这是中原王朝在甘南州境内建立的重要军事城镇。

白石山脉是甘南境内的主要山脉，主峰达里加山，藏名"达加拉"，海拔 4636 米，是夏河县北境最高的山。白石县治就坐落在达里加山下（小地名为白石崖，藏语称为"智格"，与白石崖同义）。十六国时期著名历史地理学家阚骃的《十三州志》中，有关于白石县的具体记载："白石县在狄道西北二百八十五里，漓水逢其北。"③ 漓水是大夏河的古称。根据白石县的命名及周边山川地形的文字记载，今天夏河县麻当城应该是旧白石县治的大致位置，而夏河甘加乡的八角城则是西汉白石县之附属屯垦防守城池之一。④

① 亨廷顿著，薛贻源译：《人类之居住地带》，《地理教学》1947 年第 2 卷第 2 期，第 63 页。

② 索代主编：《夏河县志》，兰州：甘肃文化出版社，1999 年版，第 113 页。

③ 石为怀：《甘南史话》，兰州：甘肃文化出版社，2007 年版，第 9 页。

④ 崔国权主编：《甘肃省情》（第一部），兰州：甘肃人民出版社，1988 年版，第 219 页。

八角城在夏河县甘加滩东部央曲河与央拉河交汇的台地上，这里是古代甘青交通的要冲，也是历代中央政权与吐谷浑、吐蕃、西夏、角厮罗王朝剧烈争夺的军事重镇。从八角城城北越过山脊台地行5公里是海拔4000米的白石崖，这是八角城的天然屏障。城南的央曲河通过青海同仁县，顺流而东，进入大夏河河谷，穿过峡谷，即到枹罕。这里是汉唐长安通往西南蕃地的交通要道，汉朝在此设置县治有着重要的军事意义。

西晋初年，白石县废。惠帝永宁年间（301—302），凉州刺史张轨奏分西平郡界，设置晋兴郡，统领永固县等十县。永固县即汉白石县。永嘉年间（307—313），鲜卑族的一支吐谷浑自东北而入。此后在很长一段时期，由于中央政权与吐谷浑进行权力角逐，永固县时断时续地处于中央政权的控制下，县治置废无常，县民朝秦暮楚，县名也多次更换。东晋安帝隆安元年（397），后凉吕光将永固县改为白石县，隶属晋兴郡。隆安二年（398），南凉秃发乌孤仍以白石为永固县，隶属凉州晋兴郡。其后，这一地区被吐谷浑所占。西魏文帝大统十二年（546），在白石县设置凤林县，隶属河州枹罕郡。隋大业十三年（616），吐谷浑占领此地。唐代，此地曾先后易名为乌州、安乡县和凤林县。唐肃宗广德元年（763），吐蕃攻取河、洮诸州，占据该地。唐武宗会昌二年（842），吐蕃王朝崩溃，吐蕃将领玉擦率部定居于卡加（今夏河甘加乡卡加村），其后裔繁衍为"卡加六部"。[①]

宋元以后，中央政权多在甘南州的临洮地区筑城屯军，白石县的军事地位渐渐削弱，到清代拉卜楞寺兴起后，白石县则被纳入了拉卜楞的控制范围，并最终成为夏河县的麻当乡，其断墙残垣至今仍可在麻当乡看到。

---

① 索代主编：《夏河县志》，兰州：甘肃文化出版社，1999年版，第113～115页整理。

图2-1　白石县古城遗址①

二、寺院城镇的兴起——夏河拉卜楞

1. 拉卜楞寺建立的背景

1279年，元朝统一全国，此时青藏高原随着佛教的兴起，寺院的修建，人口的聚集，一些寺院城镇在青藏高原兴起。元朝大力推行帝师制度，有效地促进了藏传佛教的发展。随着藏传佛教的蓬勃发展，到明末清初时，由宗喀巴改革后形成的格鲁派在青藏高原的势力已经越来越大。清朝初年，"蒙强番弱"，清政府采取了"抑蒙扶番"的政策②，先后册封达赖和班禅两大宗教领袖。公元1652年，五世达赖入京朝觐清世祖顺治并受册封，从而形成格鲁派对其他教派的绝对优势，同时也确立了他为"领天下释教"的最高首领。此时，西北的蒙古各部为了争夺各自的属

---

① 笔者2010年7月18日摄于夏河县麻当乡。
② 黄奋生：《藏族史略》，北京：民族出版社，1989年版，第235页。

地，战争频繁，其中信奉格鲁派的厄鲁特蒙古一直与西藏有着密切的联系。厄鲁特四部之一的和硕特部首领固始汗治理西藏之后，更是广泛地与周围各个地区、各个民族的统治阶级相结合，以不断扩展其势力。为缓减西北蒙藏之间的矛盾，维护藏族地区的稳定，清政府借助藏传佛教的力量，大力支持弘扬佛法，册封活佛，并为新兴的格鲁派寺院颁赐金印、金册、金匾，有效地缓和了甘青蒙藏地区的社会矛盾。

当时西藏地区的政治大权掌握在藏王桑杰嘉措手中，晚年的达赖五世基本不问政事。不过，桑杰嘉措虽然大权在握，但他却没有军队，因此，藏王与握有军权的和硕特汗王之间常有摩擦。为了巩固自己的地位，藏王桑木嘉措一方面请准清政府诰封他为土伯特王，以正名位，一方面则怂恿准噶尔部的噶尔丹袭击青海和硕特后方，试图以此把汗王的势力驱出西藏。五世达赖圆寂后，蒙古汗王拉藏汗（固始汗之曾孙）与藏王桑杰嘉措的矛盾进一步加深，关于西藏要事，拉藏汗基本上是与嘉木样·阿旺宗哲磋商。

1703年，作为三大寺的代表，阿旺宗哲等人调和、抑止了拉藏汗与桑吉嘉措之间的第一次武装冲突。1704年，拉藏汗与藏王桑吉嘉措之间的矛盾更是日趋激化。1705年，双方冲突再起，经劝导而止，最后议定拉藏汗退居青海。拉藏汗临行前，请阿旺宗哲到拉萨话别，阿旺宗哲嘱托拉藏汗无论何时何地都要维护宗喀巴的教法。拉藏汗离开西藏后，鉴于阿旺宗哲与拉藏汗之间的亲密关系，桑吉嘉措曾多次向他施加压力，三大寺中一部分嫉妒他的上层分子也对他很敌视。

后来，桑吉嘉措为增加自己对抗蒙古汉王的筹码，曾想设计抓获嘉木样·阿旺宗哲，企图以此来震慑拉藏汗，从而扭转西藏局势。后因消息走漏，拉藏汗立刻采取了相应措施，捎信给堂叔博硕克图济农，同意嘉木样·阿旺宗哲以建寺为名，前往甘青避居。济农接到此信后大为高兴，立即派黑错转僧德堂一行前往西藏迎请嘉木样·阿旺宗哲，等他们抵达西藏时，拉藏汗已经密谋杀死了桑吉嘉措，并独揽了西藏的政教大权。因此，拉藏汗欣然同意嘉木样·阿旺宗哲前往安多藏区建筑寺院，弘扬佛法。

嘉木样·阿旺宗哲，1648 年 1 月 8 日（藏历第十一甲子土鼠年）生于安多藏区甘加下部的当让勒察当地方（今甘肃省夏河县甘加乡境内），族姓华秀，父名华本加，母名塔尔摩贤牟。阿旺宗哲祖上是西藏董氏十八支系之一的洼秀部族贵族世家。洼秀部族曾与阿柔部族共同居住在黄河上游，后由于矛盾分歧，洼秀部族远离故土，迁徙到了甘加地区。阿旺宗哲的先祖不仅英勇顽强，而且笃信佛教，特别是其祖父拉嘛杰，不仅荣受金刚手戒律，而且以银汁书写了大藏经《甘珠尔》。

缘于家庭的影响和藏族地区佛教信仰的熏陶，嘉木样·阿旺宗哲自幼就对佛教礼仪兴趣甚浓，喜欢仿造山中小庙，建佛殿，祭祀供奉，做礼拜，对孩童小友讲经摸顶，供滴圣水等。7 岁时，阿旺宗哲从僧伯格朗索南珠学习藏文拼读、写认及绘画。13 岁时，由持律大法师齐乔·益西坚措受沙弥戒，出家为僧，并随师听习基础经典，开始了宗教修习生涯。16 岁，嘉木样立誓夜间衣不解带，"勤学梵文、医药、历算诸学，替人诵经祝福，布施护结，系佩护轮，诊脉医病，堪舆符咒，施以诸明妙法，解除他人灾患"[①]。为追寻佛学的更高境界，21 岁的嘉木样毅然辞别父母，决心前往佛教圣地拉萨求学。临行前，他发誓要学成大器，否则宁愿奉请"神祇诛罚"[②]。在拉萨期间，嘉木样遵守誓言，除了正常的勤学苦练外，还不断寻觅、研读一些孤本和珍本

① （清）阿莽班智达原著，玛钦·诺悟更、志道周译注：《拉卜楞寺志》，兰州：甘肃人民出版社，1997 年版，第 12 页。
② 马秉勋：《嘉木样一世与拉卜楞寺》，《中央民族学院学报》1991 年第 3 期，第 45 页。

遗卷。26 岁，在桑浦寺举行的"金法座"巡回辩经夏季法会上，嘉木样"广征博引，对答如流"①，令与会者刮目相看。27 岁，嘉木样在达赖五世俄昂罗藏嘉措座前受比丘戒②，受比丘戒对年轻活佛具有重要意义。4 年后，在"集密自入法会"上，面对来自前藏、后藏、康区三地学者提出的各种刁钻问难，嘉木样"从容不迫，一一答辩，毫无破绽"③，充分展现出他在显密两宗方面的极大成就。当时，西藏摄政王桑吉嘉措曾从梵文音韵学中提出四大疑难问题，向嘉木样请教，嘉木样将所有疑问都解释得清清楚楚，于是桑吉嘉措敬称他为"嘉木样协巴"。④ 为此，桑吉嘉措曾多次会见嘉木样，请其任职。但他为了实现自己潜心研修的宏愿，均以自己"薄学"，还需深入学习为由而拒绝了。嘉木样大师的刻苦钻研，终于使其获得了渊博的佛学知识，赢得了尊贵的荣誉，有"宗喀巴后第一人"之称⑤，在当时西藏僧侣集团中拥有很高的声望。

　　但是，面对西藏政治的权力争斗，一心追寻佛学的嘉木样大师坚持以宗喀巴的教义为出发点，从大局着眼，多次慷慨陈词，上书己见，劝导双方，全然不顾自身的安危。拉藏汗独揽西藏大权之后，废黜了桑吉嘉措所立的达赖仓央嘉措，并按康熙帝的皇命将其押解去北京。此事在西藏三大寺引起强烈反响。为使格鲁派及西藏广大人民免遭灾难，嘉木样大师主张让达赖去北京，认

---

　　① 马秉勋：《嘉木样一世与拉卜楞寺》，《中央民族学院学报》1991 年第 3 期，第 45 页。

　　② 比丘戒：指比丘、比丘尼所应受持之戒律；因与沙弥、沙弥尼所受十戒相比，戒品具足，故称具足戒。依戒法规定，受持具足戒即正式取得比丘、比丘尼之资格。

　　③ （清）阿莽班智达原著，玛钦·诺悟更、志道周译注：《拉卜楞寺志》，兰州：甘肃人民出版社，1997 年版，第 20 页。

　　④ （清）阿莽班智达原著，玛钦·诺悟更、志道周译注：《拉卜楞寺志》，兰州：甘肃人民出版社，1997 年版，第 26 页。

　　⑤ 丹曲：《拉卜楞寺话》，北京：民族出版社，1998 年版，第 7 页。

为此举对"尊主个人功业及佛法大业均有益德"。① 但是，大师的观点在三大寺上层僧侣中却受到了不同程度的排挤和刁难。排挤实际上所揭示的是格鲁派在西藏政治格局中的地位。在当时前、后藏两大营垒的斗争中，格鲁派"虽拥有宗教上的优势和以寺院经济为基础的强大经济实力，但在当时的西藏政治格局中格鲁派却尚未成为一支独立的政治力量"②。迫于形势，嘉木样不得不放弃自己终生在拉萨的誓愿，选择了离开。

　　1707 年 6 月 13 日，嘉木样·阿旺宗哲在扎萨克等蒙古骑士的护送下，率其亲信弟子哦旺扎西、罗卜藏东柱、然谏巴·哦旺扎巴、霍尔译师·哦旺华丹等 18 人从拉萨起程返回故乡。此时，格鲁派在整个卫藏、康巴、安多等藏族地区和蒙古地区都很有影响力，出现了"僧徒争建寺，番民争施地，番民竞为僧"③的现象。为了迎请嘉木样大师，亲王曾三次派遣迎使，携带"精制金鞍一套、三峰骆驼、十匹骑马、二十头牦牛、红氆氇制花帐篷一顶"等大批财物进献给大师，并将嘉木样一行迎请到亲王府住下。同年逢宗喀巴大师圆寂纪念日，亲王又给嘉木样"敬献金质曼陀罗及金质花束、宝物和用具、绸缎等五百件（匹）、牛马五百头（匹）、羊四千只等"，广施财礼，大设宴席。朝供竭礼的藏、蒙头人及王公贵族、僧俗民众蜂涌而至，争先敬献礼品。④
1711 年农历三月，拉卜楞寺正式动工，亲王派卡加六族负责运输木料，派双岔十八农区、上下隆务、道帏、维多、阿坝、然

---

　　① 马秉勋：《嘉木样一世与拉卜楞寺》，《中央民族学院学报》1991 年第 3 期，第 47 页。

　　② 石硕：《青藏高原的历史与文明》，北京：中国藏学出版社，2007 年版，第 323 页。

　　③ 丹曲：《拉卜楞寺话》，北京：民族出版社，1998 年版，第 7 页。

　　④ 丹曲：《拉卜楞寺话》，北京：民族出版社，1998 年版，第 11 页。

多、擦考等部落和地方去支差役。① 可见，亲王的支持，深厚的信众基础，为嘉木样大师创建拉卜楞寺提供了强有力的人力和物力支持。

2. 拉卜楞寺的选址

寺院作为宗教文化的重要物质载体，是僧侣修行和栖息的场所，具有区别于世俗空间的特质。因此，为了彰显宗教理念，佛教寺院的选址都极力追求宗教象征意义。甘南拉卜楞地区位于远离吐蕃统治中心的藏文化边缘地带，属于游牧地区，流动性强，因此这一带完整的寺院建筑并不多见。

选择宝地建立寺院弘扬佛法，这是佛教界的头等大事，因此，嘉木样大师亲自选址。1708 年，嘉木样·阿旺宗哲与他的弟子在济农亲王、扎萨克台吉的亲自陪同下，周游各地，观山测地，选择寺址，先后选了阿木去乎、来周滩、郎格尔滩等三个地方，尽管当地藏族群众争相施地，但因为"看不到"特殊的"祥兆"，所以他们继续前行。到了洒索麻地方的一座宁玛派寺庙的附近，嘉木祥发现该寺背面有一座奇形的小山，从山势断定，该地为风水宝地。于是他们就测定方位开山劈石，竟然掘出了一个洁白的右旋海螺。右旋海螺是藏族人所熟知的吉祥图案，是藏吉

---

① 罗发西、李耕、曲又新等：《拉卜楞寺概况》，兰州：甘肃民族出版社，1987年版，第 139 页。

祥八宝图之一。① 师徒几人兴奋不已,第二天太阳刚刚冒出山尖时,他们在离亲王府邸不远的山麓下一泉水旁,见到一位背负水桶的牧女,他们向牧女询问该处地名,牧女回答说:"这口泉水右旋如海螺,所以藏人称其为扎西漪。"他们听后,为了实证其是否为吉兆之祥,于是马上观测山势,发现此地山形犹巨象伏卧,前塬后山,十分壮观。嘉木样大师因此反复说:"无论走到哪里,要说选址准确,水草丰盛,人们安居乐业,风水尽美者,唯独泽央最佳。"② 大师还说:"桑曲(大夏河)河水,乃八功德水,饮之不生疾,助长寿,故功德无量。"③ 根据当时的观察,他们认为拉卜楞寺的后山"若身负如意宝贝之卧象,左右纵贯南

---

① 海螺:汉语又称法螺,有右旋和左旋之分,所谓"旋"是指螺上的纹路,顺时针方向的旋纹称右旋螺,逆时针方向的旋纹称左旋螺。海螺的旋纹方向与海波、阳光等有关。海螺多数为左旋,据说右旋的海螺极为罕见,故称为仙螺。右旋海螺曾经是古代战场上的军号。佛教传入藏地后,右旋海螺便成了法螺,成为佛事活动中的吹奏乐器之一,并和宝伞、金鱼、宝瓶、莲花、法轮、吉象结、胜利幢一起组成了吉祥八宝图,表达着藏传佛教不同的佛法理念:如宝伞代表佛陀头,寓意为至上权威;金鱼代表佛陀的眼睛,象征着复苏、永生、再生等意;宝瓶代表佛陀的喉咙,象征着吉祥、清净和财运,又象征着俱宝无漏、福智圆满、永生不死;莲花代表佛陀的舌头,象征着最终的目标,即修成正果;海螺代表佛陀之语,佛经载:释迦牟尼说法时声震四方,如海螺之音;吉祥结代表佛陀之意,象征着若跟随佛陀,就有能力从生存的海中打捞起智慧珍珠和觉悟珍宝;胜利幢代表佛陀之身,比喻十一种烦恼对治力;金轮代表佛陀之足,象征佛像像轮子一样旋转不停,永不停息(庞慧:《解读藏传佛教艺术之藏吉祥八宝图》,《文教资料》2009 年第 5 期,第 60~61 页。拉都:《藏族传统吉祥八宝图的文化内涵及其象征》,《康定民族师范高等专科学校学报》2009 年第 6 期,第 2 页)。

② (清)阿莽班智达原著,玛钦·诺悟更、志道周译注:《拉卜楞寺志》,兰州:甘肃人民出版社,1997 年版,第 127 页。

③ 八功德水:一甘二凉三柔软,四轻五净六不臭,七饮不损口和喉,八饮不伤胃与腹。(清)阿莽班智达原著,玛钦·诺悟更、志道周译注:《拉卜楞寺志》,兰州:甘肃人民出版社,1997 年版,第 128 页。

北，呈威严之势"①，而"大象倨傲而卧，象征终成禅法"②。

虽然已卜得吉地，但为了慎重起见，嘉木样大师还是分别以灯火对卜尕巴娄芒、西姆莱周、扎西琦三地进行了占卜，以确定哪个是最佳的寺址，最后选中了扎西琦。因为三者中首先点燃的是代表西姆莱周的灯，次为代表卜尕巴娄芒的灯，最后是代表扎西琦的灯，三盏灯中，代表扎西琦的灯燃的时间最长，一直燃到第二天太阳升起后才熄灭。大师最终决定将寺址定在扎西琦，于是成就了今天大夏河边蔚为壮观的拉卜楞寺。

综上，寺院的选址显然被赋予了特定的佛教寓意与象征，透过象征，我们认为寺院的选址所揭示的不仅仅是宗教的理念，更重要的是其经济区位属性。首先，扎西琦四面环山，近临大夏河，北接河州（今临夏回族自治州），南邻四川阿坝，东与屹县相连，西界白海，地处雪域高原的东北部边缘，系青藏高原与黄土高原的过渡地带，是甘肃省的边境要地，具备成为地域中心的地理区位条件。其次，扎西琦周边"丘陵环列，谷广坡平，流泉萦绕，水草鲜美，为藏民天然牧场"③，具备一定的经济基础，这是寺院建立并存在的重要物质条件。因为寺院一旦建立，居住其间的大量僧人是完全的消费者，他们的吃喝穿戴，都依赖于世俗社会的供应，这就要求其周边的区域必须具备相应的经济承受力。第三是扎西琦地区具有坚实的信众基础。自15世纪宗喀巴大师创立格鲁派以来，佛教便在青藏高原藏区得以迅速发展。之后，随着甘丹、哲蚌、色拉以及扎什伦布寺的先后建立，格鲁派

---

① （清）阿莽班智达原著，玛钦·诺悟更、志道周译注：《拉卜楞寺志》，兰州：甘肃人民出版社，1997年版，第152页。

② （清）阿莽班智达原著，玛钦·诺悟更、志道周译注：《拉卜楞寺志》，兰州：甘肃人民出版社，1997年版，第152页。

③ 张其昀：《甘肃省夏河县志略》，《夏河文史资料》第1辑，兰州：兰州大学丝路文化中心，1993年版，第6页。

逐步形成了庞大的"寺院宗教集团"①，并对藏文化的边缘地区如阿里、康巴、安多等地区产生影响，成为扎西琦地区最大的宗教势力，这是寺院创建的信众基础。1710 年，嘉木样率领弟子举行建寺奠基仪式，参加的僧俗达万余人，其信众的力量由此可见一斑。

3. 因寺而兴——夏河县的建置

1714 年，扎西琦寺建"拉章"，即嘉木样大师的府邸。出于对嘉木样大师的尊崇，当地蒙藏群众在寺名前冠上"拉章"，寺名由此变成"拉章扎西琦"。后来，"拉章"转音为"拉卜楞"，而被广泛使用。地名是特定地域的称呼，承载着地域的特有历史与命运。一个地方自有地名才算是真正的诞生。②"拉章扎西琦"和"拉卜楞"作为衍生的别名，却能在时间的推移中演绎成寺名和地名，究其原因在于别名植根于深深的宗教文化中，被赋予了特殊的含意。当"拉卜楞"的概念从最初的嘉木样拉章宫，延伸到拉卜楞寺，再到拉卜楞地区（镇）之时，"拉卜楞"的政治、经济及文化辐射力更是彰显无疑。

拉卜楞寺建立之后，经历代嘉木样大师和诸多高僧大德的苦心经营，闻思学院、下续部学院、时轮学院、医学院、喜金刚学院、上续部学院相继成立，最终形成一个具有"六大扎仓、48 座佛殿和囊欠（活佛住所）、500 多座僧院（僧舍）"③的庞大建筑群，并发展成为甘、青、川藏蒙民族的宗教信仰中心。早在清朝后期，藏文史料就将其誉为"第二西藏"。④ 民国时期，拉卜

---

① 丹曲：《拉卜楞寺话》，北京：民族出版社，1998 年版，第 7 页。

② 冯骥才：《灵魂不能下跪——冯骥才文化遗产思想学术论集》，银川：宁夏人民出版社，2007 版，第 225 页。

③ 罗发西、李耕、曲又新等：《拉卜楞寺概况》，兰州：甘肃民族出版社，1987 年版，第 3 页。

④ 扎扎：《佛教文化圣地——拉卜楞寺》，兰州：甘肃民族出版社，2010 年版，第 5 页。

楞寺逐渐进入学者的视线，李安宅、于式玉、马无忌、潘凌云、梅贻宝等一大批学者相继进入该地区进行调查研究。李安宅充分肯定了拉卜楞寺的地位，认为拉卜楞寺院"实为西藏以外，甘青康蒙各地最大的新教喇嘛中心"①。李式金在《拉卜楞寺在西北地位的重要性》一文中写道："现在中国喇嘛教中心寺院有六个，四个在西藏（即哲蚌寺，色拉寺，甘丹寺，扎什伦布寺），前三个在前藏，后一个在后藏，另二个在西北，一为青海的塔尔寺，即黄教始祖宗喀巴出世的地方，另一个则为甘肃的拉卜楞寺。论历史的悠远，则拉卜楞寺略逊于塔尔寺。论寺院的堂皇，教规的严密，则拉卜楞寺又远在塔尔寺之上。"② 拉卜楞寺作为佛教中心，民国时期僧人已达3千余人，下属寺院108个，分布于青、康、甘、川四省的边境，其宗教势力影响的范围面积比浙江一省还大，足见其宗教地位之重要。

与宗教文化中心地位相适应的是，拉卜楞成了汉、回、藏商业贸易的重镇。三四千不从事生产的僧人以及数量众多的朝圣者聚集拉卜楞寺，他们的各种生活所需有力地促进了商业贸易的发展。拉卜楞地区牧业发达，农业仅限于东部山谷一带，所种农作物都是耐寒耐瘠的作物，比如青稞、豆类、小麦等，耕地面积仅占全区的4%左右。地区居民的饮食来源基本为肉类和乳酪品，因此对植物性食物极其需求，茶叶正适应了这样的需求而成为他们的嗜好品。《明史·食货志》曾记载："番人嗜乳酪，不得茶则因以病。"《续文献通考·征榷考》记载："自唐世回纥以马易茶，盖西北人嗜茶……西北多乳酪，乳酪滞膈，而茶性通利，能荡涤

---

① 李安宅：《拉卜楞寺大经堂闻思堂的学制》，《新西北》1939年第2卷。
② 李式金：《拉卜楞寺在西北地位的重要性》，《东方杂志》1946年第8期，第46页。

之。"① 生活物品的大量需求，进一步促进了拉卜楞地区商业的发展。拉卜楞地区一方面大量输出畜产品：每年 9 月，平津一带的富商携带巨款前来购买羊毛、皮革产品，翌年 4 月运货而返，像候鸟一样，因此俗称候商。全面抗日战争前，拉卜楞寺一带每年羊毛输出量为 120 万斤，至 1939 年输出量达到最盛时期，占该寺输出总额的第一位，皮张输出占输出总值的第二位。同时期购进商品粮食（大米、面粉、小米）占总购进的 47.8％，茶、烟、酒占 32.0％，布匹、绸缎占 11.5％。② 兰州市上食用的牛羊主要源于拉卜楞地区。另一方面，藏民大量购置茶叶、粮食、布匹等生活必需品。拉卜楞的粮食菜蔬主要来自临夏，茶叶来自松潘。藏民所佩戴的刀剑，则由青海循化兄弟民族所铸，如前文所述。可见，拉卜楞的商业贸易十分活跃，寺院也参与其中。"寺院十八囊欠之中，每年有走西藏者，将印度之毛织品，大批运来，以作买卖。"③ 商业的繁荣使拉卜楞突破了寺院的限制而形成两个中心，一为市场，一为寺院，且两大中心在人口数量上基本持平。据马无忌先生统计：两部分人口基本都在 3 千左右，占全县人口的 2％强。

行政管理方面，拉卜楞属于政教合一。1762 年（清乾隆二十七年）分设循化厅，移河州通判驻今夏河县境内，并设置南番二十一寨。自此以后，军事归河州镇，吏治属循化厅。民国成立后，拉卜楞的行政归属仍为青海西宁道之循化县。1917 年，政府将拉卜楞划归甘肃管辖。1927 年，甘肃省在拉卜楞成立拉卜

---

① 竞凡：《历代汉番茶马互市考》，甘肃省图书馆书目参考部编：《西北民族宗教史料文摘》（甘肃分册），兰州：甘肃省图书馆，1984 年版，第 277 页。

② 徐恩波、史志诚、王雅鹏：《畜产市场运行与发展》，西安：陕西人民出版社，1994 年版，第 30～32 页。

③ 马无忌：《甘肃夏河藏民调查记》，张羽新、张双志主编：《民国藏事史料丛编》，北京：学苑出版社，2005 年版，第 285 页。

楞设治局，设治局下辖十三庄等部落，包括拉卜楞的"塔哇"。[①]
1928 年改为夏河县。[②] 马无忌先生由此认为："夏河县治可说是
附属于拉卜楞寺而成立，而拉卜楞寺又可说为宗教都市，嘉木样
为其领袖，兼控政权。"[③] 夏河县设置后，其土地所有权仍归属
寺院，藏民及汉回商人，以及各机关所在地，每年均须按期向寺
院纳税。所以，民国时期的拉卜楞还是政教合一，以致有"政令
不出拉卜楞街头，政府犹是公使馆"[④] 之笑话。即便如此，夏河
县的设置依然是甘南州城镇化进程中的一个重要里程碑，既顺应
了寺院城镇发展的历史需求，又开启了民族地区城镇近代市政管
理的先河。

三、因商而兴的城镇——临潭

1. 建置沿革

临潭古称洮州，从新石器时代，就有古先民从事生产活动。
在这片古老的土地上，不断开拓、繁衍生息的汉、回、藏各族人
民创造了灿烂的古代洮州文化。洮州历史悠久，古为《禹贡》九
州中的雍州之地，春秋战国时为羌人占据，秦统一六国设置郡

---

① 拉卜楞"塔哇"之吏治，初期属循化厅，具体为南番二十一寨中的甘加寨管
理。民国成立以后，仍归青海西宁道之循化县管辖。随着拉卜楞寺宗教影响的扩大，
僧侣日益增多，庙会逐渐频繁，朝拜者络绎不绝，拉卜楞寺周围逐渐繁华起来，外
来迁入此地定居的人口越来越多，因此，上、下"塔哇"的住户也渐渐增多。清末
民初，拉卜楞开放"塔哇"，"塔哇"范围由此得到扩大。1917 年拉卜楞"塔哇"随
着行政建制的变化归甘肃所辖（参见贡保草著：《拉卜楞"塔哇"的社会文化变迁》，
北京：民族出版社，2009 年版，第 20 页）。

② 苗滋庶等编：《拉卜楞寺概况》，兰州：甘肃民族出版社，1987 年版，第 2
页。

③ 马无忌：《甘肃夏河藏民调查记》，张羽新、张双志主编：《民国藏事史料丛
编》，北京：学苑出版社，2005 年版，第 285～286 页。

④ 马无忌：《甘肃夏河藏民调查记》，张羽新、张双志主编：《民国藏事史料丛
编》，北京：学苑出版社，2005 年版，第 284 页。

县，属陇西郡临洮县（今岷县）辖地。两汉三国时期仍为临洮县管辖。西晋惠帝于公元 295 年在临潭设洮阳县，隶属秦州。自西晋永嘉之乱至十六国末，被吐谷浑占据。北周武帝保定六年（566）二月，周遣大使巡查天下，于洮阳城首置洮州，继置洮阳郡汎潭县。隋开皇十一年（590），改汎潭县为临潭县。唐天宝元年（742）改称临潭。北宋大观二年（1108）四月，再改临潭为洮州。元袭置洮州，下领可当县。明洪武四年（1371），于旧城置洮州千户，隶河州卫。洪武十年，升为洮州卫军民指挥使司，隶陕西都司。清乾隆十二年（1747），改洮州卫为洮州厅，隶巩昌府。

民国二年（1913），改洮州厅为临潭县，属兰州道辖，道废后隶省。临潭县属 6 区、3 镇、45 乡。第一区驻新城，辖 1 镇 5 乡；第二区驻恒足旗（王家坟），辖 1 镇 12 乡；第三区驻新堡，辖 10 乡；第四区驻羊永，辖 10 乡；第五区驻冶力关，辖 7 乡；第六区驻旧城，辖 1 镇 1 乡。县治新城。1935 年，甘肃省实行新县制，撤区置乡镇，临潭县辖 1 镇 6 乡，即新城镇、铁城乡、石门乡、洮滨乡、西平乡、莲峰乡、冶海乡。[①]

1936 年 8 月，中国工农红军第四方面军长征途经临潭，在新城建立了苏维埃政府。民国二十七年（1938），甘肃省扩大第一督察区，临潭隶属岷县督察区。1949 年，临潭县和平解放，9 月 27 日在新城成立了临潭县人民政府，属岷县专区管辖。[②]

2. 兴起原因

从地理位置上看，临潭位于甘肃省的最南端，甘南藏族自治州的东部、洮河的上游，史称"进藏门户"。临潭地区地处青藏

---

① 甘南藏族自治州地方史志编纂委员会：《甘南州志》（上），北京：民族出版社，1999 年版，第 165 页。

② 马廷义、赵大庆：《洮州花儿集锦》，兰州：甘肃万联广告彩印有限公司，2005 年版，第 1～2 页。

高原的边缘，北接康乐、渭源两县，东邻岷县与卓尼县，西南两面均与卓尼县插花接壤，属于高山丘陵地区。这里是农区与牧区、藏区与汉区的结合部，因此，自古以来一直是"陇右汉藏聚合、农牧过渡，东进西山、南联北往的门户"，是"北蔽河湟，西控番戎，东济陇右的边塞要地"，更是唐蕃古道的要冲地段。[①]同时，这里还有充沛的水源。20世纪30年，著名新闻记者范长江以《大公报》特约通讯员的身份，在西北进行考察时，曾感叹："洮河两岸，好一片冲积平原！"[②] 有利的交通地缘条件，丰富的洮河水系资源，以及汉族农耕文明与藏族游牧文明的碰撞，这为临潭地区农业经济的发展创造了有利条件，促进了地域经济的繁荣。

从区域经济看，由于临潭地区地处汉藏交界地带，是农耕民族（汉族）和游牧民族（藏族）的过渡地带，拥有较好的经济区位优势。因此，中央政权十分重视对这一区域的经略，有力地推动了这一地区商业贸易的发展，为汉藏之间的贸易往来创造了条件。洮州是四大茶马司之一。洮州官营的茶马互市始于宋代。宋王朝十分重视茶马互市，设提举茶马司，颁布"以茶博马法"等，这不仅使朝廷获得了大批的良马，同时还借助贸易活动有效地控制边陲少数民族地区和部落。朝廷统一管理茶马互市，使边地贸易逐渐规范化，比如交易由不定期改为了定期，极大地方便了交易。当时洮州茶马互市的时期定在5月。在朝廷的统一管理下，洮州地区的商业贸易日益发达，同内地经济贸易的往来也更加频繁。

金、元时期，茶马互市曾一度中断。金占领洮州后，曾先后三次在洮州设置榷场。榷场是"与敌国互市之所也……以通二国

---

① 白洁：《甘南岁月》，北京：中国电力出版社，2007年版，第99页。

② 范长江：《中国的西北角》，北京：新华出版社，1980年版，第43页。

之货"①。设在宋、金两国边境上的互市机构，榷场在一定程度上维系了国家分裂时期洮州地区的商业贸易。但是，洮州地区边民所需的茶叶、丝织品都仰仗南宋内地的供给，因此金害怕边民以榷场贸易为名大量往来而引发边患，故而停止了榷场，这使得洮州乃至陇右地区的商业贸易一度萎缩。

明朝建立后，朱元璋为了巩固边防，特别重视茶马互市，"置洮州、秦州、河州三茶马司，设司令、司丞"，力图通过茶马互市笼络边地人心，维护国家的政权。明初，洮州一带的商业贸易一度繁盛。自洪武至宣德年间，洮州都能超额完成朝廷的马匹派购任务，足见其商业的繁荣程度。

1650年（清顺治七年），清政府为了加强对茶马贸易的管理，决定官商平分茶引，官茶为中马之用，商茶由茶商自卖，这大大地刺激了民间茶商的积极性，茶马贸易有了较大发展。乾隆、嘉庆年间，由于社会政治稳定，国家用马量大为下降，茶马互市失去意义，于是朝廷裁撤了茶马司。茶马交易由官办转为民间自由贸易，藏汉之间的商业因此更为自由地发展起来。洮州由此逐渐成为甘肃西南部的重要商品集散地和汉藏贸易中心地之一。

四、土司领地——卓尼

卓尼县位于甘南藏族自治州东部，东邻定西市，北连临夏州和定西市，西接夏河县与碌曲县，南靠迭部县。历史上，卓尼、临潭一带统称为洮州。自秦、汉时属临洮县地，归陇西郡所辖。三国时初属魏雍州地，仍设陇西洮阳县，旋改为秦州陇右郡临洮县。其后，西晋、东晋、十六国、前秦、南北朝、北周、隋唐至明洪武年间，历代建置变更频繁。明永乐十六年（1418），朝廷

---

① 石为怀：《甘南史话》，兰州：甘肃文化出版社，2007年版，第18~19页。

授卓尼吐蕃后裔头人些地为土官指挥金事，管理部分番族部落，实行土司制。清乾隆改卫为厅，土司仍沿明制。[①] 1913 年，洮州厅改为临潭县，卓尼归临潭县管辖。1937 年，卓尼发生兵变，国民政府始置卓尼设治局，从此卓尼脱离临潭县。1941 年，明驼在《卓尼之过去与未来》中这样描述："在甘肃的西南部，岷州以西百二十里，洮河以南三十里，靠洮河北岸的谷地上，跨山沟筑一座土城，城内外共有百数十户僧俗聚居着，'庄巢'栉北，寺院错落，这就是卓尼。"[②]

　　早在新石器时代，卓尼一带就有民族部落居住，各部落割据一方，互不相属，其地名也很难考证。"卓尼"一名的由来如下，据传，元始祖忽必烈迎请八思巴大师到内地讲经传法，八思巴途经今天的卓尼县城时，认为此地"风脉颇佳"，遂命弟子萨迦巴格西谢热伊西留下来建寺树塔，以弘扬佛法。寺院附近有很多交香树（马尾松，迭部一带藏语称"交尼"，地方方言为"卓乃"），"卓尼"系"交尼""卓乃"之变音，寺院由此得名"卓尼寺"，后来演变为地名。[③]

　　卓尼的历史与杨土司家族有着紧密的联系。明朝永乐年间，杨土司的祖先从西藏移民到洮河上游地区居住。相传杨土司始祖初来卓尼时，有兄弟二人，长兄专管军政，二弟掌理宗教。后来管军政者受封为土司，掌宗教者受封为僧纲，这便是卓尼土司的开端。土司衙门是土司辖区内最高统治机构，它与禅定寺共同维护着卓尼地区政教合一的土司制度。在土司衙门内部有一整套的严密组织系统：土司总管全局，下设头目两人，分兼土司民、兵要职，他们的一切行动均按土司的意旨行事，掌管着卓尼军政大

　　①　马永寿：《卓尼史话》，兰州：甘肃文化出版社，2007 年版，第 20 页。
　　②　明驼：《卓尼之过去与未来》，《边政公论》1941 年第 1 卷第 1 期，第 91 页。
　　③　甘南州政协文史资料委员会编：《甘南文史资料》第 11 辑，合作：甘南报社印刷厂，1994 年版，第 265 页。

权，也就是土司的左膀右臂。① 土司下设旗。旗既是一个行政单位，又是一个军事编制单位，每旗有族长一人，负责全旗的行政、司法与军事事务。每一旗下有总管一至三个，每一总管辖村落数个至十数个，每一村落各有一名头人。②

自明清以来，杨土司作为卓尼地区的政教领袖，在协助中央政权维护地区稳定方面屡建功勋，并多次受封，因此，在卓尼地区拥有政治、宗教、军事、文化及民族关系等方面的至上权威。明永乐二年，杨土司先祖江特率领迭部十八部落献地投诚。1418年，江特以头人的身份进京朝拜明成祖朱棣。后来，由于江特守护茶马司和边塞有功，被明王朝授为世袭指挥佥事（世官三等，负责分司屯田，验军巡捕，备御戍守等）兼武德将军（正五品官级）③，从而奠定了杨土司在卓尼地区的权力基础。1508 年，第五任土司嘎杰子旺秀进京朝觐明帝，明武宗肯定了土司家族在"藏汉之界护政传法"的功业，特"赐姓杨，改名为洪"，自此，土司子孙始用杨姓和汉名。④ 1573 年，第七任土司杨葵明承袭父职。他在任职期间，强化宗教力量，积极向外扩张势力，征服了洮老、纳浪、朝勿等洮河南面的十三个部落，并在"这些林居强悍者都交付于你管理"的皇帝谕旨下，扩大了卓尼土司的统治区域。1662 年，第九任土司杨朝梁（才旺东珠）就任。杨朝梁是卓尼土司中举足轻重的人物。他在任职期间以武力征服了术布等24 个恃强作乱的部落。康熙十四年，杨朝梁奉命率兵平息了河

---

① 甘南州政协文史资料委员会编：《甘南文史资料》第 11 辑，合作：甘南报社印刷厂，1994 年版，第 283 页。

② 甘肃省图书馆书目参考部编：《西北民族宗教史料文摘》（甘肃分册），兰州：甘肃省图书馆，1984 年版，第 296 页。

③ 甘南州政协文史资料委员会编：《甘南文史资料》第 11 辑，合作：甘南报社印刷厂，1994 年版，第 270 页。

④ 甘南州政协文史资料委员会编：《甘南文史资料》第 11 辑，合作：甘南报社印刷厂，1994 年版，第 272 页。

州、洮州、泯州等地的吴长毛之变。康熙皇帝因此任命杨朝梁担任甘州城土司，杨朝梁谢绝。后来，皇帝又降旨卓尼土司为坐住兰州总慰。杨朝梁以"臣已落齿，恐负皇恩，居住故地，对皇上之忠心永远不移"，而婉拒皇命。皇帝十分欣喜，特"赐其子孙后代都可获得土司头衔，年赏白银 244 两"。就这样，杨土司在卓尼地区的政治地位又一次显著提升。在杨朝梁任职期间，卓尼土司所管辖的旗已达 20 余个，为其在卓尼的统治奠定了基业。杨朝梁之子杨威是个虔诚的佛教徒，他在任时用"教化和武力等手段强令迭部，申扎、垂巴、迭当等本教徒放弃异教，归依黄教"，从而有效地扩大了卓尼土司的政治势力和宗教影响力。第十一代土司杨汝松半生戎马，康熙四十八年，奉命调集三千大军镇压武坪等 24 部落暴动，获得胜利。清廷除赏赐其金银绸缎、茶叶等物品外，还把插岗、铁坝、拱巴、博峪等地划归卓尼土司管辖，因此卓尼的辖区进一步扩大。据《泯州志校注》载，此时卓尼已扩大到"东至驼隆族与泯州土司赵廷贤交界六十里；南至扎力哈与赵廷贤交界三百里；西至截古哈扯坝与外界生番交界二百里；东至边古壕土桥暗门与河州交界二百里。管中马番人二百三十四族，把守隘口二十三处"①。1781 年，第十五代土司杨宗业平息河州叛乱。1837 年，洮州地方官员将拉卜楞寺阿莽仓活佛阻拦在城内进行敲诈，第十六任土司杨宗基前往营救，并因此提高了在当地的声誉。1846 年，第十七代土司跟随青海大臣达洪阿剿抚黑错藏民叛乱，之后又协助清廷镇压西固（今舟曲县）、岷县、循化等藏族和其他民族的反清斗争。

　　清末民初，第十九代土司杨积庆上任。他积极响应共和，后又因拒绝与河州马仲英合作对付国民军而引来马仲英的大肆报

---

　　① 甘南州政协文史资料委员会编：《甘南文史资料》第 11 辑，合作：甘南报社印刷厂，1994 年版，第 276 页。

复。马仲英率部冲进卓尼地区，焚毁了十八代土司呕心沥血修建的禅定寺、《丹珠尔》卓尼版大藏经和洮河北岸的大部分民房，这是卓尼宗教文化史上的一场浩劫。1936年8月初，红二、四方面军要经过卓尼属地迭部。土司杨积庆虽然接到堵截红军的命令，但在共产党民族政策的感召下，他没有公开堵击。红军在临潭一带休整，杨土司暗中派人写信向红军总部致意，并赠送马、羊等慰问物品。此后，军阀鲁大昌以此为由，策划了博峪事件，将杨土司及其长子和家眷十几人杀害。博峪事变的消息传出后，引起了卓尼辖区藏民的不满，在北山土官杨麻周的率领下，十余旗的藏民兵进攻博峪，击溃了事变分子。很快，甘肃省政府派省政府委员田昆山前来卓尼处理此案，批准杨复兴承袭父职，继任洮岷路保安司令，同时成立了卓尼设治局。

综观卓尼的历史，土司制度在政治上维护了卓尼地区的社会稳定，数代土司顺应中央政权的统治，从而有效地提高了卓尼的政治地位，促进了卓尼地区的发展，为近代卓尼能够脱离临潭的统属打下了基础。在宗教文化上，卓尼地区在元代寺院的基础上不断发展，尤其是土司与宗教领袖始终保持一致，维护着格鲁派在此的势力。在经济上，卓尼地区土地肥沃，水草丰富，是农牧业比较发达的区域，具备良好的经济区位条件。因此，卓尼才能在漫长的历史发展中，借助土司和格鲁派的政治、宗教力量，得以不断壮大，最终实现城镇的独立建置。

五、白龙江边的聚落要塞——舟曲

舟曲，因水得名，藏语之意为"白色龙水"。舟曲县城临白龙江而设，"曲"是水的意思，故得名舟曲县。舟曲县位于甘南州东南部，西接迭部，东、南、北三面均与陇南地区的武都、宕昌为邻，西南与四川省毗连。县城在该县中部偏北。它北依海拔4154米的雷古山南麓，南临端山，白龙江自西北而东南，横穿县城之南，其北三眼泉溪水穿城注入白龙江，两岸山势陡峻，气势巍峨，因而造成白龙江北岸洪淤冲积扇之河漫滩地。[1]

从行政建置看，舟曲的建置比较早。尽管秦统一六国，舟曲不在其统治范围，但当时舟曲已经有以白马为图腾的羌民（白马羌）居民。西汉时期，在舟曲境内设置羌道县（汉代在少数民族地区设置的县称"道"），隶属陇西郡管辖，后汉时又属武都郡管辖。三国时期，舟曲地区是魏、蜀、吴三国争夺的地区之一。东晋十六国时期，北方民族政权割据，互相兼并。公元307年，西晋怀帝划地称宕昌国，今舟曲境皆属宕昌国。公元566年，北周武帝灭宕昌国，在宕昌国设置宕州，并"筑武都诸城，置军驻守"[2]。公元584年，隋文帝罢郡，以州统县，今舟曲属宕州。公元605年，隋炀帝改宕州为宕昌郡，今舟曲仍为宕昌武都郡辖地。唐代，今舟曲仍属宕州。唐末至五代，舟曲地区是吐蕃的势力范围。北宋初年，甘青地区兴起了一个东吐蕃口角斯啰的地方政权，舟曲被其控制。1073年，宋朝王韶发动了著名的"熙河之役"，攻克了宕、岷、洮、河、迭五州，今舟曲境内的三寨（武坪寨、沙滩寨和峰贴峡寨）、一堡（固城堡）、一关（平定关）归宋秦凤路阶州福津县。寨为隶属于福津县的行政军事单位，堡和关为驻军防守的要塞。随着人口的增长和战略的考虑，1150年，福津县县令张俊臣修筑了西固城（今舟曲）。"西固"显然有中原王朝希望巩固西部边疆的含义。

1271年，元世祖废福津县，将其并入阶州，舟曲境为阶州辖地。1374年，明太祖置巩昌府西固城等千户所。1578年，西固分设阶州州同，民事、军事分治。1645年，清世祖顺治置西

---

① 李振翼：《甘南州考古集萃》，北京：民族出版社，1998年版，第139页。

② 中国人民政治协商会议舟曲县委员会文史资料委员会：《舟曲县文史资料》第1辑，内部资料，1987年版，第51页。

固守御所千总。

1913 年，改置西固县，隶陇南道，后改渭川道。1927 年，废道，西固县直隶于甘肃省。1938 年，西固县划入第一行政督察区。1944 年划入第八督察区，专员公署驻武都。中华人民共和国成立后，国家实行省、专区（州、市），县（市、区）三级地方行政体制。1949 年 12 月 10 日，西固全境解放，西固县人民政府成立，隶属武都专区。

从地理条件看，舟曲地处白龙江上游的高山深谷地带，白龙江由西北走向东南贯穿全境。舟曲属于山区地带，以"山大沟深"著称。生产方式决定着人们的生活方式。山大沟深的地理环境，虽不具备平原地区农业发展的绝对优势，但白龙江的水源为这里农业的发展创造了条件。1973 年白龙江沿岸发现的大量新石器时代晚期的陶罐、陶片等文物表明：这里不仅文明发生较早，距今已有四五千年的历史，属于马家窑文化类型，同时，这里的原始农业也有了一定的发展。① 原始农业生产的发展，意味着舟曲先民过着定居的生活，人口的定居与人口分布密度，促使这一地区产生了原始的村落或部落村庄。根据考古遗址发现，这些村落分布在白龙江沿岸，村落大都建在"避风向阳，河流转弯，临近水源"② 的地方，这有利于农业生产的进行。西汉时期，为了巩固对边地的管辖，大批汉族人口随军西迁，中原地区的先进生产技术和文化传入，进一步促进了舟曲地区农业经济的发展。农业经济的发展，是人口空间聚集的重要条件，也是城镇形成的重要原因之一。

---

① 中国人民政治协商会议舟曲县委员会文史资料委员会：《舟曲县文史资料》第 1 辑，内部资料，1987 年版，第 46 页。
② 中国人民政治协商会议舟曲县委员会文史资料委员会：《舟曲县文史资料》第 1 辑，内部资料，1987 年版，第 47 页。

第三章 新中国建立至改革开放前 甘南州城镇的变迁

新中国建立后,行政区划上的甘南藏族自治州形成。在中国共产党的领导下,甘南州实现了从"政教合一"到"民族区域自治"的历史性飞跃。民族区域自治制度的推行,从政策法规上扩大了民族群众的政治参与,增强了多民族多宗教地区的凝聚力,并在国家人力、物力、财力等资源的支持调配下,促使甘南州社会经济和城镇建设获得一定的发展。改革开放前,甘南州城镇建设主要经历了三个阶段的发展:1949—1953 年,甘南州城镇建设的主要任务是开展剿匪、禁烟运动,实现藏区城市社会生活的稳定;1953—1966 年,甘南州完成行政区划调整工作,初步形成了州、县、镇城镇体系;1966—1976 年,由于"文化大革命"的影响,甘南州城镇工业企业虽在三线建设的政策下获得初步发展,不过与同时期甘肃省兰州、天水、河西、定西等地的工业发展相比,其城镇工业的发展仍是相当落后的。

作为西部"后发"的多民族多宗教地区,新中国成立后至改革开放前,在国家主导力量的推动下,甘南州的城镇体系初步建立,社会经济不断发展,城镇建设开始了工业化的进程。

第一节 甘南州城镇的发展

新中国成立以后,甘南州城镇的发展变化主要表现为:随着国家对甘南州行政区划的调整，甘南州基本形成了城镇体系的雏形。州政府迁址黑错既符合甘南州城镇布局规划的要求，又为其作为区域中心城市的发展奠定了基础。而西部草原上碌曲、玛曲两县的建置，也为改变甘南自古以来"东密西疏"的城镇布局带来了新的契机。甘南州工业的发展，政府机关的建设以及文化、卫生等机构的不断完善，进一步拓展了各城镇的基础设施建设空间，促使城镇规模不断扩大。

一、甘南州城镇发展概况

新中国成立后，为解决历史遗留问题，国家在甘南州做了大量工作。剿匪、禁烟和解决民族纠纷等工作卓有成效，得到了全区各民族人民的拥护。1953年10月1日，甘南藏族自治区成立，1954年，更名为甘南藏族自治州。自治州成立以后，在充分尊重其宗教文化信仰的基础上，国家在甘南州推行了民族区域自治制度。从"政教合一"到"民族区域自治"，甘南州的城镇建设与发展呈现出新气象：行政区划不断完善，州、县、镇城镇体系建立；调整产业结构，发展现代工业，实现城镇经济的初步转型；学校、图书馆、文化馆等文化教育机构不断增设，促进了城镇文化的繁荣。

（一）基于民族区域自治制度的城镇发展

新中国成立之初，由于交通闭塞、经济落后和匪患破坏等因素，甘南州的社会很不稳定。一方面，甘南土司、寺院的势力和影响依然很大，国民党台湾当局支持的匪患也不断发生；另一方面，因历史遗留问题而引起的草山争斗事件时有发生，种植、加工、贩卖和吸食鸦片的现象十分严重。为此，中国共产党在甘南州做了大量的工作。1953年春，经过30多次激烈战斗，中国共产党消灭了境内的国民党残余顽匪，初步实现了甘南州社会秩

序的稳定。[①] 同时，中国共产党积极调解州内外草山边界纠纷案
2700多件，赢得了当地民众的拥护。为推动禁烟工作的开展，
中国共产党甘南工委和自治区人民政府还做出了"甘南州关于全
面禁种、禁贩、禁吸烟毒的决定"。[②]

经过一段时间的努力，中国共产党在甘南州取得了剿匪、禁
烟和解决纠纷的成果，维护了甘南地区社会的稳定。1953年10
月1日，甘南藏族自治区成立。1954年，甘南藏族自治区更名
为甘南藏族自治州。甘南藏族自治州的成立，揭开了甘南州城镇
发展史上的新篇章。

在充分尊重其宗教文化信仰的基础上，国家在甘南民族地区
推行民族区域自治制度。民族区域自治赋予甘南州充分的自治权
利：自治州有权依照当地民族的政治、经济和文化特点，制定自
治条例和单行条例；可以自主地安排和管理本地方的经济建设事
业和开发、利用当地自然资源；可以自主地安排和使用本地方的
财政收入和中央、省政府拨给的财政补贴；可以自主地发展民族
教育和具有民族形式及民族特点的文学、艺术、新闻、出版、广
播、电影、电视等文化事业。[③] 从"政教合一"到"民族区域自
治"，甘南州城镇的建设与发展呈现出新气象。

在民族区域自治政策的指导下，甘南州的城镇管理开始走向
市政现代化。正如民国学者所论："市政最终的目的，是求城市
内的居民，能享受安适快乐和进步的生活。"[④] 人是市政管理的
主导者，因此，市政管理的制度变迁最终是以管理者的转化而实

① 中共甘南州委党史研究室：《中国共产党甘南历史（1921.7—2003.7）》，兰州：甘肃民族出版社，2003年版，第145页。
② 中共甘南州委党史研究室：《中国共产党甘南历史（1921.7—2003.7）》，兰州：甘肃民族出版社，2003年版，第158页。
③ 甘南五十年编纂委员会：《甘南五十年》，三门峡：河南三门峡彤文化艺术有限公司，2003年版，第12页。
④ 体扬：《市政问题的研究》，《市政评论》1934年第1卷合订本，第1页。

现。为有效调动少数民族的积极性，全面推动民族地区的建设事业，1949 年 12 月，毛泽东同志在《对西北少数民族工作的指示》中强调指出："彻底解决民族问题……没有大批少数民族出身的共产主义干部，是不可能的。"[①] 根据指示和实际工作需要，新中国首先重用并大胆启用宗教中、上层开明人士。比如夏河县人民政府第一任县长是拉卜楞政教集团的骨干成员黄祥；甘南藏族自治州第一任州长是拉卜楞保安司令黄正清。据 1958 年 2 月统计，宗教界中、上层人士进入省政协、民委等机关团体的 94 人，州级机关团体的 87 人，县级机关团体的 276 人。1953 年甘南自治区成立，中共甘南工委又按照"德才兼备"的原则，有计划地提拔了 30 名中级干部，其中：藏族 8 名，汉族 19 名，蒙古族 1 名；49 名科级（包括区委书记、区长在内）干部，其中：藏族 10 名，回族 4 名。仅 1956 年一年，全州共选拔州、县、区三级干部 270 名，其中：藏族 128 名，回族 21 名，少数民族占选拔总数的 47.4％；提拔县级干部 61 人，其中：藏族 22 名，回族 1 名；提拔区科级 209 名，其中：藏族 106 名，回族 20 名。这些被提拔的少数民族干部日后都成为建设甘南的生力军，为甘南州城镇建设做出了重要贡献。

其次，遵照国务院 1950 年颁发的《培养少数民族干部试行方案》精神，甘南州以"普遍而大量地培养各少数民族干部，并从政治上予以提高"为方针，通过选送大批民族干部到中央、省、州各级党校和中央民族学院、西北民族学院以及各专业学校、训练班学习等途径广泛选拔培养少数民族地区干部，迅速壮大了甘南州的干部队伍。1949 年，西北人民革命大学兰州分校第三部招收第一期学员 58 人，其中：藏族 38 名，汉族 15 名，

---

① 甘南藏族自治州概况编辑委员会：《甘南藏族自治州》，内部资料，1960 年版，第 22 页。

回族 4 名，蒙古族 1 名。第一期学员于 1950 年 4 月 7 日毕业后，除留校 7 人外，其余全部分到夏河拉卜楞地区开展工作，成为甘南州城镇建设的一批骨干力量。1950 年 9 月西北民族学院成立，成为培养西北少数民族干部的基地，它除招收青年学生外，还采取办培训班的形式，对民族、宗教界中上层人士中年龄较轻，有文化基础、身体健康者，进行培训。到 1956 年底，全州接受西北民族学院学习和培训的干部达千余人。1953 年 10 月 1 日甘南藏族自治区（地区级）建立时，甘南州共举办了 4 期短训班，训练干部达 400 名左右。此时，全州共有干部 1,689 名，其中少数民族干部由新中国成立初的 17 名增加到 319 名，藏族有 232 人，回族 86 人，满族 1 人。少数民族干部占干部总数的 12％。比 1949 年的 17 名少数民族干部总数增长了 13.8 倍。到 1956 年底，甘南藏族自治区（州）的干部发展到 2,697 名，其中少数民族干部增长到 1,162 名，占干部总数的 43％，比 1949 年的 17 名增加了 68.3 倍。[①] 此外，党和国家还从内地调动一批专业技术人员到甘南州工作，从而在人力上确保了甘南州城镇建设的顺利开展。

综上，民族区域自治制度的确立及其在甘南州的成功实践，是新中国成立后甘南州城镇建设得以发展的政策保障和重要基础。

（二）城镇体系的初步形成

新中国成立初期，甘南的临潭、卓尼隶属岷县专署；夏河隶属临夏专署；西固（今舟曲）隶属武都专署。1952 年 2 月，隶属于甘肃省委的甘南藏族自治区临时工作委员会成立。7 月 1 日，甘南州工作委员会成立，辖夏河、卓尼和临潭。同年，中共

---

① 中共甘南州委党史资料征集办公室：《甘南党史资料》（第三辑），内部资料，1988 年版，第 140～143 页。

洮源工作委员会和欧拉工作委员会成立。1953 年，在洮源、欧拉工委的基础上分别成立中共碌曲工委和玛曲工委。

1953 年甘南藏族自治区成立以后，甘肃省政府将原省直辖的夏河、卓尼及临潭专区所辖的临潭划入甘南，并接收西固所辖的城关区、武坪藏族自治区、峰迭联合区一并划入甘南。1954 年，甘南藏族自治区改为甘南藏族自治州，建立碌曲、玛曲、舟曲三县。至此，甘南州共辖夏河、碌曲、玛曲、舟曲、临潭、卓尼 6 县。1956 年，在黑错乡成立合作镇，属夏河县，州府由拉卜楞镇迁至合作镇。1959 年，甘南州进行行政区划调整，将碌曲县、玛曲县合并为洮江县，撤销卓尼县，并入临潭县，舟曲县与卓尼属的下迭区组建为龙迭县，夏河县改为德乌鲁市。1962 年 1 月，为更好地适应自治州经济、文化建设发展的需要，甘南州恢复了原有建置，增设迭部县，自治州所辖县增至 7 县。

（三）城镇经济的发展

新中国成立后，根据国家对农业、手工业和资本主义工商业进行社会主义改造的方针政策，甘南州人民委员会于 1956 年 1 月召开了全州资本主义工商业社会主义改造会议，安排部署了全州的私改工作。按照"有秩序、有步骤地把资本主义性质的工商业尽先纳入国家资本主义轨道，组织小商、小贩走合作化道路"的方针，甘南州人民政府组织贸易组深入到农村和牧区，收购农牧民的土特产品，供给日用生产和生活用品。1952 年，德乌鲁市（夏河）和临潭（包括卓尼）、龙迭等县镇建立了国营商店、民族贸易公司和供销合作社，下设 6 个核算单位，18 个贸易点，职工增加到 81 人，商品销售总额达 13 万余元，商品收购总值 242 万元。[1] 同时，人民政府对于甘南地区的个体商户，有针对

---

① 中共甘南州委党史资料征集办公室：《甘南党史资料》（第三辑），内部资料，1988 年版，第 128～129 页。

性地开展了改造工作。对城镇小商小贩，由商业行政部门和供销合作社在他们自愿的原则下，组织他们下乡为国家收购和推销货物。[①] 对城镇商业资本家，则组织学习，改善经营管理，并组织他们为国营商店经销、代销等。对一些本人不愿联合，自己又有能力单独经营的工商户，经有关部门批准，也允许经营。全州有个体经营者249户，365人。[②] 1956年8月，甘南州成功地完成了私营工商业的社会主义改造。经过这场改造运动，甘南州的工商业和小手工业基本上实现了全行业的公私合营。总户数达1712户，从业人员2355人，共拥有资金113.29万元。其中：城镇从业人员占总从业人员的66%，合营资金占资金总数的95.40%，乡镇从业人员，占从业人员总数的13.76%，合营资金占资金总额的4.76%。[③] 从此，甘南州的小商、小贩和小手工业者，走上了社会主义合作化道路。

一是调整产业结构，发展现代工业，实现经济转型。这是发展甘南州城镇经济的当务之急。新中国成立初期，党和国家十分重视工业建设，对于甘南州这些工业极度缺乏的少数民族地区，中共领导更是给予特别关注。正如刘少奇同志在中国共产党第八次全国代表大会所做的政治报告指出的那样："各少数民族要发展成为现代民族，除进行社会改革以外，根本的关键是要在他们的地区发展现代工业。"[④] 为大力发展民族地区的工业，国家首先加大了资金的投入。据统计：1953年至1960年9月，国家对甘南州

---

① 甘南藏族自治州概况编辑委员会：《甘南藏族自治州》，内部资料，1960年版，第33页。

② 中共甘南州委党史资料征集办公室：《甘南党史资料》（第三辑），内部资料，1988年版，第132页。

③ 中共甘南州委党史资料征集办公室：《甘南党史资料》（第三辑），内部资料，1988年版，第125页。

④ 甘南藏族自治州概况编辑委员会：《甘南藏族自治州》，内部资料，1960年版，第67页。

基本建设投资共达 34,687,300 元，其中工业建设投资计 22,938,450 元。[①]

二是结合甘南地区的资源特色，创办民族企业，开启了甘南地区近代城镇工业化的道路。甘南州是甘肃省的主要牧区之一，具有发展乳制品工业的良好基础。1954 年 8 月，国家投资 190 万元在德乌鲁市（夏河县）筹建甘南乳品厂，并于 1957 年 7 月正式投入生产。经过几年的扩建，到 60 年代，该厂已发展为拥有乳品、制糖、罐头、机修、水电五个车间和一个化验室，各种新式机器 50 多台，主要生产工序基本上机械化或自动化操作，年产奶粉 950 吨、糖 90 吨、罐头 360 吨、发电量 175 万度的乳品大厂，成为当时国内较大的乳品厂之一。甘南乳品厂的建立和发展，为牧民提供了除将鲜奶制成酥油保存之外的新途径，揭开了甘南地区城镇近代工业的序幕。由于盛产皮毛，1958 年，甘南州建成了甘南皮革厂。厂内设有纺织、割制、揉制、制革四个车间，生产各种皮衣、毛衣、毛袜、毛毯等。在"大跃进"的政策推动下，1958 年，甘南州、县兴办的现代化地方国营厂矿，从 1957 年的 2 个增加到 73 个。1958 年，甘南机械厂诞生。机械厂拥有车床、刨床、铣床、冲床以及电焊、气焊等设备，能够制造电焊机、发电机、播种机、鼓风机等 40 多种产品，结束了甘南州不能制造机器的历史。同年，甘南玻璃厂建成。该厂有两个车间、六个生产组，拥有两座熔化炉，一台电动碾粉机，一台空气压缩机，八座退温炉，四套吹瓶机。玻璃厂主要生产甘南乳品厂所用的包装瓶、酒瓶和日用器皿。1960 年，在党的国民经济"以农业为基础，以工业为主导"的方针指导下，进一步贯彻了地方工业要"为农业生产服务，为国家大工业服务，为城乡人

[①] 甘南藏族自治州概况编辑委员会：《甘南藏族自治州》，内部资料，1960 年版，第 68 页。

民服务"的方针，自治州地方国营工矿业和社办工业在经过调整、合并、扩建、新建之后，共有 569 个，其中州、县所办的地方厂矿共有 58 个。[①]

三是注重工业技术人才的培养和引入。在中国共产党第八次全国代表大会上，刘少奇强调指出："凡是在少数民族地区的工业，无论是中央国营工业或者是地方工业，都必须注意帮助少数民族形成自己的工人阶级，培养自己的科学技术干部和企业管理干部。只有这样，少数民族在各方面的发展才能比较快地达到现代的水平。"[②] 国家一方面陆续不断从祖国各工业基地抽调大批汉族工人、干部、技术人员到甘南地区支援，同时又选派具有一定知识水平的农牧民到外地有关工厂学习。到 60 年代，甘南州的工业职工队伍中，新培养出来的少数民族职工已有 1500 多人，占工业职工总数的 14.7%。

综上，新中国成立至改革开放前，甘南地区城镇产业结构发生了根本改变。

首先，甘南地区在进行了社会主义改造后，将城镇手工业、商业被纳入计划经济体制，打破了土司和宗教势力独控经济的局面。国家掌控经济，这在某种程度上避免了大量资金消耗于宗教事务，并有利于资金的聚集和投入，从而有助于调整民族地区的经济产业结构。值得一提的是，甘南地区用于宗教事务的资金数目不是小数。仅以嘉木样在拉萨的布施看，宗教耗资的程度就可见一斑：1784 年，嘉木样二世携带丰厚礼物进西藏朝礼，向各大寺院、各大活佛布施共计银七千多两；1810 年，嘉木样三世在西藏将达赖请至祈愿大法会，敬献汉银 50 秤等丰厚供养，给

---

① 甘南藏族自治州概况编辑委员会：《甘南藏族自治州》，内部资料，1960 年版，第 70 页。

② 甘南藏族自治州概况编辑委员会：《甘南藏族自治州》，内部资料，1960 年版，第 67 页。

摄政王供银 25 秤,给与会数万僧众发放了银两布施;1910 年,嘉木样四世为拉萨祈愿法会两万余僧熬茶供饭,发放布施;1937 年,嘉木样五世进藏修习,先后三年时间,在全藏百十座寺院发放布施,合计费银约三十万两以上,黄金数十两及其他财物不胜数计。①

其次,基于三线建设政策的影响,甘南地区的工业不断发展。三线建设是自 20 世纪 60 年代中叶起,直至 70 年代末,国家为适应战备的需要,把国内生产力布局特别是国防工业布局从东南沿海向内地进行战略转移,在西部的四川、陕西、贵州、甘肃等省掀起规模大、投资多、布点广、持续时间长的"三线建设"。② 甘肃作为三线建设的重要省份之一,国家累计对甘肃省投资 155.53 亿元,比新中国成立后 15 年投资总和增长 0.97 倍。③ 根据甘南州第二次工业企业统计,1949—1979 年,全州共创办工业企业 83 个,其中三线建设期间创办的有 65 个,约占 78.3%。一批具有甘南州资源特色的工业企业,如乳品加工、毛皮生产、玻璃厂、机械厂、电站等兴起,改变了甘南州城镇经济结构单一的状况,奠定了城镇工业的基础。

(四)城镇文化教育的发展状况

新中国成立前,甘南州城镇的文化是基于地方宗教信仰、土司制度和农牧业经济模式下的特定文化。宗教的教义规范,土司的特权统治,独特的民风民俗,这些都是甘南州城镇的主体文化构成元素。近代文化教育事业的发展,为甘南州城镇的文化注入

---

① 李景铭:《甘南藏族自治州经济社会发展研究》,兰州:甘肃民族出版社,2006 年版,第 124 页。

② 杨天成:《六七十年代三线建设中的甘肃军工企业》,《发展》2009 年第 11 期,第 34 页。

③ 朱彦云:《论 20 世纪六七十年代甘肃三线建设》,《齐齐哈尔师范高等专科学校学报》2011 年第 2 期,第 102 页。

了新的元素，有利于居民文化素质和文明程度的提高。

从城镇教育文化看，新中国成立前甘南州城镇的学校教育起步晚，数量少，因此，城镇人口的文盲率很高。1906 年，州同黄为楷开办了西固分州初等小学，这是舟曲教育史上第一所正规学校。[①] 1927 年，拉卜楞保安司令黄正清创设藏民小学校（即后来的拉卜楞小学），从而开启了夏河县的教育。翌年，县政府附设中山小学。1931 年，夏河县成立教育局，以教育启发民智，从而提高了民族地区的文化程度。不过，在藏民占大多数的甘南地区，教育的发展却困难重重。语言文字的不同，文化水平的低下，宗教影响的深远，经济能力的限制，这些都使得大多数藏民与近代学校教育无缘。如民国时期拉卜楞小学毕业学生中藏民仅占 3％；而专为推进边疆教育的中央职业学校，其 1941 年的 40 名毕业生中，只有藏民 1 名；[②] 西固的坪武乡，曾办过一所小学，但儿童入学必须缴纳银币数元或羊毛褐子数卷做学费，另外，每逢传统节日还要向学校当局送仪敬，这又将无数贫寒子弟拒之门外。

新中国建立后，党和国家十分重视甘南州的民族教育事业，克服了政治、经济、文化及地理、自然条件等种种不利因素的影响，积极兴办民族学校，并取得了一定成效（见表 3-1）。

[①] 中国人民政治协商会议舟曲县委员会文史资料委员会：《舟曲县文史资料》（第 1 辑），内部资料，1987 年版，第 69 页。

[②] 马无忌：《甘肃夏河藏民调查记》，张羽新、张双志主编：《民国藏事史料丛编》，北京：学苑出版社，2005 年版，第 284 页。

表 3-1　1949－1978 年甘南藏族自治州各类学校、学生人数统计表（一）

年份		小学	初中	高中	中专	合计
1949	学校数	91	1			92
	学生人数	3067	83			3150
1953	学校数	125	1			126
	学生人数	8753	130			8883
1965	学校数	357	3	2		362
	学生人数	24576	1091			25667
1970	学校数	616	5	2	3	626
	学生人数	29399	2149	205	65	31818
1978	学校数	1281	56	26	3	1366
	学生人数	67045	10328	4287	455	82115

资料来源　甘南五十年编纂委员会：《甘南五十年》，河南三门峡彤文化艺术有限公司，2003 年版，第 177、179 页。

统计显示：新中国成立后至改革开放前，甘南州的学校及学生人数在量上有了很大变化。1949 年，各类学校总计 92 所，1978 年达到 1366 所，增长了 14.8 倍；学生人数从 3150 人增加到了 82115 人，翻了 26 倍多。

文化事业机构是传播近代文化的媒介，它的设立改变了甘南州寺院文化独占鳌头的局面。1953 年甘南州建立时，全州只有两个电影队；到 1965 年，有文艺团体 2 个，电影放映机构 16 个，文化馆 5 个，图书馆 2 个，共有职工 193 人。1966 年至 1977 年，农牧区电影事业有了较快的发展，102 个人民公社中 85 个公社有了放映队。① 电影队、图书馆、文化馆，这些近代文化机构的设立，不仅为甘南地区城镇居民了解和学习新的知识打开了一扇门，丰富了城镇居民的文化生活，而且还有利于提高居

---

①　甘南五十年编纂委员会：《甘南五十年》，三门峡：河南三门峡彤文化艺术有限公司，2003 年版，第 54 页。

民的文化素质，为创建新型城镇文化奠定了基础。

综上，新中国成立初期至改革开放以来，甘南州的城镇文化教育事业的发展主要表现在文化机构数量的增加这一方面。但文化教育水平的高低并不取决于文化机构的数量。从学校体系看，甘南州的小学和初中占据绝对优势，直至 1970 年，全州才设立 3 所培养专业技术人才的中等专科学校。而当时，全国已经建立起比较完整的国民教育体系，学前教育、大中小学教育及成人教育初具规模，全日制教育、业余教育和半工半读教育共同发展。可见，甘南州的教育体系并不完善。城镇建设的发展亟须大批素质较高的人才。这种人才需求是"多层次的，既可以是多领域的通才，也可以是某个领域的专门人才"①。甘南州落后的教育水平显然很难适应这一需求。60 年代中期至 70 年代末，由于"文化大革命"的影响，甘南州的教育从"双语"教学变为了单一的汉语教学，民族语言文字被取消，其民族教育遭到了严重的破坏。

二、甘南州城镇分布的变化

（一）甘南州城镇的分布

1954 年，甘南藏族自治州成立，标志着当代甘南地区州县城镇体系的初步确立。

---

① 巴登尼玛：《文明的困惑：藏族教育之路》，成都：四川民族出版社，2000 年版，第 242 页。

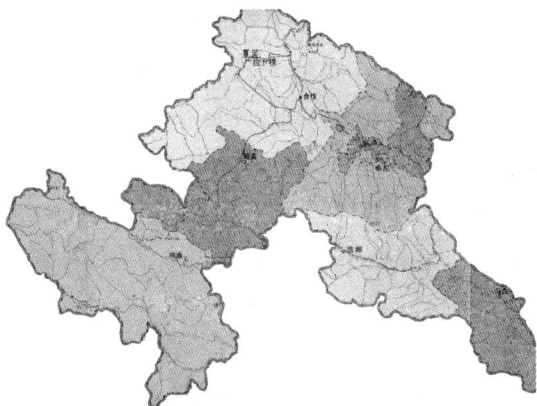

图 3-1　新中国成立初期甘南城镇分布图

新中国成立初期，甘南州城镇的变化之一是城镇建置的多次调整。1955 年，碌曲县、玛曲县和舟曲县建立，1962 年，增设迭部县。至此，甘南州辖夏河、碌曲、玛曲、舟曲、临潭、卓尼、迭部 7 县的格局才得以形成，其中新建县制为碌曲、玛曲和迭部。① 1952 年，临潭县所辖的西仓区被分出建立中共洮源工作委员会，1953 年，洮源工作委员会更名为碌曲工委，1955 年 6 月正式成立碌曲县。玛曲（藏语，意为黄河）县建于 1955 年 6 月 16 日，县人民委员会驻卓格尼玛部落。其管辖的区域是原属夏河县的欧拉、三乔科、卓格尼玛、齐哈玛四大部落，并且仍按四大部落进行工作。1958 年 12 月 20 日，国务院全体会议第 82 次会议决定撤销碌曲、玛曲两县，将原两县的行政区域合并设立洮江县。洮江县驻尕海。1961 年 12 月 15 日，国务院全体会议第 114 次会议决定：恢复碌曲县和玛曲县，以合并于洮江县的原

---

① 今碌曲县在历史上泛指"羌中"。十六国前凉时，境内之强川护军，其驻地设在今晒银滩至尕海措宁一带，是当时丝绸之路河南道的必经之地。隋置洮源县、洮阳县；唐初置西沧州，中宗景龙之后的 715 年陷于吐蕃；宋为角厮啰所属；元为洮州辖域；明为洮州卫属地；民国属临潭辖区。（杨成有、刘进琪：《甘肃江河地理名录》，[M]，兰州：甘肃人民出版社，2014 年版，第 71 页。）

玛曲县行政区域为玛曲县行政区域。1962 年，将舟曲、卓尼两县析置迭部县。

新中国成立之后，甘南州城镇的变化之二是城乡行政区划的变更。1956 年，甘南州在黑错乡建立合作镇，属夏河县，州政府由拉卜楞镇迁至合作镇。[①] 城乡行政区划的变更必须基于一定的客观标准，包括人口规模、非农业人口比例及行政标准，而非人为主观因素所决定。甘南州 1956 年的撤乡建镇，显然是出于搬迁州政府的考虑。政府机构从拉卜楞镇迁至合作，意味着两城镇职能的变化，由此也确定了合作在甘南州的政治中心地位，并为其日后的快速发展奠定了政治基础。

（二）布局变化对城镇发展的作用

城镇体系是国家对地方行政区域的分级管理体系。基于考虑民族地域分布和实施分类指导的需要，国家将全国划分为不同级别层次、不同大小范围的行政区域，并在各个区域分别设置相应的地方各级政权机关和行政机关。新中国建立后，国家根据甘南的政治、经济形势发展变化的需要，在甘南实行民族区域自治政策，其城镇体系分为州、县、镇三级。

县是中国地方行政区划承上启下的重要环节和密切联系人民群众的基本行政区域单位。根据中国宪法规定，县是省、自治区、直辖市和乡、民族乡、镇之间的第二级行政区域，在自治州和较大的市领导下的县则为第三级行政区域。[②] "镇"是县治和农村集市之间的一级商业中心，作为一级政区单元，它是"起着联系城乡经济纽带作用"的较低级的城镇居民点。[③]

---

①　今合作市地原为氐羌之地，在漫长的历史岁月中，曾先后被吐蕃、角厮啰、西夏等地方政权所割据。民国时期成立黑错乡。

②　区界名：《中国行政区划》，北京：北京出版社，1994 年版，第 27 页。

③　佟光霁等著：《聚集与积聚：中国农村城镇化发展》，哈尔滨：东北林业大学出版社，2005 年版，第 12 页。

新中国成立后，经过一段时期的城镇体系调整，甘南地区初步形成了七县二镇的城镇格局。这是适应甘南州建置与发展的重大举措，是甘南地区城镇布局的一大进步，改变了新中国成立前甘南地区城镇分布"东兴西弱"的状况。城镇体系是涵盖整个甘南区域的发展规划，新中国成立初期甘南的州情是人口分散，农牧业经济落后，城镇数量少，加上匪患等社会不稳定因素的存在，因此，基于历史参照与民族稳定的原则，甘南州基本延续了原有的县治建置。1955 年，正值第一个五年计划期间，国家财政经济情况有所好转，各项社会改革基本完成，为适应经济建设的需要，甘南州根据实情适当增设了碌曲、玛曲和迭部三个县。其中碌曲位于洮河的上游，玛曲位于黄河上游第一弯曲部，两县都属于甘南州的西南部，是甘、青、川三省的交界处。迭部县位于甘南州南部甘川交界处，白龙江上游的高山峡谷地带。三县的设立，填补了甘南州西南部和南部没有县治的空白，改变了甘南州历史城镇分布不平衡的格局。

地方各级人民政府及其派出机构驻地的选择是城镇政治生活中的一件大事，对城镇的建设发展影响甚远。新中国成立后，各级人民政府及其派出机关，对驻地的选址都非常重视。大多数政府机构的驻地城镇都是经过长时间的建设和发展起来的。但是，甘南州政府的迁地原因，并不是因为有"优于原驻地拉卜楞"的新城出现，而是基于行政区划的变化，即州政府的设立，需要另觅佳址建构自己的政治、经济和文化中心。关于甘南州政府所在地的选址，中共中央指示以"选择地点应适中，有发展前途，便于对藏区进行领导的地方"为原则。结合具体情况，甘南工委和自治区政府提出了临潭旧城、夏河拉卜楞镇、黑错（今合作）、阿木去乎、西仓等五个地点为自治区首府待选地的方案。1954年 4 月 18 日，经反复研究和广泛征求各族各界人士的意见，大家一致同意甘南州州治建于黑错，并报请甘肃省人民政府转呈中央人民政府内务部。7月6日，内务部批示，同意甘南州州治迁至合作。① 黑错的城镇规模虽然远逊于拉卜楞，但其地处甘南两大经济贸易中心夏河和临潭的中间地带，不仅区位地理适当，而且地势较为平坦，有拓展空间，符合政治中心城镇未来发展的需求。1955年5月2日，甘南藏族自治区行政楼的建设在黑错破土动工。1956年7月13—19日，中共甘南工委、甘南藏族自治州人民政府下属单位由拉卜楞镇迁到黑错。从此，奠定了黑错（今合作镇）的区域中心地位。

三、甘南州城镇规模的变化

城市规模是现代城市地理学的概念，包括人口规模、用地规模、职能和经济规模、基础设施规模等。新中国成立后，甘南州城镇建设百废待兴，随着工业化的推进，一批建设者在国家的号召下进入甘南州，工业移民使甘南州的城镇人口规模在短时间内迅速增加。全州各城镇以行政、交通、经济等职能为核心，加大了城镇基础设施建设，城镇用地规模也随之不断扩大。

人口的增多是城市规模扩大的重要表现之一。新中国成立前，受中原王朝在甘南州经略开发的影响，甘南地区的城镇建置经常变更，人口的统计难度大，因此，相关城镇人口的数据较为缺乏。甘南州地广人稀，人口分布不均衡，呈东密西疏的状态。当时的城镇功能比较单一，大多数城镇只是农产品和手工业品的交易场所，与其说是城镇，不如说是集市。据马无忌先生在《甘肃夏河藏民调查记》中的统计：民国时期甘南地区的政教商贸中心拉卜楞有六千人左右。就当时的甘南地区发展状况而言，此人口规模已属可观。

---

① 《甘南藏族自治州概况》编写组：《甘南藏族自治州概况》（修订本），兰州：甘肃民族出版社，2008年版，第89页。

　　城镇建置是推动城镇人口增长的重要原因。历史上，甘南地区经济落后，人口增长缓慢。新中国成立后，国家相继在甘南州置县，规划全州各县区域，加大城镇建设力度。随着各级政府、公共事业机关的成立、工厂的设立，城镇人口迅速增长。以黑错乡为例，新中国成立初期，全乡只有五六十户人家，人口约七百。1956 年，州政府迁至黑错乡，建立合作镇后，一批志愿参加甘南州社会主义建设的人们，响应国家号召，从河南、陕西、上海等地奔赴合作镇，使该镇人口很快从几百人增加到了一两万人。①

　　随着人口的增加，城镇不仅用地规模不断扩大，基础设施建设也加速发展。新中国成立前，甘南地区虽然已经形成了一些城镇，但由于交通不便和经济落后，这些城镇的规模都很小，城镇基础设施基本没有。如 20 世纪 40 年代的卓尼城，全城之内，只有靠南门处有一条街道，其余十之八九都是农田。② 新中国成立后，甘南州加大了对城镇管理机构、交通、电力、信息等基础设施的建设力度，开启了甘南州的城镇化建设。州政府所在地合作镇成立之初仅有百来米的两条狭窄的街巷，街上只有 9 家小铺和一些零星摊贩，居民房屋比较破旧。1956 年，合作镇建置后，州政府在草滩上开启了城镇基础设施建设工作。大荒滩上，一幢一幢的楼房拔地而起，在宽达 25 米的街道和街心花园两旁，分布着工业区、商业区、文化区和居民区。中心广场的两旁是四幢自治州机关大楼，中央矗立着人民会堂，镇内建有人民银行、邮电局、百货大楼、食品公司。沿着城区的南面，是文化活动中心，有报社、广播电台、阅览室、剧院、电影院、学校。城区的

　　① 中共德乌鲁市人民公社委员会编：《甘南藏族自治州首府　德乌鲁市》，兰州：甘肃民族出版社，1960 年版，第 6～7 页。
　　② 于式玉：《于式玉藏区考察文集》，北京：中国藏学出版社，1990 年版，第 153 页。

北面有人民医院和乳品厂、玻璃厂、机器制造厂、建筑材料厂、皮革厂、肠衣厂等。随着基础设施建设的加速推进，合作镇的城区面积扩展到了 20 多平方公里①，成为甘南州草滩上一座新兴的区域中心城市。

第二节　甘南州城镇发展的特点

作为西部"后发"的多民族多宗教地区，在自然地理、政治军事、社会经济、民族宗教等多元因素影响下，历史上的甘南州城镇建设主要表现为发展速度缓慢，产业结构单一，空间布局不合理。新中国成立后，首先，基于国家政策干预的主导力量，甘南州的城镇发展状况得到改善，并呈现出新的时代特征。通过有效地调配人力、物力、财力等资源，甘南州兴起了一批工业企业，实现了城镇经济结构的初步转型，开启了城镇工业化。其次，甘南州依托传统商贸城镇的区位优势，合理建置县镇，大力发展行政中心城镇，促进了全区城镇布局的合理化。此外，甘南州的城镇发展还呈现出省域"后发"滞后与藏区"边缘"优势的双重特点。

一、城镇发展的主导力量发生变化

城镇建设不是自发的过程，基于动力机制分析，城镇的发展模式有政府推动型、市场导入型和政府推动与市场导入结合型。新中国建立之后，在社会主义政治制度下，我国的城镇建设主要依赖于国家的政策干预。新中国成立前夕，毛泽东曾说："党和军队的工作重心必须放在城市，必须用极大的努力去学会管理城

---

① 中共德乌鲁市人民公社委员会编：《甘南藏族自治州首府　德乌鲁市》，兰州：甘肃民族出版社，1960 年版，第 7 页。

市和建设城市。"①

新中国成立初期,鉴于甘南地区的城镇化水平较低,相关决策者采取以政府推动型为主的发展路径,以充分发挥行政力量在调动全社会人力、物力、财力方面的优势,大力发展乡镇企业,集中力量加速推进城镇建设的发展。以民族区域自治为制度导向,政府成为甘南城镇建设的主导力量。设置民族自治地方是实行民族区域自治的基础。根据《宪法》和《民族区域自治法》的规定:民族自治地方的自治机关有权依照当地民族的政治、经济和文化特点,制定自治条例和单行条例,有权自主地管理本地方的财政、教育、科学、文化、卫生、体育事业,保护和整理民族的文化遗产,发展和繁荣民族文化,有权自主地安排和管理地方性的经济建设事业等。实行民族区域自治,发展民族经济、文化事业的关键和前提是设立自治机关,即首先要划分自治区域、设置自治地方。②实行民族区域自治,建设甘南城镇,首先应划分自治区域,设立自治机关。甘南城镇历经数代中央政权的经营,至新中国成立前,形成了夏河、临潭、卓尼、西固(今舟曲)四个县级城市。由政府依靠行政力量发挥主导作用,筹措城镇建设资金,这种发展模式的优点是效率高、见效快。因此,建州之后,在国家民族区域自治政策的指导下,甘南州短短几年就设立了碌曲、玛曲、迭部三个县级城市和合作镇。

甘南地区在漫长的历史中只形成了4个城镇,而新中国成立后,短短几年就设置了3县1镇。就城镇建置的数量而言,这是巨大的飞跃。这既是国家政权在民族地区行政设置的结果,同时也充分体现了国家主导力量在甘南州城镇发展中的重要地位和作用。

---

① 毛泽东著:《毛泽东选集》(第4卷),北京:人民出版社,1966年版,第1317页。

② 靳尔刚、张文范:《行政区划与地名管理》,北京:中国社会科学出版社,1996年版,第17页。

二、城镇工业化的开启

关于工业化，由于研究的视角不同，往往有不同的表述。E·斯特利在《世界经济发展》一书中是这样定义的："工业化"所着重的不是农业及其他"初级"生产的增加，而是制造工业及"次级"生产的增加。[①] 印度经济学家撒克认为工业化就是一个不断脱离农业占主导地位的经济结构的转化过程，即农业在国民收入和就业中的份额下降，制造业和服务业份额上升。[②] 工业化是社会历史不断前进的过程，它对城镇的发展具有强大的推动力。工业的发展带给城镇的将是前所未有的发展演变。工业是城镇建设和发展的重要产业。工人是不同于农民的人口群体，他们进入城镇的工厂工作，通过劳动获得报酬，他们全部的收入都会用于消费。

新中国成立以后，民族区域自治政策的确立，使得甘南的政治环境第一次为城镇工业化提供了现实的可能性。近代企业在甘南地区各县镇的兴办，促使甘南城镇从传统的农业经济结构向现代的工业经济结构转变，人口从农业部门转移到工业部门，从而开启了甘南城镇的工业化之路。根据德国经济学家霍夫曼的理论，甘南城镇的工业化处于"霍夫曼比例"[③] 的第一阶段，即：消费资料工业发展迅速，在制造业中占有统治地位；资本资料工业则不发达，在制造业中所占比重较小。甘南城镇的工业化首先

---

① Eugene Staley. *World Economic Development*，Montreal，1994：P5. 转引自张培刚：《农业与工业化》，武汉：华中工学院出版社，1984 年版，第 71 页。

② 王钊、邓宗兵、吴江：《西部农村工业化与城镇化互动协调发展研究》，西安：陕西科学技术出版社，2006 年版，第 38 页。

③ 1931 年德国经济学家霍夫曼在《工业化的阶段和类型》中提出。霍夫曼通过分析制造业中消费资料工业生产与资本资料工业生产的比例关系，得出了"霍夫曼比例=消费资料工业的净产值/资本资料工业的净产值"的结论。参考郑长德：《世界不发达地区开发史鉴》，北京：民族出版社，2001 年版，第 46~47 页。

是从乳品厂、皮革厂等消费工业起步的。新中国成立初期，国家推行的是苏联模式的工业化，其主要方针是集中全国物力，优先发展重工业，以重工业带动工业与农业发展，并以此实现国民经济的持续高增长。因此，甘南州在发展消费工业的同时，也加大了重工业的建设力度。

表 3－2　1949－1978 年甘南藏族自治州工业分布情况表

地区	重工业（企业数）	轻工业（企业数）	地区	重工业（企业数）	轻工业（企业数）
合作	7	10	舟曲	5	2
夏河	16	8	迭部	9	3
临潭	4	2	玛曲	3	1
卓尼	4	2	碌曲	5	2

资料来源　甘肃省甘南藏族自治州工业普查领导小组办公室：《甘肃省甘南藏族自治州第二次全国工业普查资料汇编》，兰州八一印刷厂，1987年版；甘肃省甘南藏族自治州工业普查领导小组办公室：《甘肃省甘南藏族自治州第三次全国工业普查资料汇编》，河南省济源市专业资料文印部，1997 年版。

根据上表统计：新中国建立至改革开放前，甘南藏族自治州新建工业企业共计 83 个，其中重工业企业 53 个，轻工业企业 30 个，很显然重工业发展占有较大优势，与国家优先发展重工业的战略思想一致。工业区主要集中分布在夏河、合作地区，两地的轻工业占全州的 60%，重工业占全州的 43.3%。合作作为州政府所在地，其工业建设以轻工业为主导，合作地区的轻工业占了全州的 1/3。

甘南州工业企业的从无到有，实现了民族地区产业结构的变化，初步形成了甘南州的工业基础，开启了城镇工业化的步伐。

三、政治中心城镇优先发展

（一）传统中心城镇发展领先

新中国建立后，甘南城镇开启了工业建设，其发展道路遵循了中心城镇优先发展的规律。新中国成立初期，甘南城镇总体发展水平比较落后，城镇建设处于百废待兴的状况。国家首先是对历史形成的城镇加大了建设力度。甘南州的历史城镇主要属于传统中心城镇，它们既是甘南州政教合一、土司制度下的政治中心城镇，同时也是甘南州内外商品交换和商品流通的商贸经济中心城镇。

传统中心城镇商贸中心地位的确定，主要源于两大区位因素：一是"民族走廊"的地理区位促进了贸易的发展。德国地理学家亚历山大·冯·洪堡（1769—1859）提出，空间区位的高度、湿度、温度这些因素都对植物群系构成重要影响。[1] 把他的观点置于甘南州社会经济的发展来分析，可以认为：甘南州山大沟深，河谷狭窄、草原湿地的地形及高寒的气候，共同形成了区域内农、牧、林等产业交错分布的状况，为区域内商品交换的产生创造了条件，是商业形成和发展的前提。与此同时，三省"交界"和汉藏文化"民族走廊"的地理位置，又在很大程度上促进了甘南州对外贸易的发展。经济的多样性，丝绸之路、唐蕃古道的交通区位以及多民族的融合，是甘南传统中心城镇商业贸易产生与发展的外部动因。

二是甘南州宗教寺院的发展，促进了人流与物流的聚集，成为甘南州传统中心城镇商贸发展的内在动因。宗教寺院为商业活动的展开提供了场所和人口，因此，一般在宗教活动场所，人口

---

① ［法］阿·德芒戎著，葛以德译：《人文地理学问题》，北京：商务印书馆，1993年版，第4页。

聚集和流动量大，商业活动也十分频繁，是形成商业中心城镇的
有利条件。夏河县即为典型的基于宗教影响而形成的商业中心城
镇。民国时期，陇南的拉卜楞已发展成为甘肃地区对外输出绵羊
皮的运输聚点之一，其商贸地位由此可见一斑。此外，历代以
来，中央政权对甘南边地的经营，移民屯田，茶马互市，促进了
甘南州商业城镇的发展，形成了洮河流域的临潭商业中心。基于
甘南州经济发展的区位分析，洮河流域的城镇具有较好的经济区
位条件，历代政府的移民屯田，有力地推动了当地农业经济的发
展，而洮河流域的唐蕃古道更是打通了区域商业经济对外交流的
通道。

新中国成立后，依托商贸经济的优势基础，甘南州传统中心
城镇的发展居于领先地位。首先，在行政区划上，传统中心城镇
被确定为县治所在地，其政治职能基于纳入新的政治体制而得到
确立。其次，政治中心城镇的优先发展及商业城镇的先天基础，
使得甘南州传统中心城镇赢得了新的发展契机，并在新中国成立
初期甘南州工业化启动发展中占据优势。根据甘南州工业企业统
计资料显示：甘南州工业企业在传统中心城镇中数量较多，在全
州 83 个企业中，夏河县有 24 个，其中拉卜楞镇有 6 个。[①]

（二）新建行政中心城镇发展较快

影响城市发展的因素是多方面的，既有经济的、政治的因
素，也有文化的、社会的、宗教的等多方面的因素。政治行政中
心城镇优先发展是农业时代中国城市发展的一条重要规律。[②] 根
据这一规律，城镇的行政级别越高，其发展也就越快。基于国家

---

① 根据甘肃省甘南藏族自治州工业普查领导小组办公室：《甘肃省甘南藏族自
治州第二次全国工业普查资料汇编》（兰州：兰州八一印刷厂，1987 年版）数据整
理。

② 何一民：《从政治中心优先发展到经济中心优先发展——农业时代到工业时
代中国城市发展动力机制的转变》，《西南民族大学学报》2004 年第 1 期，第 79 页。

政策的行政干预，政治行政中心城镇往往在资源开发、产业布局、资金投入、人才引进等方面更占据优势。

首先，新中国成立后，随着国家行政区划的调整，甘南州的县制建置相继完成，新确立的行政中心城镇很快发展起来，体现了国家对甘南州城镇发展的主导力。即："在经济开发程度低的地区，或者在山区和交通不便的地区，由于客观上的原因与外界隔绝，行政原则在城镇体系的形成过程中起着主导作用。"① 甘南州政府所在地合作镇的发展则充分体现了"政治中心城镇优先发展"的规律。

1954 年，甘南州政府移驻黑错，易名为合作，黑错的行政级别从乡升格为镇。凭借区域政治中心地位的优势，合作镇很快发展起来。历史上的黑错仅仅是夏河县（拉卜楞）以外的一个市场，每十天一集②，这里"市面萧条，只在盆地中心有三条小街道。户数不过三四百，商户也只有几家小杂货铺，售卖零用物品。……集市所需货物主要从临夏、临潭等地运来。没有集市的时候，像韭菜这些商品须到二十里外的哈加去买，而哈加也不一定买得到"③。合作镇成立以后，州政府在这里开始了大规模的城镇基础设施建设。政府机关大楼、人民会堂、报社、广播电台、阅览室、剧院、电影院、学校、人民医院、乳品厂、玻璃厂、机器制造厂、建筑材料厂、皮革厂、肠衣厂等机构相继建成，城镇功能日趋完善。

其次，新中国成立初期甘南州行政中心城镇的优先发展，不

---

① 叶裕民：《中国城市化与可持续发展》（第十二卷），北京：科学出版社，2007 版，第 278 页。

② 拉巴平措主编：《李安宅、于式玉藏学文论选》，北京：中国藏学出版社，2002 年版，第 98 页。

③ 于式玉：《于式玉藏区考察文集》，北京：中国藏学出版社，1990 年版，第 137 页。

仅符合甘南"后发"经济地区城镇发展的规律，同时还维护了民族地区社会的稳定。新中国成立初期，由于甘南州匪患不断，中国共产党在此开展工作受阻，其中碌曲的双岔、西仓等地表现尤为突出。1954年1月，西仓发生"曹杜"事件。[①] 同年春，碌曲境内极少数人煽动群众，制造事端，提出"不要工作组""不要政府"的口号。县内个别地方甚至发生武力驱赶、伤害政府工作人员的事件。因此，在甘南西部的草原地区建立碌曲县和玛曲县，这对维护民族地区社会的稳定意义重大。

（三）城镇发展的不平衡

新中国成立初期，甘南州的城镇建设总体上呈较快发展的趋势，但发展中也存在地区差异，呈不平衡发展态势。首先是传统中心城镇的发展存在差距。历史上，甘南州的传统中心城镇一般布局在农业发达的地区或宗教寺院所在地。在甘南，农业和宗教是人口空间聚集的动力因素，夏河、临潭、卓尼、舟曲的形成都与此相符。新中国成立后，甘南各地相继解放。在依托传统中心城镇发展的基础上，国家进行了行政区划调整，保留了夏河、临潭、卓尼和舟曲的县制设置，传统中心城镇的发展被顺利纳入社会主义建设中，并获得较快发展。不过，他们的发展也存有差距，如夏河县作为甘南州有影响力的宗教中心城镇，它的发展有很好的示范作用，因此国家对其建设发展的重视程度显得更高，甚至有的方面比州政府合作镇都具有优势，比如工业企业建设，夏河县的工业企业数量在当时的全州占据首位。基于洮河流域和白龙江流域的城镇对比分析，洮河流域的临潭、卓尼显然比白龙

---

① "曹杜"事件：1954年1月20日9时，中共甘南工委统战部长曹学彦、中共碌曲工委书记杜吱、甘南藏族自治区政府干部张廷彦、张道信、通讯员李永芳、前往牧区执行任务，从承海返回西仓时，途经加日克遭到匪徒袭击，曹学彦、杜吱、张廷彦三人不幸遇难（参见碌曲县地方志编纂委员会编：《碌曲县志》，兰州：甘肃文化出版社，2006年版，第20页）。

江流域的舟曲、迭部更具发展优势，其中洮河流域的临潭又比卓尼的发展势头更好，白龙江流域的舟曲则比迭部发展更快。其次，新兴行政中心城镇的发展也存在差距。这一时期，合作镇、碌曲县和玛曲县的城镇建设基本上处于起步阶段，但州政府所在地合作镇明显发展更快，碌曲县和玛曲县则相对较慢，此发展差距一方面体现了合作镇作为区域政治中心城市的发展优势，另一方面也与其发展的社会环境因素相关。新中国成立初期的碌曲县、玛曲县一带由于国民党残余势力及匪患的影响，社会不太稳定，城镇建设在一定程度上受阻。1955年碌曲县政府成立时，个别部落头人还曾煽动200多名不明真相的群众，在西仓包围碌曲行政委员会并鸣枪示威，表示不愿意成立人民政府。1956年，碌曲县西仓、拉仁关、阿木去乎、达参等部落也曾发动骚乱。时局的不稳定使得碌曲县政府的城镇建设工作发展缓慢，直至1957年，县委、县人委、公安局、民警队、税务局、法院、检察院、卫生院、民贸公司、县粮站、牧医站等党政企事业单位才开始办公用房的修建工程。①

总体而言，这一时期，甘南州的城镇建设以"政治中心城镇优先发展"为主要原则。不过，由于区位条件、历史遗留问题、行政级别等各种因素的影响，甘南州城镇发展的不平衡状态也十分明显。

四、城镇发展的相对滞后

"民族走廊"使甘南州的城镇发展与汉藏两地相联系，具有一定的发展优势，但由于城镇起步晚，总体上仍相对滞后。这种滞后性主要表现在两个方面：一是青藏高原城镇发展的总体滞

---

① 碌曲县地方志编纂委员会编：《碌曲县志》，兰州：甘肃文化出版社，2006年版，第22页。

后，二是在甘肃省各区域发展中的相对滞后。

（一）青藏高原藏区城镇发展的滞后性

新中国成立后，在国家政权的推动下，青藏高原藏区的城镇建置发生了较大的变化，自治区、自治州和自治县相继设置，城镇建置数量不断增加。但是，由于交通不便，经济落后，地广人稀、环境艰苦等因素的制约，青藏高原的城镇建设并不快，城镇发展的滞后性仍然明显。青藏高原藏区城镇发展的滞后性主要表现在以下两个方面：

一是城镇体系很不完善。新中国成立后，为了确保区内及边境安全，国家在尊重民族平等与宗教信仰自由的基础上，相继在青藏高原藏区设立自治区、自治州、自治县，初步确立了高原藏区的区域城镇体系。但是，由于青藏高原藏区的城镇建设是在人口和城镇密度都很小的地区进行的，区域城镇基础薄弱，人口少且分布松散，因此，完善的城镇体系建设任重道远。整个青藏高原藏区除西藏设有1市外，其余建制州如甘肃的甘南州、四川的甘孜州、阿坝州及青海的果洛州、黄南州等都没有建置市，有的区域连建制镇都很少甚至没有，如四川甘孜州的建制镇仅2个，每万平方公里有镇0.13个；青海的果洛、海北和海南藏区甚至没有建制镇。

表3-3　改革开放前青藏高原藏区县镇分布情况表

地名	市县（个）	县/万平方公里	镇（个）	镇/万平方公里
西藏	73	0.60	9	0.08
果洛	6	0.78	0	0
黄南	4	2.12	2	1.06
海南	5	1.12	0	0
海北	4	1.17	0	0
甘南	7	1.55	5	1.11

地名	市县（个）	县/万平方公里	镇（个）	镇/万平方公里
甘孜	18	1.17	2	0.13
阿坝	13	1.54	10	1.18
迪庆	3	1.26	0	0

　　二是城镇数量少，密度小。青藏高原藏区地处全国的边陲，地理位置偏远、山高谷深的地貌阻碍了交通的发展，高寒恶劣的自然环境限制了经济的发展，长期以来一直是中国经济发展的"低梯度"区域①，人口密度低，广大以牧业为生的区域很难形成城镇，城镇总体发展水平很低。从城市密度看，1978年全国有城镇2536个，每万平方公里有城镇2.64个。而青藏高原藏区仅有城镇161个，每万平方公里仅分布城镇0.95个。可见，在城镇密度上，青藏高原藏区与全国存在较大的差距。

　　不过，基于青藏高原藏区总体城镇建设情况分析，甘南州的城镇发展又略显优势。甘南藏族自治州成立之时，境内已有4个具有历史基础的中心城镇，这是青藏高原其他一些藏区不能与其相比的优势条件。譬如，与甘南毗邻的青海省果洛藏族自治州建州之时，境内仅分布着200多个大大小小的部落，其县镇建置一片空白。缺乏传统城镇的依托，果洛藏区的城镇发展显然较慢。从城镇数量看，甘南州明显超过果洛藏区。改革开放前，甘南州共设有7个县，5个镇，每万平方公里有县1.55个，有镇1.11个；果洛藏族自治州有6个县，每万平方公里有县0.78个，无建制镇。根据表3-3，对比分析藏区每万平方公里的设县数，甘南州仅次于黄南藏区，西藏位居最后。可见，凭借"民族走廊"的区位条件，依托传统城镇的基础力量，甘南州在新中国成

---

　　① 张可云：《青藏高原产业布局》，北京：中国藏学出版社，1997年版，第2页。

立初期青藏高原地区的城镇发展中略显优势。

甘南州城镇在青藏高原藏区中发展较快的主要原因如下。一是历代中央政权对甘南地区的关注和经营。历史上，甘南行政隶属关系变更频繁，中央政权多次在此经营开发，形成了甘南地区夏河、临潭、卓尼和舟曲各县的雏形，奠定了其城镇发展的基础。二是移民现象的活跃促进了多民族的交融和经济的发展。作为汉藏过渡带，甘南地区是移民活动十分活跃的地方，历史上曾多次发生躲避战乱的汉族移民事件。移民不仅带来了中原地区先进的文化和技术，还带来了定居的生活方式，促进了甘南地区经济的发展和城镇的形成。

（二）城镇在甘肃各区域发展中的相对滞后

城市不是孤立的存在，在中国行政区划体系中，城市的发展对上级行政机构的依赖程度较高。换言之，城市在各级行政区划中的地位，影响着城市的发展速度和规模。基于新中国成立初期甘肃省城市发展的对比分析，甘南州的城镇在甘肃省各区域发展中相对滞后。

从城市建置而言，甘南州的城市行政级别在甘肃省偏低且起步晚。改革开放前，随着工业的发展，人口数量的增加，甘肃省相继增设了新的城市。20 世纪 50 年代末，除兰州外，甘肃先后设立了天水、平凉、临夏、玉门、白银、张掖和酒泉 7 个市。[①]而此时的甘南州仅设置了 7 县 4 镇，无建置市。

工业化是城市化的必由之路。从城镇工业发展水平看，甘南州的城镇发展已明显滞后。改革开放前，甘南州虽然开启了城镇工业化建设，但在甘肃省的工业发展中仍显落后。从"一五"计划到三线建设，国家将甘肃列为重点建设区域之一，并将其打造

---

① 高新才、滕堂伟：《西北区域经济发展蓝皮书》（甘肃卷），北京：人民出版社，2008 年版，第 457 页。

成了当时全国内地重要的工业基地之一。随着全省工业的发展，一批以钢铁、有色金属为主导产业的工业城市兴起，如以酒泉钢铁公司、金川公司、白银公司为中心相继建成的嘉峪关、金昌、白银等工业城市。20世纪六七十年代的三线建设更是进一步推动了甘肃省工业的发展，全省形成了包括兰州等原有工业地区在内的"九点一线"（九点是酒泉、张掖、永登、红古、靖远、临夏、定西、天水、平凉；一线是白银至靖远宝积山的铁路线）工业布局。[①] 但是，"九点一线"的工业体系布局并不包含甘南州，可见，甘南州的工业化与全省相比已存在差距，发展的滞后性明显。而且这一时期甘南州兴建的80多家工业企业，主要是一些电站、砖瓦厂、机械厂、五金厂等产业层次较低的企业，不仅规模很小，而且多处于亏损状态。

甘南州城镇工业化滞后的主要原因在于以下几个方面。其一，从自然地理看，甘南州海拔较高，山高路险，工业发展的投入大，见效慢，在甘肃省区域环境中的区位条件相对较差；其二，从人口分布看，甘南州地广人稀，经济落后，人口的聚集难度大；其三，从民族宗教看，甘南地区多民族聚集，历史形成的文化教育落后使当地居民不具备适应工业化的知识和技术能力，与此同时，新中国成立初期由于国民党残余势力和匪患的破坏，甘南州社会还不稳定；其四，从交通条件看，这里既不是交通的枢纽，也没有主要的交通动脉通过，偏僻闭塞的环境更是阻碍了城镇的发展。

① 朱彦云：《试论1964—1990年甘肃三线建设及调整》，兰州：西北师范大学，硕士学位论文，2011年。

第四章　改革开放的实践与甘南州城镇发展的新趋势

　　改革开放以来，全国城市建设进入了新的发展时期。小城镇发展战略的实施、经济开发区的设点以及乡镇企业的兴起，带动了城市的迅速发展。在社会主义市场经济体制下，城市作为区域经济社会发展的中心，其地位和作用更是得到了前所未有的认识和重视，城市化和城市发展空前活跃。2000年，国家开始实施西部大开发战略，西部民族地区的城市发展迎来了新的契机。党的十八大以来，基于创新、协调、绿色、开放、共享的经济发展理念，城市发展更是步入新时代。

　　基于"后发"与"边缘"效应的双重影响力的推动，甘南州的城镇化亦进入新阶段：特色产业兴起，产业结构不断优化，科学技术水平提升，区域经济快速推进，城镇人口和规模不断扩大，并适时进行"撤镇设市"和"撤乡建镇"的行政区划调整，建立了"市—县—中心镇——般镇"的城镇体系。

第一节　改革开放以来甘南州城镇发展概况

　　城市发展方针对整个国家的城市建设意义重大，决定着城市发展的道路方向，影响着城市化水平的整体提高。改革开放以来，我国的城市发展方针几经调整，形成了"有重点地发展小城镇，积极发展中小城市，完善区域性中心城市功能，发挥大城市的辐射带动作用，引导城镇密集区有序发展"①的方针政策，尤其是针对西部地区，在设市标准、政策倾斜、财政投入等方面做了政策调整，这对西部民族"后发"地区城市的发展具有重要的指导意义。在国家政策的引导下，甘南州通过撤乡建镇，提高区域中心城市合作的行政级别，进一步完善了城镇体系，促进了城镇产业结构的调整和优化。

一、改革开放以来城市发展方针的演变

城市作为区域发展的中心，决定和影响着区域经济的生存与发展。而城市的生存和发展又主要取决于国家的城市发展政策和城市自身的吸纳力与吸引力。城市发展方针是城市建设的指向标，决定着城市建设发展道路的正确性与可持续性。新中国成立以来，为改变城市化水平远远落后于西方发达国家，甚至滞后于世界平均水平的状况，国家一直把大力提高城市化水平作为经济发展的战略重点。

20世纪50年代，针对当时一些大城市出现的问题，国家提出了"控制大城市规模"的主张。之后，由于"文化大革命"和极"左"思想的影响，中国城市建设走了一段弯路，发展十分缓慢甚至停滞。"文化大革命"结束后，中国的社会主义建设将何去何从？中国的经济将如何发展？城镇建设又将走向何方？这都是国家需要解决的迫切问题。1978年，第三次全国城市工作会议召开，会议通过了《关于加强城市建设工作的意见》，明确提出了"控制大城市规模，多搞小城镇"的方针。这是中国首次明确提出的城市发展方针。20世纪80年代，关于城市化理论的研究起步，一些

---

① 国家发展计划委员会发展规划司编：《新世纪初发展蓝图：国家及各省区市国民经济和社会发展"十五"计划纲要汇编》，北京：民族出版社，2001年，第13页。

学者针对"控制大城市规模"的城市发展方针，提出了中国的城市结构是"大城市发展太快太多、中小城市极其薄弱"的观点。①1980 年 12 月，国务院批转《全国城市规划工作会议纪要》，指出"控制大城市规模、合理发展中等城市、积极发展小城市是我国城市发展的基本方针"。1984 年 1 月，国务院颁布的《城市规划条例》确定了这一方针。这是国家第一次以行政法规形式确认的城市发展方针。1989 年 12 月《中华人民共和国城市规划法》出台，对 1980 年确定的城市发展方针做了修改，提出："国家实行严格控制大城市规模、合理发展中等城市和小城市的方针，促进生产力和人口的合理布局。"20 世纪 90 年代，随着改革开放的深入推进，社会生产力不断发展，城市的建设也取得较大进步。面对新的形势，国家将城市发展方针修改为："适当控制大城市人口增长过快的势头，发展大城市的卫星城市；积极适当发展中小城市；大力发展小城镇。"这一时期，城市发展方针虽然几经修改，但是控制大城市和合理发展中小城镇始终是核心思想。

进入 21 世纪后，中国城镇发展的中西部差距日益明显。2000 年，为缩小差距，实现经济和社会发展的全面进步，国家实施了西部大开发战略，把加快中西部地区发展作为了一项重要的战略任务。西部欠发达地区的城镇发展大都起步晚，规模小，城镇化水平低。因此，在西部大开发战略中，大中小城镇的协调发展是城镇化建设的重点。从"十五"计划到"十二五"计划，国家对城市发展方针的表述也都充分体现出对大中小城镇协调发展问题的关注。2001 年，国家"十五"计划纲要关于城市发展的表述为："有重点地发展小城镇，积极发展中小城市，完善区域性中心城市功能，发挥大城市的辐射带动作用，引导城镇密集

---

① 刘平量、曾塞丰：《城市化：制度创新与道路选择》，长沙：湖南人民出版社，2006 年版，第 445 页。

区有序发展。"① 2006 年，国家《"十一五"规划纲要》关于城镇发展的表述为："坚持大中小城市和小城镇协调发展，提高城镇综合承载能力，按照循序渐进、节约土地、集约发展、合理布局的原则，积极稳妥地推进城镇化。"② 2011 年，在《"十二五"规划纲要》中，国家提出了"以大城市为依托，以中小城市为重点，逐步形成辐射作用大的城市群，促进大中小城市和小城镇协调发展"的方针。③ 2016 年，在《"十三五"规划纲要》中，关于城镇化建设问题提出了"坚持以人的城镇化为核心、以城市群为主体形态、以城市综合承载能力为支撑、以体制机制创新为保障，加快新型城镇化步伐"④ 的方针。

从"十五""十一五""十二五"到"十三五"，国家城市发展方针的表述有所发展变化：《"十五"规划纲要》对大城市，从"控制"改为了"完善"和"发挥"；对中小城市，从"合理发展"改为了"积极发展"。方针体现了以大城市带动中小城市，形成合理的城镇体系的指导思想。《"十一五"规划纲要》则强调了大中小城市和小城镇的协调发展。《"十二五"规划纲要》提出了以城市群的辐射作用促进大中小城市和小城镇协调发展的思路。《"十三五"规划纲要》进一步提出以城市群为主体形态加快新型城镇化步伐的发展路径。"十二五"和"十三五"都十分强调城市群对城市发展的区域辐射作用。《"十二五"规划纲要》着

---

① 国家发展计划委员会发展规划司编：《新世纪初发展蓝图：国家及各省区市国民经济和社会发展"十五"计划纲要汇编》，北京：民族出版社，2001 年版，第 13 页。

② 新华社：《中华人民共和国国民经济和社会发展第十一个五年规划纲要》，中央政府门户网站，2006 年 03 月 16 日，http://www. gov. cn/ztzl/2006－03/16/content_228841. htm。

③ 新华社：《国民经济和社会发展第十二个五年规划纲要》，中央政府门户网站，2011 年 03 月 16 日，http://www. gov. cn/2011lh/content_1825838. htm。

④ 新华社：《中华人民共和国国民经济和社会发展第十三个五年规划纲要》，中央政府门户网站，2016 年 3 月 17 日，http://www. gov. cn/xinwen/2016－03/17/content_5054992. htm。

重将城市的辐射作用从"大城市"扩大到了"城市群",《"十三五"规划纲要》则进一步强调了城市群的主体形态地位。

纵观改革开放以来的城市发展方针,国家对如何建立区域乃至全国合理的城镇体系的思想更加成熟,尤其是西部大开发战略实施以后,国家加大了对西部欠发达地区城镇建设的关注力度。以城市群为主体形态加快新型城镇化步伐是当前国家的战略发展方针。甘南州作为西部欠发达民族地区,要紧抓机遇,形成以合作市为龙头的区域城市群,加快新型城镇的发展。

二、改革开放以来甘南州城镇发展的概况

(一)以建立县级市为龙头,撤乡建镇,进一步发展和完善城镇体系

首先是建立县级市。从行政区划看,甘南藏族自治州是与地级市平级的民族自治地方。新中国成立初期,合作镇隶属夏河县,1956 年州政府自夏河县拉卜楞镇迁入黑错乡,黑错乡改名合作镇。此后,合作镇作为甘南州的政治中心城镇,迈入历史发展的新阶段。1983 年,根据国民经济发展的新形势,民政部与劳动人事部共同制定了撤县建市的标准:整个县改设为市或撤销县并入市的,县政府驻地非农业人口应在 8 万以上(总人口 50 万以上的县改市的,县政府驻地的非农业人口要占总人口的 20%),工业年产值要在 2 亿元以上。[①] 1993 年,国务院批转民政部《关于调整设市标准的报告》,报告中"为较均衡地布局城镇体系,按人口密度确立了 3 个市镇设置标准,对中西部地区适当降低了要求"[②]。随着合作镇社会经济的不断发展,1996 年,

---

① 区界名:《中国行政区划》,北京:北京出版社,1994 年版,第 67~68 页。
② 鲁晟:《国内多个城市欲提升行政级别 学者批干部虚荣心》,《民主与法治时报》,2010 年 8 月 23 日。

根据中西部设市的相关标准，甘南州政府以战略发展的眼光，及时向中央和省上提出了撤镇设市的请求。6月，经国务院批准，省人民政府正式同意设立合作市，以夏河县的合作镇及那吾、佐盖曼玛、佐盖多码、卡加曼、卡加道、勒秀、加茂贡等7乡为合作市的行政区域，市人民政府驻合作镇。经过筹备，合作市于1998年1月1日正式挂牌。在行政级别上，合作市是县级市，是国家城镇体系中的初级城市。

其次，2002年实行的撤乡建镇，使甘南地区一部分乡升格为镇，进一步完善了甘南城镇体系。1954年颁布的《中华人民共和国宪法》第五十三条规定：县、自治县分为乡、民族乡、镇，这是以国家根本大法的形式明确乡、镇为我国的基层行政区域单位。甘南州各乡作为广大农村的基层行政组织，其基本特点是人口规模小，经济结构单一落后。改革开放以来，随着农村改革的不断深化，农村产业结构进一步调整，乡镇企业异军突起，商品经济也不断繁荣，我国的乡村建设由此跨上了新的台阶。建制镇是城镇体系中连接城市和乡村的连接点，发挥着"牵乡连城"的纽带作用。[①]因此，为促进小城镇发展，国家调整了设镇标准。1984年11月，国务院批转民政部上报的《关于调整建镇标准的报告》到各地试行，报告提议："凡县级国家机关所在地，均应设置镇的建制……少数民族地区、人口稀少的边远地区、山区和小型工矿区、小港口、风景旅游区、边境口岸等地，非农业人口虽不足2000人，如确有必要，也可以设置镇的建制。"[②]这是新中国成立以来第二个关于设镇标准的规定，与1955年的规定相比，设镇条件放宽了，尤其是少数民族地区和边远老区的建

---

① 黄鹤群、张建山：《撤乡建镇的思考与对策》，《城市问题》1992年第1期，第51页。

② 金逸民、张军：《中国小城镇发展战略研究》，北京：中国农业科学技术出版社，2004年版，第112~113页。

制条件放得更宽。这为甘南地区撤乡建镇提供了契机。

　　撤乡建镇是民族地区城镇化发展的必由之路,对维护民族地区的稳定和促进经济的发展具有重要意义。新中国成立以来,甘南地区由于长期以来的经济相对滞后,城镇起步晚,城镇数量少,城镇体系结构不完善,城镇布局松散,作为连接县乡的小城镇十分缺乏。至国家西部大开发战略实施之时,甘南州建制镇才只有拉卜楞镇、柳林镇、临潭城关镇和舟曲城关镇四个,这显然不利于县乡之间的经济互动和相互影响。2002 年,根据全州各县下辖乡的经济发展情况,甘南州实行了撤乡建镇。一批地域区位条件较好,产业结构较佳的乡村升格为镇。这些镇分别为玛曲县的尼玛镇,碌曲县的玛艾镇、郎木寺镇,舟曲县的大川镇,迭部县电尕镇,卓尼县有木耳镇、扎古录镇,临潭县有新城镇、冶力关镇;夏河县王格尔塘、阿木去乎镇。建制镇的设立是对甘南地区城镇布局松散的有效补充。

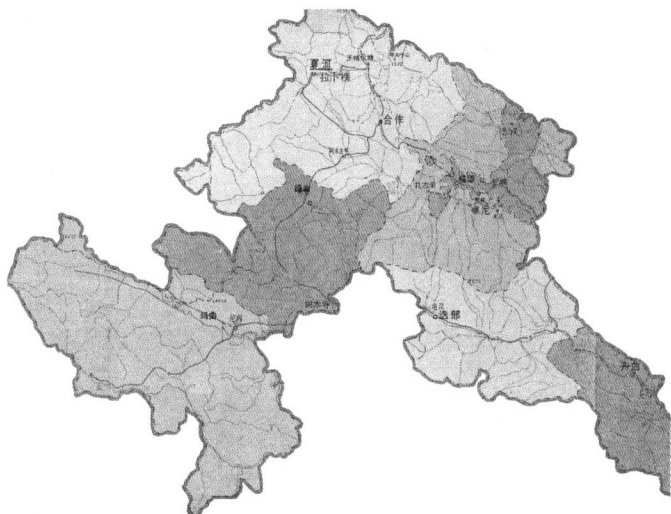

图 4-1　改革开放后甘南州城镇分布图

　　由图 4-1 可见,甘南地区形成了以合作县级市为龙头,以临潭、夏河、舟曲、卓尼、碌曲、玛曲、迭部六县为中间层次、拉卜楞镇、临潭城关镇、卓尼柳林镇等 15 个建制镇为县乡连接节点的城镇结构体系。

(二) 资源产业的兴起与产业结构的调整优化

1. 资源产业的兴起

城市是产业集聚发展的重要空间载体，而产业则是城市经济发展和解决劳动就业的基础，是强市之根本，是表现城市综合竞争力的核心内容之一。[①] 城市多种产业之间的关系构成了产业结构。合理的产业结构是城市发展的动力基础，也是城市和谐发展的基础。

产业兴则城市兴。甘南州依托丰富的资源形成新产业，为城镇产业的转移和结构的优化创造了条件，推动了工业化进程。玛曲县是新中国成立后在甘南州西部新建制的城镇。该县主要以农牧业为主，区域人口分散密度小，城市工业基础十分薄弱。改革开放前，玛曲县仅有 4 家工业企业，分别是手工业联社民族用品综合厂、水电厂、砖瓦厂和牧机修造厂。改革开放以来，玛曲县充分利用丰富的矿藏储量发展矿业。1991 年，玛曲县格尔珂金矿开始开发。格尔珂金矿位于尼玛乡境内，自建矿以来，发展很快，其黄金产量排名现已位居全国第四，甘肃省第一。2006 年，金矿相关产业在玛曲县经济总量中的比重已达 62.98%。随着金矿等资源的开采，矿业迅速发展起来，现已成为玛曲县的支柱产业。

矿业是劳动密集型产业，矿业的发展将促进城镇化建设。矿业人口的聚集，可以带动、辐射一定区域的经济社会发展。格尔珂金矿的开采与发展，带动了金矿采、选、冶一条龙配套产业的

---

① 张鸿雁：《城市定位论：城市社会与理论视野下的可持续发展战略》，南京：东南大学出版社，2008 年版，第 306 页。

发展，加快了玛曲县的工业发展进程，为玛曲县从牧业经济向工业经济的转型注入了新的活力，并成为推动城镇化建设发展的重要因素。矿业的发展聚集了大量的从业人员，为民族地区经济的发展做出了重要贡献。多年来，在自身得到发展的同时，公司还积极支持地方经济建设。先后投资 45 万元修路建桥，改善当地交通条件，又积极参与帮乡扶贫工程，提供扶贫资金 20 多万元，帮助解决了 40 多名贫困牧民到公司就业。

城市的经济活力主要取决于它的产业创新能力，取决于其企业的产品创新能力。① 随着科技进步，科学经济一体化进程的加速，城市在依靠科技进步的基础上，不断增强产业技术创新能力，开发新产品、培育新产业。如甘南州区域中心城市合作，其创建于 1994 年的甘肃华羚乳品集团公司充分利用中心城市的交通、通信、人力、物力等优势，通过新工艺的使用、新产品的推广，将甘南州的重要资源——曲拉从每公斤 1.2 元左右增至现在的每公斤 16 元左右，提高了 14 倍，直接使牧区牧民户年均收入增加 830 元。目前，公司不仅加工甘南州、四川阿坝、甘孜，青海玉树、果洛、黄南等地牧区曲拉的原材料，还可以收购新疆伊犁、西藏拉萨、那曲等地牧区的曲拉。企业年收购量已占曲拉上市量的 80%。一个干酪素加工企业的兴起，不仅能使地方资源优势得到充分利用，还实现了产品深加工和附加值的提升，走出了对特有资源进行原料采购、加工、销售一条龙的经济创新之路，带动了一大批相关产业的蓬勃发展，成功实现了"公司＋农户"的产业经营模式，为民族地区的经济发展、财政收入及农牧民脱贫致富做出了很大的贡献。产品带动产业，产业带动城市发

---

① 邱成利、王增业、王圳：《西部增值》，北京：中国经济出版社，2000 年版，第 223 页。

展，合作市因此成为我国的曲拉交易重镇。[①]

旅游业的崛起是甘南州产业发展的重要动力。甘南州地处青藏高原东部边缘与黄土高原接壤的甘、青、川三省交界地带，地形地貌复杂，旅游资源十分丰富。全州可供开发的旅游资源约 7 类、分为 33 种、共计 146 处。其中自然景观 56 处，占整个旅游资源的 38.35%；人文景观 90 处，占 61.65%。[②] 甘南州旅游业经过了起步、发展、壮大的漫长历程，始终呈现出良好的发展势头，逐步成为全州经济发展新的增长点和带动关联产业的重要动力，旅游经济成效显著。据统计，全州旅游人数由 2000 年的 62.83 万人次，增加到 2015 年的 770.02 万人次，旅游综合收入由 2000 年的 0.5195 亿元，增加到 2015 年的 34.0300 亿元。[③]

旅游业具有"成本低、利润大、投入少、产出多、经济效益好"的特点。[④] 从经济活动看，旅游业包括食、住、行、游、购、娱六大要素，具有极强的相关产业带动作用，是推动城市化进程的重要动力。如随着旅游业的发展，拉卜楞、冶力关、郎木寺等城镇规模不断扩大。

总之，矿业、旅游业等资源产业的兴起，以及企业新产业的开发等，进一步促进了甘南州城镇产业结构的调整和优化，进而推动了城镇化进程。

---

① 马福元：《甘肃民族地区非公有制经济发展现状与对策研究》，兰州：甘肃民族出版社，2002 年版，第 61 页。

② 杨华堂：《甘南旅游服务人员英语水平现状及学习方法调查》[J]，《卫生职业教育》2009 年第 5 期，第 118 页。

③ 伍策、冷竹：《甘南旅游业获较快发展，"十三五"迎重大发展契机》，中国网，2016 年 7 月 20 日，http://www. china. com. cn/travel/txt/2016－07/20/content＿38919105. htm.

④ 张丽君：《西部特色优势旅游业发展报告》，载姚慧琴、任宗哲：《中国西部经济发展报告》，北京：社会科学文献出版社，2009 年版，第 162 页。

2. 产业结构的调整

产业结构的合理与否，直接关系到城镇经济乃至整个城市化道路的健康发展。什么样的产业结构算是合理呢？这是一个复杂的系统问题，我们只能从一般意义上来理解和判断城镇产业结构是否合理。近年来，关于如何判断一个地区的产业结构是否合理的标准，经济学界有很多讨论。有的学者认为，比较合理的产业结构包括轻型结构、舒展型结构、高效型结构等类型，最近又有学者提出合理的产业结构有开放型结构、自我调节型结构和可变型结构。更多的关于产业结构合理性的论述则是以第一、二、三产业产值占 GDP 的比例关系为依据。①

新中国成立初期，在国家计划经济的指导下，甘南地区各县城相继创建了一些工厂企业，城镇建设走上了初步工业化的道路。交通、金融、商业、文化教育等第三产业也相继有所发展。改革开放以来，随着全州经济的不断发展，甘南城镇的产业结构也日趋合理。首先，合作市作为甘南城镇体系中的龙头城市，它充分利用区域内的矿产、畜牧资源优势，加大工业化进程，通过实施"4321"和"双十计划"工程，新建了冰铜冶炼、锑品加工、水泥制品、纯金提炼、拉卜楞藏酒和华羚集团公司等工业企业，同时利用矿产资源引进外资企业 8 家，新建了科瑞乳品开发有限公司等 6 户畜产品加工企业②，从而形成了以干酪素、沙棘饮料、机制红砖、黄金、粗铜、锑锭、面粉、铁器、服饰等为生产领域的工矿产业。20 世纪 90 年代初，甘肃省旅游业蓬勃发展，甘南州紧抓机遇，于 1992 年 10 月成立了甘南藏族自治州外事侨务旅游局。旅游局以"统一布局，长远规划，抓住重点，突

---

① 杨公朴主编：《产业经济学》，上海：复旦大学出版社，2005 年版，第 337页。

② 《甘南五十年》编纂委员会：《甘南五十年》，三门峡：河南三门峡彤文化艺术有限公司，2003 年版，第 21 页。

出特色，内联外引，加快发展"为指导思想，充分利用区位优势，突出民俗风情、藏传佛教文化和自然风光等特色，以兰郎公路为主轴，以拉卜楞寺为依托，以合作市为中心，围绕风格各异的四大旅游区制订了开发建设的总体规划，促进了旅游业的发展。① 近年来，合作市依托独特的人文景观优势，将旅游作为首位产业着力打造，不断加大旅游基础设施和公共服务设施建设，提高了旅游的档次和综合接待能力。截至 2017 年底，全市拥有宾馆（饭店）125 家，总客房数达到万余间，总床位达到 10000 余张，国内外旅行社 7 家，旅游购物点 15 处。2017 年，全市共接待游客 168.4 万人次，同比增长 10％，旅游综合收入 9.15 亿元，同比增长 15％。② 由旅游业所带动的吃、住、行、游、购、娱一体化的配套服务行业的繁荣发展，成为民族地区第三产业发展的一大亮点。

其次，传统城镇的经济基础较好，发展也比较稳健。比如临潭县，改革开放以来不仅形成了矿产业、农畜产品加工业、建筑建材等工业体系，而且还充分发挥历史上"茶马互市"商业中心的传统优势，大力发展畜牧、药材等商品的交易市场，建成了全州最大的洮州商城，从而构建了联结内外，沟通城乡的市场网络体系。改革开放以来，夏河县克服工业起步晚的劣势，在立足五大优势资源开发的基础上，逐步形成了以水泥建材、畜产品加工、水力发电、矿产品开发等为主体的传统产业。20 世纪 80 年代初，夏河县利用闻名遐迩的拉卜楞寺、桑科草原、达尔宗湖、曲奥峡谷森林风光、晒经滩、麻当古城遗址、白石崖溶洞等旅游资源，兴起了旅游业。1991 年，夏河县旅游局成立，并先后组

---

① 甘肃省地方史志编纂委员会、甘肃旅游局编纂：《甘肃省志·旅游志》第三十卷，兰州：甘肃文化出版社，2007 年版，第 207 页。

② 苏元昊：《合作市多措并举助推旅游业快速发展》，《甘南日报》，2018 年 3 月 14 日。

织规划，制定相关行业法规，促使旅游业日益发展。2016 年，夏河县全年接待游客 217 万人次，同比增长 56.5%；实现旅游综合收入 9.1 亿元，同比增长 41.9%。截至目前，全县旅游资源达 51 处，有国家 A 级旅游景区 4 处，其中 AAAA 级旅游景区 1 处、AAA 级 1 处、AA 级旅游景区 2 处；全县宾馆（饭店）、农（牧、藏）家乐 278 家，床位 5587 张。其中宾馆（饭店）88 家（星级 11 家，非星级 77 家），床位 5587 张；旅游点、农（牧、藏）家乐 190 家（星级 78 家，非星级 112 家），接待床位 2863 张，旅游从业人员 3502 人。[①] 旅游业日益成为夏河经济发展的支柱产业之一。

三是新建城镇立足本地资源优势，紧抓机遇，实现了城镇产业建设从无到有的量变，第三产业发展比重明显上升。玛曲县是新中国成立后新建的县制，其城市建设几乎是从零开始的。玛曲县成立以来，尤其是改革开放以来，以"牧业立县"为战略思想，充分发挥"羌中畜牧甲天下"和"亚洲第一草场"的资源优势，大力发展畜牧业，引进草原兴发等重点企业，形成"市场＋牧户＋企业"的产业链条，促进畜牧经济的可持续发展。在工业方面，玛曲县成立后，在相当一段时间内基本没有取得多大发展。20 世纪 90 年代，玛曲县利用矿产资源优势创办了格尔珂金矿，目前已形成规模生产，拥有日处理矿石 1000 吨的能力，年生产黄金 2000 多公斤，已跻身全国产金大县之列，从而改变了玛曲县工业落后的局面。在旅游业方面，玛曲县以"黄河首曲"和"格萨尔文化"为品牌，走生态旅游与民族文化相结合的发展道路，使旅游业成为带动玛曲县第三产业的主心轴。近年来，随着旅游业的蓬勃发展，玛曲县先后被国内外旅游权威评级机构评

---

① 祁荣龙：《夏河县旅游业发展简析》，2017 年 4 月 28 日，http：//www.gnztj. gov. cn/htm/2017/5/26 _ 3960. htm。

为"西部最具魅力的旅游景区""'让生命感受自由'的世界 50 个户外天堂""'梦幻之旅'——人一生要去的 50 个地方"之一。2017 年,玛曲县全年接待游客 60.66 万人次,旅游收入达到 3 亿元,分别同比增长 8.8％和 15.0％。①

碌曲县的工业也经历了从无到有的过程。改革开放以后,碌曲县首先在加大工业投入的同时,进行了经济体制改革,将工业重点转向矿产业和畜产品的精深加工,先后建成县肉联厂、干酪素厂、供电公司和忠曲金矿等一批中型企业,促进了工业的发展。其次是依托郎木寺、则岔村石林、尕海胡及草原等旅游资源,开发旅游业,带动第三产业的发展。2002 年,碌曲县第一、二、三产业在生产总值中的比重已从 1978 年的 67∶10∶23 调整为 50∶15∶35,二、三产业比重明显上升,尤其是第三产业的比重上升幅度较大一些。2016 年,碌曲县共接待国内外游客 121 万人次,旅游总收入 5.7 亿元,分别增长 71％和 72％,带动旅游从业人员 1593 人。2017 年,全县新建旅游观景台 7 处、旅游厕所 14 座,逐步健全和完善了县域内旅游基础设施,旅游业已成为生活在碌曲草原上的农牧民群众增收致富的重要渠道。②

迭部县也利用丰富的水能资源,先后建立了尼傲峡、卡坝班九、腊子口等水电站,水电资源的开发逐渐成为迭部县新的支柱产业。同时,迭部县也加大了旅游业发展力度。2017 年,迭部县旅游局与迭部县鑫达城市建设投资开发有限公司就扎尕那旅游综合开发建设项目签订 PPP 项目合同,双方将按照"建设—运营—移交"方式进行合作。项目计划总投资约 10 亿元,由双方投资建设,施工期 40 个月。建设内容包括景区道路、游客服务

---

① 费大鹏、姚乔木:《玛曲全力打造全域旅游发展新格局》,《甘南日报》2018 年 2 月 28 日。

② 拉毛草、王有才:《碌曲:文化旅游发展奏响繁荣稳定最强音》,"甘南头条",2017 年 8 月 2 日,http://www. sohu. com/a/161644428_234034。

中心、生态停车场、民俗村风貌改造、地下管网、登山游步道及景区标识系统、给排水污水处理管网、电力通信等。^① 未来项目建成后，必将大大推动迭部县旅游业的发展。

第二节　改革开放以来甘南州城镇分布的变化

改革开放以来，甘南州紧跟国家政策步伐，抓住机遇，先后实现了"撤镇建市""撤乡建镇"的城镇行政级别调整。城镇建置变更一方面提高了城镇的行政级别，同时也加大了中心城市对周边地区的控制力度，有利于扩大中心城市的发展空间和规模，从而增强城市的竞争力。甘南州城镇建置的变更进一步完善了区域城镇体系，提高了城镇在全区的覆盖率。与此同时，在国家政策的推动下，甘南州各城镇加强了城镇基础设施建设，城区规模由此不断扩大，进而有力地推动了城镇化的进程。

一、"撤镇建市""撤乡建镇"——城镇空间分布形成梯次结构

城镇的发展并非各区域等量增长，因此在其发展过程中常常会以点的方式呈现，并在每一个城镇所在点形成一个区域中心，从而扩大城镇的政治、经济及文化辐射力。改革开放以来，甘南州城镇空间分布的变化是基于传统城镇的基础优势，借助新的城镇节点，从而实现城镇在全区的面上覆盖。其变化主要体现出以下特点：

首先是以中心城镇为依托，在交通区位条件较好的区域产生新的城镇。在甘南城镇体系中，县级市合作是区域中心城市。首位城市从概念上讲是指在一个相对独立的地域范围内或相对完整

---

① 佚名：《甘南迭部扎尕那旅游综合开发建设项目签约》，《甘肃日报》2017年3月16日。

的城市体系中占有绝对优势地位的城市。合作作为甘南藏族自治州的州政府所在地，具有绝对的政治、经济区位优势。法国学者布代维尔（J. R. Boudeville）认为："每个地域都有若干经济中心，通常是城市作为区域经济中心，每个中心都有一定的引力场，城市和腹地的关系，就是中心和引力场的关系。"① 作为区域中心城市，合作市在引领经济发展方面起着主力军的作用，其经济的中心推动力对甘南地区城镇的分布变化起着推动作用。因此，以合作市为区域经济中心，甘南沿国道 213 往北 34 公里处形成了王格尔塘镇，往西南 42 公里处形成了阿木去乎镇，沿洮河东南 68 公里处形成了扎古录镇。这三个镇以合作市为中心呈三角形分布，其外围正好是夏河、卓尼、临潭和碌曲四县。王格尔塘镇西距夏河县 35 公里；阿木去乎镇北距夏河县 62 公里，西南至碌曲县 41 公里；扎古录镇分别东距卓尼县城 53 公里，临潭县城 35 公里。作为合作市与夏河、卓尼、临潭、碌曲之间的中心城镇，王格尔塘镇、阿木去乎镇和扎古录镇三镇正好弥补了合作市与县域中心之间城镇空间的梯度不足。

甘南城镇体系的第二级中心城镇是县城。县城作为区域中心城镇，具有较强的经济辐射力。因此，甘南州 2002 年新建的城镇基本是临近县城布局。尼玛镇，玛艾镇和电尕镇分别是玛曲县、碌曲县和迭部县的县城所在地。临潭县在县城东 36 公里处崛起新城镇，在东北 105 公里处形成冶力关镇；从卓尼县沿洮河往东南 12 公里处是木耳镇；位于舟曲县城东南 12 公里处是大川镇；碌曲县南 90 公里处是郎木寺镇。

其次，新建城镇基本沿交通轴线分布。在城镇发展演变进程中，交通运输对城镇体系的基本单元具有制约、引导作用，即所谓的"交通引导力"。2002 年新建城镇一是沿着国道 213 线呈南

---

① 冯沙驼：《城市化与城镇》，兰州：甘肃文化出版社，2007 年版，第 79 页。

北纵向分布,二是沿着省道朝着东部、西南和东南方向伸展。其中沿国道 213 线分布的镇有王格尔塘镇,阿木去乎镇、玛艾镇、郎木寺镇,东向沿省道 311 线分布着新城镇和冶力关镇;沿省道 313 线朝东南方向分布着迭部县的电尕镇和舟曲县的大川镇;沿省道 204 线朝西南方向是尼玛镇。

第三,新建城镇以河流为轴线分布。城市的形成和发展与水源的关系十分密切。甘南地区由于特殊的地形地貌与山体形成了特殊的河流水系,进而影响了全州城市的分布,呈现出城市沿河谷分布的特点。扎古录镇位于洮河与车巴河汇流的车巴沟口,冶力关镇分布在洮河的支流冶木河畔,阿木去乎镇位于阿木去乎代茂塘盆地正中,杂合曲、尼玛隆沟水汇流后,穿代茂塘东流,经博拉、勒秀两乡注入洮河。碌曲县的玛艾镇也位于洮河流域。

综上,从城镇空间布局的特点看,甘南州城镇布局的不合理性虽然明显有所改善,东部和北部的县城之间形成了一些新的建制镇,弥补了城市空间梯度的不足,但南部和西南部地区仍然没有形成较大的经济中心城镇,因此城镇布局在这一区域依旧处于离散的状态。

二、甘南州城镇化进程中的城区变化

改革开放以来,随着城镇功能的不断增加,机关、学校、企事业单位、居住小区的建设和发展,甘南各城镇的城区布局也随之发生变化。但是,甘南州的城镇大多属于"河谷农耕区城镇",其城镇选址多位于土地肥沃、取水便利的河流阶地上,高山峡谷的地形条件在很大程度上限制了城市的扩张,并且由于这些河谷地段面积不大,城市用地有限,城区的建设必须在农牧业与生态环境可持续发展的前提下沿着河谷呈狭长状展开。

(一) 区域中心城镇的城区发展呈领先态势

甘南州城镇的发展基本体现了"政治中心城镇优先发展"的

规律。州政府所在地合作市，最初只是夏河县的一个乡，州政府搬迁至此后原黑错乡升格为镇，同时更名为合作镇，行政上隶属于夏河县。改革开放以后，合作镇不断发展，并于1998年正式脱离夏河县挂牌为合作市。合作市市区集中了全市70％的人口，辖区人口8万余人，其中非农业人口3万余人，非农业人口比重为44.8％。[1] 这对地广人稀、生存环境相对艰苦的甘南地区而言，已属不易。随着城市人口的增长和经济的不断发展，合作市的城区布局也发生了显著变化。尤其是建市以后，城市市政功能的相应增加以及经济产业园区的规划，使城区面积明显扩大。

图4-2　合作市城区分布图[2]

　　① 甘肃省人口普查办公室编：《世纪之交的中国人口·甘肃卷》，北京：中国统计出版社，2005年版，第327页。

　　② 中国地图出版社编著：《甘肃省　青海省　宁夏回族自治区公路里程地图册》，北京：测绘出版社，2009年版，第24页。

合作市地势南北高、中间低，市区处于盆地中央，其城镇建设以国道213（兰郎公路）、当周街（从国道213至腊子路口）、祖曲路（从舟曲路至德吉巷）和省道306为轴线分布，呈南北走向，且较为狭长。东西向由北自南有永曲东路、桑曲路、舟曲路、碌曲路、玛曲路、德吉巷、博峪路、卓尼路和腊子路口9条市区交通道路，以纵横主干道为系统、次干道及支路为骨架，从而形成方格网络式的城市格局。机关、学校、银行、研究机构、商贸大厦、餐饮区、宾馆等分布其间。甘南州政府位于碌曲路和玛曲路之间，居于南北之中心区域，甘南州统计局、审计局、交通局、旅游局、财政局、商务局等政府机关也坐落在此地段。州政府机关以南是文化教育机关，甘肃民族师范学院、甘南藏族自治州师范学校、甘肃电大甘南分校、中共甘南州委党校、甘南州教育局、合作市博文书局等文化教育单位。建市以后，合作市政府机关规划在城区的北段择地另建，银行、医院、住宅小区及甘肃省藏医研究院等单位以当周街和永曲东路为轴线分布。

随着城市经济功能的不断发展，合作市的城市布局进一步发生变化，以国道213和省道306为界的城区显然已不能适应城市经济的发展状态，规划建设新的城市片区成为经济发展的必然趋势。2010年11月26日，《合作市循环经济产业园区总体规划（2010—2020年）》通过专家评审。根据规划，合作市将在市区东北部4.3公里处的佐盖曼玛乡门浪滩，建设总面积为259公顷的循环经济产业园区。未来该产业园区建成后，合作市的城区面积将进一步随之拓展。

（二）传统城镇的发展稳步前进

1. 传统寺院城镇——夏河县城

夏河县城位于大夏河河谷，南北皆为山体，城区布局沿东西方向延伸分布。新中国成立初期，夏河县城分为两部分，一为市场（今上塔哇、下塔哇），一为寺院。改革开放后，夏河县城的

城区依然保持了二元结构。县城西部为宗教区，区内除拉卜楞寺
外，还分布着红教寺、觉姆寺及其他单位；县城东部为行政、居
住、工业等用地。东部城区主要分布于大夏河北岸，区内两条道
路贯穿东西，一条是过境路，一条是县城主干道。县城的行政单
位、商业、文化、教育及工业等部门均排列在人民路的两侧，以
教育和文化为主，中部以行政办公区和商业区为主，东部以工业
区为主。居住区主要分布在上述用地以外。

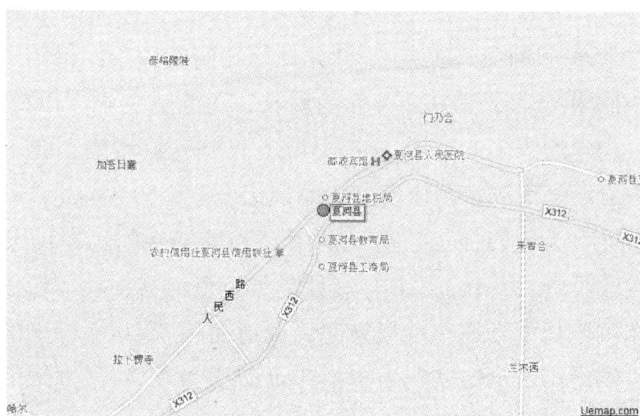

图 4-3　夏河城区图

在国家实施"西部大开发战略"的大背景之下，夏河县城的
城市建设迎来了新的发展机遇。根据夏河县县城总体规划，全县
城区由三个片区组成：宗教区、旧城区和新区。旧城区位于东
部，是行政、商业、文化、教育及工业的聚集区。新区是对夏河
县长期以来城区二元结构的一次突破，同时也是适应夏河县地理
条件的选择。由于夏河县城位于大夏河上游，河谷较窄，因此城
区布局只能采取沿河谷带状分布。如果向上游发展，不但会存在
用地不足的问题，还会使原有的宗教区被包围，这对城市发展和
开展宗教活动都不利。新区将沿着大夏河下游发展，以文教区、
居住区和工业区进行布局。根据规划，夏河县城的城市结构将以

旧城区的商业繁华地带为中心,以大夏河为发展轴,形成宗教区、旧城区和新区三个片区。① 1985 年,夏河县经国务院批准成为甘南州的第一个对外开放县。随着旅游业的逐渐兴起,夏河县的第三产业不断发展起来,宾馆、商贸大厦等与旅游机构相继建立,进一步提升了夏河县城宗教区的商业中心地位。2008 年 6 月,政府在拉卜楞商品一条街,投资 550 万元修建了建筑面积为 2940.78 平方米的拉卜楞民族用品商贸城。拉卜楞民族用品商贸城的建立,一是可以通过提供就业岗位聚集人口。商城拥有铺面 32 间,以每间铺面月租金 2000 元计算,商贸城不但每年可带来 76 万元的租金收入和 9.2 万元的税收,还能解决 66 人的就业问题(人均年增收 1.5 万元,66 人共计 118.8 万元)。二是可以有效刺激夏河县民族特色旅游纪念品加工企业经营者的生产积极性和创造性,为他们提供了更大的生存和发展空间。2010 年,根据州发改投资(2010)338 号文件精神,夏河县在拉卜楞镇人民西街东侧原县委党校,规划修建总占地面积 6220 平方米的拉卜楞镇雅鸽塘商贸市场,其中包括建设面积为 4230 平方米的二层商铺 4 幢和建设面积为 4105 平方米的阳光板大棚一座,并配套相应的供水、供电、采暖及排污等室外工程。② 拉卜楞民族用品商贸市场的建成和雅鸽塘商贸市场的完善,将成为有效增加拉卜楞商贸凝聚力的助推器。

2. 商贸中心城镇——临潭县城

临潭县城关镇自古以来就是甘南州的重要城镇,也是回族聚居区,经商者众多,且与外地联系甚广。县城历来为汉藏交通孔道,茶马互市商埠。改革开放以来,临潭县的商业优势逐步增强,工业、服务业、旅游业等发展迅速,公路四通八达,城镇建

① 根据《夏河县县城总体规划》(2000—2005 年)整理(调研资料)。
② 截至 2019 年 6 月,该项目已经部分建成,市场正在完善中。

设也迎来新的发展契机。

　　临潭县城主城区布局立足于地理环境和长远规划，体现出政治和商业中心协调发展的特色。在充分考虑城市环境承载能力的前提下，临潭县借鉴城市规划的先进理念及发达县市的成功经验，与陕西省城乡规划设计研究院、中国西北市政设计院、甘肃机械工业设计研究院等科研单位合作，编修了《临潭县城市总体规划》，对城区东环路、北环路、西大街、西进街、长乐北路、干戈河沿河景观带等主要地段进行了详细规划。

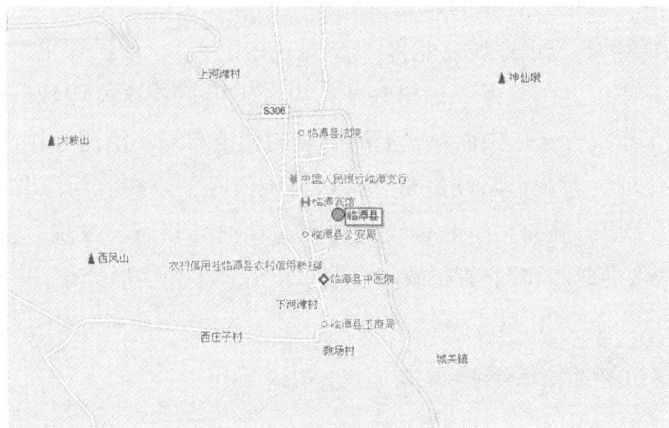

图 4-4　临潭县城区图

　　根据城区布局，临潭县的政府机关、医院、银行、宾馆等单位主要分布在洮河的西岸，是县城的政治中心。而东岸的城关镇则是临潭县的商业中心。城关镇即临潭旧城，具备良好的商业基础，并在新中国成立后得到不断发展，尤其是改革开放以后，在西部大开发战略的推动下，城关镇的商业迅速发展。1999 年，临潭县发挥传统商业优势，以群众自筹为主，国家适当补贴的方式，共筹集资金 535 万元在城关镇兴建了一座建筑面积达 8307 平方米，可容纳个体商户 400 余家的洮州商城。2000 年 8 月，洮州商城正式投入营运，这是甘南州最大的全封闭式商贸市场。2007年，在城关镇中心，甘肃龙腾房地产开发有限公司总投资8000万元建设西环路商业步行街。步行街从城关镇大坡桥头至西门桥头，全长660米，建筑面积5万平方米。西环路商业步行街的位置是县城"三纵五横"路网结构中纵向交通主干道之一，全长1010米，北与省道213线相连，南与西大街相通。交通便利，地理位置十分优越。

3. 河谷型城镇——卓尼县城

卓尼县地处青藏高原边缘，古城如船状，故而得名"船城"。"回山环拱，流水穿城，北部一梵刹（禅定寺），金顶耀目。洮流见底，隔河之山耸翠，烟树苍茫，为古雅川。"① 这段记载形象地道出了卓尼县城依山而建、沿河而居的城镇布局。洮河穿城而过，省道306线徐合公路经过柳林镇，与洮河相汇，在洮河以北形成"丁"字形。洮河北岸地势较为开阔，卓尼县政府、医院、银行、招待所、柳林镇政府等行政、事业单位沿"丁"字形分布。

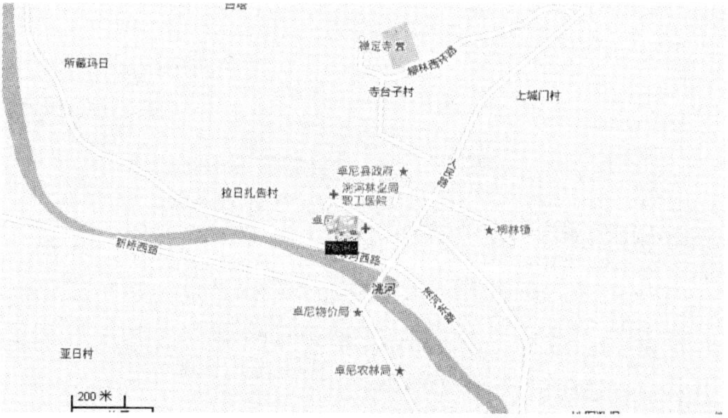

图4-5　卓尼城区图

---

① 马永寿：《卓尼史话》，兰州：甘肃文化出版社，2007年版，第281页。

为提高城镇居民的文化品位，充分展示卓尼洮砚文化的深厚底蕴，卓尼县规划在县城中心地带建设洮砚文化活动中心，并于2007年1月聘请四川九寨县城建局专家勘查现场。洮砚文化活动中心的规划意味着县城中心将会为卓尼县城的文化区。

2005年，根据甘肃省甘南州发改投资（2005）162号文件批准，卓尼县在滨河东路修建一座建筑面积为7780平方米的商贸楼A区，在滨河东路修建一座建筑面积为5390平方米的商贸楼B区、C区，东西路商贸楼总面积17579.6平方米。从商贸楼的规划布局看，沿洮河的滨河路地段将成为卓尼县城的商贸区。

第三节　改革开放以来甘南州城镇规模的变化

改革开放以来，伴随着城市化进程的推进，城市的功能结构日渐复杂，城市规模也不断扩大。基于国家的政策扶持和西部大开发战略的推动，甘南州通过"居住设施、交通道路的组合，重新塑造了自然物和自然因素的组合形式"[1]，扩大了城镇规模，为各种信息、能源和人力资源的聚集提供了有效空间。加强城镇基础设施建设，扩大城区面积，人口规模化聚集，是改革开放以来甘南州城镇化的新趋势。

一、改革开放以来甘南州城镇规模与数量的变化

（一）城镇规模的变化

城市规模是衡量城市大小的数量概念，包括城市人口规模与城市地域规模两种指标。其中城市人口规模通常被认为是衡量城市规模的决定性指标，世界各国一般也是根据城市聚居人口的多

---

[1]　林广、张鸿雁：《成功与代价——中外城市化比较新论》，南京：东南大学出版社，2000年版，第25页。

少作为定义特大城市、大城市、中等城市、小城市和小城镇的标准。因此，本节将通过城市人口和空间规模的变化来分析甘南州城镇规模的变化。

1. 城镇人口的增加

随着城市经济的发展，城市规模逐步扩大，城市人口也逐步增长。政治的稳定，经济的发展，是城市规模得以稳步扩大的重要原因。改革开放以来，甘南州城镇发展的外部政治、经济条件十分有利。国家的政策扶持，尤其是西部大开发战略的实施，为甘南地区的城镇化提供了重要契机。

合作市作为州政府所在地，是甘南地区的政治中心城镇。1998 年原合作镇升格为县级市后，其政治地位更加凸显，从而具备了区域首位城市的发展优势，并体现在人口、空间和经济规模的优势上。1953 年，甘南州政府迁往新建的合作镇。随着行政机关、教育机构、工厂等的建立和发展，合作镇的人口不断增长。改革开放以后，合作镇的经济稳步发展，人口也随之增长。根据统计资料：1998 年合作市非农人口数量为 37108 人，非农业人口比例为 46.11％。到 2007 年，合作市的非农业人口数量增长到 50253 人，非农业人口比例达到 56.29％。十年间，合作市的非农业人口数量的年均增长速度为 39.36‰，人口非农化率在十年间增长了 10.18 个百分点，年均增长 1.13 个百分点。[1]新中国成立初期，合作镇农牧民自给自足的自然经济属性决定了其农业人口直接转化为城镇人口的数量较少，其人口增长主要源于政府工作人员及教育机关工作人员，矿产开发从业人员，畜产品深加工企业的从业人员，旅游业及其服务行业的从业人员及相关产业的从业人员。近年来，第三产业的迅速发展，成为合作市城市人口增长的重要推动力。其原因在于第三产业就业弹性比较

---

① 《甘南州合作市城市总体规划大纲》（调研资料），2010 年 8 月。

大，进入门槛也较低，很多行业适合家庭个体经营，容易汇聚人口。

2. 空间规模的扩大

随着城镇基础设施的建设和发展，城市的面积将不断增加，城镇的空间规模也会不断拓展。以合作市为例，1998 年建市以来，合作市迎来了城镇建设新的发展契机。合作市以"三年见成效，五年大变化"为可持续发展原则，修编了城区总体规划：规划控制面积为 52 平方公里，城区规划面积为 12.44 平方公里；现已建成的城区面积为 8.98 平方公里。除合作市外，玛曲县城这座黄河上游草原牧区的新兴城镇也不断发展。尤其是近年来，玛曲县充分借鉴西藏、四川阿坝的建设经验，积极推进县城改造项目，陆续设计修建了政府统办楼、格萨尔广场及其附属的商贸城、步行街、大礼堂等，城区面积达到 3.22 平方公里。1986年，从秦安县到玛曲县城来做小商品生意的赵贤对玛曲县的变化十分感慨，他说："过去玛曲县城道路泥泞不平，马路上牛马横冲直撞。现在的玛曲县城街市整齐有序，还有漂亮的格萨尔文化广场，马路上跑的都是崭新的夏利出租车，牧民们都是打出租车回家和做生意。"① 出租车的出现和运营在很大程度上反映出城镇规模的变化。碌曲县城自 1964 年由尕海迁至玛艾乡东侧一狭长河谷盆地以来，经过多年的发展，现其城区面积已达 1.64 平方公里。城区内有农牧机修厂、砖瓦厂、副食加工厂及小手工业作坊；有电影院、文化馆、广播电视站、文艺工作队、新华书店和各类学校，以及卫生、生活服务等设施；有政府办公楼、太阳能畜牧中心楼、太阳能计划生育楼、太阳能医院门诊部楼、农机

---

① 胡作政、康春燕、王博：《玛曲县新农村建设与县域经济发展的思考》，《甘肃经济报》，2006 年 7 月 28 日。

厂服务楼、县农业银行办公楼。①

（二）城镇数量的增加

甘南州面积 4.5 万平方公里，占全省面积的 9.91%。改革开放前，甘南共设有夏河、临潭、卓尼、舟曲、迭部、玛曲和碌曲 7 个县，有合作镇、拉卜楞镇、临潭城关镇、柳林镇和舟曲城关镇 5 个建制镇。每万平方公里有县城 1.55 个，有建制镇 1.11 个。与同一时期甘肃省每万平方公里有建制镇 0.63 个相比，甘南州的建制镇在数量上处于领先地位。

改革开放以后，随着农村改革的不断深化，乡镇企业的迅速崛起和农村经济的飞速发展，集镇的内部机制和外部环境都发生了重大变化，小城镇随之迅速发展起来。尤其是国家实施西部大开发政策以后，西部欠发达地区的城镇建设也活跃起来。与此同时，针对西部欠发达地区城镇发展水平十分落后的特殊情况，国家降低了对西部地区撤县建市、撤乡建镇的要求。甘南州一批地理区位条件较好，产业结构凸显的乡村顺利升格为镇。这些镇分别为玛曲县的尼玛镇，碌曲县的玛艾镇、郎木寺镇，舟曲县的大川镇，迭部县电尕镇；卓尼县的木耳镇、扎古录镇，临潭县的新城镇、冶力关镇；夏河县的王格尔塘镇、阿木去乎镇。至此，甘南州的建制镇数量很快从改革开放初期的 5 个升到了 15 个，每万平方公里的建制镇从 1.11 个增加到了 3.33 个。不过，与甘肃省每万平方公里有建制镇 7.22 个相比，甘南的建制镇数量增长又明显与全省存在差距。

---

① 张文范：《中国县情大全　西北卷》，北京：中国社会出版社，1993 年版，第 565 页。

二、影响甘南州城镇规模变化的因素

(一) 国家政策与宏观调控的影响

政府的规划管理是城镇规模发展变化的重要影响因素。按照市场机制，结合区域特点对资源进行优化配置，能有效提高城镇资源的利用效益。作为西部欠发达地区，甘南州可投入到城镇建设中的资源本就十分有限，因此，合理规划和使用有限资源，对甘南州城镇的可持续发展的意义更为深远。甘南州的城镇均为人口在万人上下的小城镇，基于其自然资源和社会文化资源等因素，其城镇的发展模式既不能走平原地区的城镇发展道路，也不能走大城市的发展模式。因此，改革开放以来，甘南州各城镇都制订了相应的规划方案，有序有重点地进行城镇建设。在较长一段时间，碌曲、玛曲和迭部三县境内都没有形成一个设置镇，这一方面反映出甘南州的城镇化水平十分落后，另一方面也说明这三个县的城镇规模太小，达不到设置镇的标准。改革开放以后，为促进小城镇发展，国家调整了市镇设置标准。1983年，国家出台了撤县建市标准。1984年11月，国务院发布的《关于调整建镇标准的报告》明确提出："凡县级国家机关所在地，均应设置镇的建制……少数民族地区、人口稀少的边远地区、山区和小型工矿区、小港口、风景旅游区、边境口岸等地，非农业人口虽不足2000人，如确有必要，也可以设置镇的建制。"[1] 1993年，为了城镇体系比较均衡地布局发展，国家在1983年撤县建市标准的基础上，又出台了《关于调整设市标准的报告》。该文件确立了"按人口密度确立了3个市镇设置标准，对中西部地区适当

---

[1] 金逸民、张军：《中国小城镇发展战略研究》，北京：中国农业科学技术出版社，2004年版，第112~113页。

降低了要求"①。这两个关于市镇设置标准的文件明确对西部欠发达地区的城镇设置降低了门槛,从而使甘南州获得了增加城镇的机会,从而不仅提高了区域中心城镇原合作镇的行政级别,实现了撤镇建市,同时,一批区位条件较好、经济发展潜力较大的乡政府所在地也顺利升格为镇,如王格尔塘镇、阿木去乎镇、郎木寺镇等。

　　城市空间占地规模与城市的行政级别成正比关系,这是中国城市发展的特点之一。出现这种情况的主要原因在于土地国有。在国家的政策引导下,城市的行政等级越高,其吸引经济发展资源的能力也就越强,城市规划部门的管理权也越大。这些都对城市用地的增长产生了很大影响。在甘南州,随着行政级别的提高,政府可以将有限的人力、物力和财力尽可能地集中到设立行政机构的城市,进而促进城镇经济的发展和空间用地规模的扩大。撤乡建镇后,小城镇的基础设施大为改善,原来狭窄的街道得以扩宽,城区交通得以整顿,商业街得以规划布局,城镇环境大为改观,从而促进了人流、物流、信息流的运转,提高了城镇的聚集力,进而引起城镇规模的变化。临潭新城设镇以后,根据《新城小城镇建设规划》,新城镇先后完成了新城镇东大街、西大街、东北街、西北街等主要街道的拆迁拓建,完成了水、电、通信设施的更新和改造。同时,新城镇还启动了仿古一条街的修建工程。新城镇的城镇建设实施"谁投资、谁建设、谁受益"的鼓励政策,有效调动了城镇居民的积极性。东街、西街、南门河等村的一部分群众,充分把握城镇发展的战略契机,利用靠城临街的区位优势,先后筹集资金 500 多万元,在街道两旁修建起 40

---

① 鲁晟:《国内多个城市欲提升行政级别 学者批干部虚荣心》,《民主与法治时报》,2010 年 8 月 23 日。

多座 2~3 层的商业楼①，为城镇建设发展贡献了力量。

（二）城镇基础设施建设的推动

基础设施建设不仅为城镇吸引外部资源创造了必要的条件，同时其本身投资建设又对资本、材料设备和劳动力产生直接的市场需求。基础设施的建设在推动城镇经济发展的进程中，既有助于人口的集中，又扩大了城区面积，是城镇规模扩大的重要动因。在过去计划经济体制下，国家将经济建设项目分为生产性建设和非生产性建设，并把城镇基础设施视为非生产性建设。因此，国家的经济投入更多地用于生产性建设，以致长期以来城镇基础设施建设发展缓慢。改革开放以后，国家日益重视城镇配套功能的完善，对城镇基础设施的投资规模也不断扩大。尤其是西部大开发战略实施以来，甘南州这样的西部欠发达地区也享受到了国家经济投入的政策实惠。近年来，甘南州各城镇的基础设施建设都取得了长足的进步。

城市基础设施是城市生存和发展所必须具备的工程性基础设施和社会性基础设施的总称，是完善城市功能，实现城镇化的必由之路。能源系统、给排水系统、交通系统、通信系统、环境系统、防灾系统等属于工程性基础设施。行政管理、文化教育、医疗卫生、商业服务、金融保险、社会福利等属于社会性基础设施。以交通系统为例，近年来，在国家政策、资金的大力支持下，甘南州的交通发生了很大变化，特别是 2003 年至 2006 年，甘南州公路交通基础设施建设总投资达到 19 亿元，相当于前 10 年的总和。2007 年，国家对甘南州交通基础设施的投资达到 6.07 亿元，建成了 5 条通乡柏油路，并开工建设了迭九、玛久、迭红等 3 条省际公路，新建了 10 条农牧区通乡柏油路、14 条农牧区通乡等级公路和 196 条通村公路。甘南州的公路通车总里程

---

① 丁杰：《临潭新城小城镇建设步伐加快》，《甘南日报》，2005 年 8 月 25 日。

达到 6620 公里，实现了县县通柏油路、乡乡通等级公路的目标。2013 年，夏河机场建成并投入营运。一个以合作市为中心，干支相连、城乡相通的交通网络已基本形成。① 交通条件的改善，加大了甘南州的吸引力，为引进资金、开发资源、吸引游客等创造了条件，是城镇经济发展的重要因素。在社会性基础设施方面，以文化教育为例，改革开放以来，甘南州累计投资 5 亿多元，新建、改扩建学校 250 余所。各级各类学校校舍建筑面积从 1980 年底的 26 万平方米增加到 75 万平方米，增长了近 3 倍。

城镇基础设施建设提供了大量的就业机会，很多体力劳动主要由农牧区移入城镇的劳动力承担，这是甘南州城镇建设的事实，也是当地劳动力基于自身知识结构的必然选择。当然，也正是有了这些农牧民劳动力的辛勤付出，甘南州的城镇规模才取得了今天的成绩。

（三）区域经济的拉动

城区面积的扩大与人口的增长只是城镇规模变化的外在形式，经济的发展才是其真正动力。依托城镇经济因素，在城镇的外围开发新区或建立循环经济产业园区，遂成为城区面积扩大的最直接方式。新的经济产业园区作为非农产业的聚集地，是引进资金、拉动经济增长的有效载体。一般而言，新的经济产业园区需要依托城区已有的基础设施和经济条件，因此和城区的距离都比较近，新的园区一旦形成和发展起来，原有城区与新园区之间的空间将会被一系列经济配套设施所连接，最终导致城镇规模扩大。根据合作市 2010 年制定的《合作市循环经济总体规划》：合作市循环经济产业园区位于市区东北部 4.3 公里处的佐盖曼玛乡门浪滩，总面积 259 公顷。老城区和产业园区 4.3 公里的距离，

---

① 徐爱龙：《干线公路·互联网——透过"第一"看甘南（下）》，《甘肃日报》2011 年 7 月 22 日。

完全可以用城市公交将其连接起来。毫无疑问，合作市这次规划将进一步增大其城市规模。根据 2010 年碌曲县《循环经济示范园区总体规划》，该县将利用现有碌曲县黄河首曲生态食品有限公司、干酪素厂、月牙湖生态示范园区等企业为基础，在玛艾镇规划循环经济示范区。该示范区从舟高路末端南侧延伸至县城东郊加格滩，规划总用地面积 24 平方公里。[①] 基于甘南州高原的自然环境因素分析，规划如此大面积的经济产业园区，虽然有源于地势较为平坦的因素，但更多的还是对城镇规模成长的长期考虑。碌曲县城作为国道 213 线上的县域中心，具备良好的交通区位条件，其产业园区的建设颇具前瞻性，并必将使碌曲县的城镇规模进一步扩大。

随着城镇经济的不断发展，城乡收入差距的拉大，农村剩余劳动力大量涌向城镇。从合作市的城乡收入比来看：2000 年，合作市城镇居民人均可支配收入为 3221.8 元，农牧民人均纯收入为 1245 元，城乡居民收入比是 2.59；2008 年城镇居民人均可支配收入为 8756.31 元，农牧民人均纯收入为 2378 元，城乡居民收入比是 3.68，高于同期国家平均水平（2008 年国家城乡居民收入比为 3.31）。[②] 城乡居民收入差距较大是一柄双刃剑，它一方面反映着积极出合作市工业化、城市化程度低，另一方面又对城镇人口的增加发挥着积极作用。尤其是近年来，随着旅游业、酒店、餐饮服务等第三产业的兴起，有力地促进了合作市人口的增加。据 2010 年第六次人口普查数据显示：合作市区总人口为 90290 人。

---

① 碌曲县经济贸易委员会：《循环经济示范园区总体规划》，2011 年 1 月 4 日，http://wenku.baidu.com/view/7041faf9941ea76e58fa04bc.html。

② 《甘南州合作市城市总体规划大纲》（调研资料），2010 年 8 月。

第四节　改革开放以来甘南州城镇发展的特点

改革开放以来，基于一系列国家政策的推动，甘南州的城市化进程加快发展。城市化与工业化的发展具有同步性："现代化大城市必须建立在工业的基础之上，它的生存有赖于机械化农业生产的高产量、先进的通信网络、运输工具和储藏设施以及大工业提供的各种非农业性质的专门的工作。"[①] 甘南州丰富的水能、矿产资源促进了当地特色资源产业的崛起，科技事业的进步推动了技术的革新与社会的现代化，先进的通信网络则加快了城镇工业化的步伐。但是，高寒的自然环境，多民族、多宗教的人文因素以及相对滞后的交通系统，又制约着甘南州的城市化，使其城镇化水平明显落后于甘肃省其他地区。不过，甘南州承接内地、辐射青藏的"边缘"特征，又使其在青藏高原藏区城镇化中具有一定的优越性。

一、城镇数量增加，但规模偏小

美国地理学家莫理尔（B. L. Morrl）认为，只有当一个城市达到 25 万～35 万的人口规模时，才能成为某种相对独立的，为一定地区服务的中心，才能维持较高的文化水平和拥有先进的教育设施，才能吸引现代化工业。[②] 关于城市的规模和等级，世界各国一般按照城市人口的数量来进行划分，但划分的级数和各级的标准却很不一致。在我国，超过 100 万人口的城市为特大城

---

① 伊恩·罗伯逊：《现代西方社会学》，郑州：河南人民出版社，1988 年版，第 737 页。

② 太原市社会科学研究所：《城市经济学入门》，太原：山西人民出版社，1987年版，第 146 页。

市，50 万~100 万人口的为大城市；20 万~50 万人口的为中等城市，人口在 20 万以下的为小城市。按照这个划分标准，甘南州的政治中心城市——合作市，其城区人口仅 5.42 万[①]，显然属于小城市。

甘南州城镇的人口聚集度低，农村劳动力转移难度大。根据经济学的相关分析，镇的效益门槛人口应在 3 万~5 万人。甘南州地处高寒地带，一直以来都是地广人稀的区域。改革开放后，虽然人口有大幅度增长，但甘南州各县的城镇人口数量基本没有达到 5 万人。2017 年，甘南州各县的城镇人口分别为：临潭县 4.91 万人，舟曲县 3.77 万人，卓尼县 3.19 万人，夏河县 1.99 万人，玛曲 1.63 万人，迭部县 1.50 万人，碌曲县 1.39 万人。[②] 其中城镇人口最多的临潭县也没有达到 5 万人，人口最少的碌曲县仅 1 万多人，足见甘南州城镇的人口规模很低。

甘南州地处青藏高原边缘，这一地区海拔高，气候高寒，干燥，多风，是世界的"第三极"。甘南州山大沟深，城镇大都位

① 合作市统计局：《2017 年合作市国民经济和社会发展统计公报》，2018 年 4 月 18 日，http：//www. gnztj. gov. cn/htm/20184/23 _ 4768. htm。

② 临潭县统计局：《2017 年临潭县国民经济和社会发展统计公报》，2018 年 6 月 22 日，http：//www. gnztj. gov. cn/htm/20186/23 _ 4900. htm。

舟曲县统计局：《2017 年舟曲县国民经济和社会发展统计公报》，2018 年 5 月 7 日，http：//www. gnztj. gov. cn/htm/20185/23 _ 4822. htm。

卓尼县统计局：《2017 年卓尼县国民经济和社会发展统计公报》，2018 年 5 月 15 日，http：//www. gnztj. gov. cn/htm/20185/23 _ 4838. htm。

夏河县统计局：《2017 年夏河县国民经济和社会发展统计公报》，2018 年 5 月 9 日，http：//www. gnztj. gov. cn/htm/20185/23 _ 4823. htm。

玛曲县统计局：《2017 年玛曲县国民经济和社会发展统计公报》，2018 年 4 月 13 日，http：//www. gnztj. gov. cn/htm/20184/23 _ 4763. htm。

《甘肃省甘南州迭部县人口情况》，2017 年 7 月 18 日，http：//www. 360doc. com/content/17/0718/16/19083799 _ 672354158. shtml。

碌曲县统计局：《2017 年碌曲县国民经济和社会发展统计公报》，2018 年 6 月 11 日，http：//www. gnztj. gov. cn/htm/20186/23 _ 4871 _ p4. htm。

于河谷地段，其城镇发展深受地理条件的限制。比如位于大夏河河谷的夏河县城，河谷平均宽度约 500～700 米，目前该县已建成城区面积 2.12 平方公里。随着夏河县经济的不断发展，扩大城区势在必行，但基于城市用地现状分析，夏河县比较有利的发展方向只能是向下游延伸，大概可向下游推进 4 公里，能争取到建设用地约 1.3 平方公里。

甘南州的社会文化因素也制约着城镇人口的规模化程度。甘南州艰苦的生存环境，民族交融的人文背景，往往会令外来人口有所顾忌，从而在一定程度上阻碍了外来人口的大量移入。在人口的内部流动方面，甘南州地广人稀，约全州人口一半的农牧民过着逐水草而居的生活，稀稀疏疏的定居点，隔山相望的距离往往是几公里或几十公里。分散、隔绝的生活方式使得牧民思想封闭，谋生方式简单，流动到城镇的可能性不大。可见，地理环境的限制，人口的分散，地域的封闭，经济的发展滞后，都成为甘南州城镇人口规模化发展的制约因素。

二、城镇发展不平衡及差距不断扩大

城镇发展不平衡对于甘南州而言存在双重含义，一是全区城镇发展与甘肃省和全国相比发展不平衡，存在外部发展的差距；二是区内不同城镇之间发展不平衡，存在明显的内部差距。而且，随着城市化进程的推进，甘南州城镇发展不平衡的差距还存在着持续扩大的趋势。

（一）甘南州城市化进程与甘肃省各区域相比存在着差距

改革开放以来，甘南州城市化速度明显提高，但与全省其他地区相比，速度相对滞后。首先，与全国相比，甘南州的城市化水平存在较大差距，且差距呈不断扩大的趋势。从城市化率分析，全国的城市化率从 1978 年的 17.92％提高到了 2010 年的

49.68%（按非农人口占全国总人口数计算）。① 2010 年，甘肃城市化率为 32.6%，而甘南州的城市化率则不到 30%，与全国平均水平相比，存在很大差距。与此同时，甘南州河谷城镇的地域限制、地广人稀的人口分布情况及文化教育的落后等因素，还在某种程度上使这种差距呈不断扩大的趋势。

其次，由于复杂的地理地貌、气候，经济发展水平、民族宗教等多种因素的长期综合影响，甘肃全省在客观上形成了多层次、多水平的城市发展格局。城市格局的形成与区域经济密切相关。"一个城市具有什么样的性质、职能，发展速度多快，不但取决于城市本身，而且取决于所处地理位置和区域经济的特点。"② 总体上看，甘肃省主要分为五大经济区域：以兰州为增长极的陇中经济区，包括兰州市、白银市、定西市、临夏回族自治州；以天水为增长极的陇东经济区，包括天水市、平凉市、庆阳市；陇南经济区，包括陇南市；河西走廊经济区，包括武威市、张掖市、酒泉市、嘉峪关市和金昌市；甘南经济区，包括甘南藏族自治州。③ 甘肃五大经济区域的发展状况被形象地概括为"一个甘肃，五个世界"，足见其区域差距悬殊。

钱纳里等著名经济学家依据工业化进程与城市化关系的一般变动模式，将"工业化过程划分为前工业化阶段、工业化初期、工业化中期、工业化后期和发达经济阶段等五个阶段"④。基于甘肃省城市化率为 32.6% 的指标进行分析，甘肃省刚步入工业

① 《中国城市化率（1949—2011 年）》，2013 年 3 月 5 日，http://wenku.baidu.com/view/7b497a2b915f804d2b16c18a.html。
② 王笛：《近代长江上游城市系统与市场结构》，《川大史学》专门史（二），成都：四川大学出版社，2006 年版，第 151 页。
③ 高新才、滕堂伟：《西北区域经济发展蓝皮书》（甘肃卷），北京：人民出版社，2008 年版，第 524 页。
④ 永昌统计局：《甘肃省区域经济社会发展差距分析》，2016 年 6 月 24 日，http://www.yongchang.gov.cn/Item/19637.aspx。

化中期阶段，而甘南州的工业化则处于初级阶段，并且在甘肃省五个区域中居于末位。与区域经济落后相对应的是，甘南州城镇化在甘肃省存在较大的差距。

甘南州经济发展迟缓的原因主要在于：甘南州是以农牧业生产为主的区域，其农牧业产值在全州生产总值中占有相当大的比重。第一产业所占比例过大，表明甘南州还是传统农业社会，且农牧业发展迟滞，无法为城镇化的快速发展提供足够多的财力和物力，这势必影响着城镇化的快速推进。工业是城镇化的助推器。但是，甘南州的工业起步晚，投资大，见效慢，发展滞后，在产业生产总值中占的份额过少。中国第二产业在国内生产总值中的份额是 50.9％，而甘南州只有 19.36％。[1] 第三产业是加快工农业发展的重要动力。交通、通信及商业的发展有助于工业生产分工带来的原料、产品市场问题，实现生产要素和城市要素的进一步聚集。城市"第三产业的比重越高，外部经济效应就越大，城市的聚集效应越高"[2]。近年来，甘南州第三产业占 GDP 的比例和年均增长率都高于中国的整体水平，表现出较好的发展态势。但是，甘南州第三产业的发展主要是行政事业单位过多造成的，年均增率也有行政事业单位膨胀扩张的影响。

甘南州城镇化水平与甘肃省及全国存在差距的主要因素有以下一些。首先，甘南州山大险峻、江河深切、河谷狭窄而陡峭的自然地理阻碍了交通等城镇基础设施建设的发展。由于区域投资环境相对较差，甘南州的城镇建设主要依靠政府财政拨款，资金投入单一与不足是该区域城镇化滞后的瓶颈。其次，区域经济发展慢，城镇化动力不足。1999—2000 年间，中国国内生产总值

---

① 刘庸：《甘南藏族自治州城镇化影响因素分析》，《甘肃民族研究》2007 年第 3 期，第 26 页。

② 郭光磊主编：《北京市城乡发展一体化研究》，北京：中国言实出版社，2016 年版，第 139 页。

年增长率为 12.59%，甘南仅有 9.80%。第三，甘南州文化教育不发达，人口素质低，观念落后，管理建设水平较低，这对其城镇化的推进产生了一定的制约。第四，甘南州民族的宗教信仰在某种程度上也制约了城镇化建设。民族宗教地区由于信仰不同，资源开发的难度也不一样。比如藏族的神山圣湖信仰，既保护了自然资源，又延缓了城镇化进程。

（二）甘南区域内城镇发展不平衡，差距较为明显

1. 城镇化的不平衡

改革开放以来，基于行政职能与区域经济不同层次的影响，甘南州的城镇化呈现出明显的发展不平衡。

从城镇人口规模看，发展最快的是全州的政治、经济、文化中心合作市，城镇人口规模约 10 万人；发展较快的是夏河、临潭、卓尼、迭部、舟曲五县的县城，城镇人口规模不少于 3 万人；发展较慢的是碌曲和玛曲两个县城，城镇人口规模 1 万~2 万人。

从城镇化水平看，2003 年，甘南州的城镇化水平从高到低分别为：合作市 56%，玛曲县城 25%，迭部县城 24%，夏河县拉卜楞镇 21%，碌曲县城 20%，舟曲县城 17%，临潭县城关镇 15%，卓尼县柳林镇 15%。[①] 2017 年，甘南州的城镇化水平从高到低分别为：合作市 57.1%，碌曲县 36.46%，临潭县 34.8%，卓尼县 30.1%，夏河县 28.2%，玛曲县 28.1%，舟曲县 28%，迭部县 24%。[②] 对比分析两组数据，首先，城镇化率居高不下的是州府所在地合作市，可见其政治中心地位对人口空

---

① 王舟英、益希卓玛：《甘南藏族自治州城镇化发展问题初探》，《甘肃民族研究》2004 年第 4 期，第 22 页。

② 甘南藏族自治州统计局：《2017 年甘南州人口变动主要数据公告》，2018 年 3 月 1 日，http://www.gnztj.gov.cn/htm/20183/74_4678.htm。

间聚集的吸引力十分稳定。其次，传统城镇临潭县城和卓尼县城的变化较大，在全州排名有所提升。三是新中国成立后新建城镇碌曲县城、玛曲县城和迭部县城的变化较大，其中玛曲县城和迭部县城经过较快发展之后明显跌落，这显然与其经济产业的兴起与稳定发展有很大关系。以玛曲县为例，1991年该县金矿业兴起，对人口的空间聚集有很大吸引力，但目前金矿业进入稳定发展时期，从业人员已经饱和，其对人口的吸引力也随之降低，进而使得玛曲的城镇化率下降。碌曲县近年来旅游业蓬勃发展，对人口的空间聚集有较大吸引力，因此，碌曲县的城镇化率上升也较快。基于甘南州各地区城镇化率的变化分析，城镇化率反映了一个城市政治地位及其产业经济的发展变化。

从城市用地规模看，2003年，甘南州各县城城区面积分别为合作市8.98平方公里，临潭县城3.8平方公里，夏河县城3.5平方公里，玛曲县城3.22平方公里，碌曲县城1.64平方公里，舟曲县城1.56平方公里，迭部县城1.5平方公里，卓尼县城1.2平方公路。[①] 城市用地规模最大的是州政府所在地合作市，其次是临潭、夏河、玛曲三县县城，其用地规模都是3万多平方公里，玛曲县城是新兴城镇中发展最快的。其余县城的城区面积都在2万平方公里以下。

城市规模的扩大和新兴城镇的出现是城市化的表现形式之一。从各县城镇的兴起情况看，2002年，甘南州通过"撤乡建镇"，将一批乡升格为小城镇，具体分布为夏河县设王格尔塘和阿木去乎两镇；临潭县设新城和冶力关两镇；卓尼县设木耳和扎古录两镇；碌曲县设玛艾和郎木寺两镇；玛曲县设尼玛一镇；舟曲县设大川一镇；迭部县设电尕一镇。其中合作镇升格为县级

---

① 王舟英、益希卓玛：《甘南藏族自治州城镇化发展问题初探》，《甘肃民族研究》2004年第4期，第21页。

市，其所辖通钦街道、当周街道、伊合昂街道和坚木克街道四个街道办事处的规模与城镇相当。据此分析，合作市发展最快，传统城镇夏河镇、临潭县城、卓尼县城次之。

综上，甘南州城镇化的地区差异比较明显。首先，区域中心城市合作市的发展速度最快。长期以来，中国的城市发展表现出"政治中心城市优先发展"的规律，其原因主要在于"中国历朝历代的统治者都是按照城市政治行政地位的高低来对城市进行规划、建设、治理。城市的政治行政等级越高，越受到统治者的重视，因而规划、建设的档次也就越高，城市的规模也就越大，投入的资金、人力、物力也就越多"①。改革开放以来，合作镇不断发展，并于1998年正式改制为县级市。随着行政级别的提升，合作市的城镇基础设施建设不断加强，投资环境得到较大改善，城市综合实力提高，在甘南州小城镇建设中发挥着越来越重要的示范和引领作用。

其次，传统城镇在人口规模，新兴城镇方面较快发展。人口与城市化呈良性互动。传统城镇由于其社会经济发展条件较好，历来就是人口密度较大的地区。城市在经济产业、交通运输、通信设施、居住环境等方面的优势是促进人口聚集的动力。人口的聚集可以促进文化、经验、技术的交流和碰撞，同时也可以促进科学、文化、娱乐、教育、卫生等公共设施的建立，从而既丰富了城市居民的文化生活，又提高了城市的人口素质，是城市可持续发展的人力资源。因此，传统城镇的人口规模较大是城市化人口聚集效应的结果。同样，新兴城镇数量上的优势也与传统城镇区位发展条件较好相联系。

最后，甘南州西部的新建城镇，其城市化水平比传统城镇更

---

① 何一民：《从农业时代到工业时代：中国城市发展研究》，成都：巴蜀书社，2009年版，第53页。

高。玛曲县城、碌曲县城、迭部县城等新建城镇城市化水平较高，其主要原因在于这些城镇的行政单位不断增长，进而促进了城市基础设施的建设，如城市道路、供水、供电、供气、绿化等，城市功能日趋完善，城市规模也不断扩大，所以城市化水平较高。在甘南州西部城镇中，玛曲县的城市化水平最高。这是因为玛曲县金矿业的崛起和发展，加快了工业化和城市化的发展进程。

2. 影响甘南城镇化不平衡发展的因素

首先，甘南州高原地貌的差异造成了层次分明的生产带：农业区、农牧交错区和游牧区。农业区和农牧交错区的生产生活条件相对较好，又是与汉族聚居地距离较近的地区，历史上已形成汉民族和少数民族杂居的格局，文化交流活跃，因而成为甘南州城镇化发展较快的区域。游牧区海拔一般在 3000 米以上，以游牧为生的牧民一直过着逐水草而居的非定居生活，2004 年国家在甘南实施定居点工程，拨款修建了一些定居点，但是牧民基本都在外放牧，因此，定居点即便有人入住，也只是少数老人和儿童。分散的居住生活限制了人口的聚集，同时也成为牧区城镇化的制约因素。

其次，甘南多民族多宗教的人文特点形成了以汉族为主体的汉文化圈、以藏族为主体的藏文化圈和以回族为主体的伊斯兰教文化圈。由于民族、宗教的特性，三大文化圈的城镇化存在着差异，与汉民族交往比较频繁的地带，其城镇化发展较快，如大夏河谷地、洮河谷地、白龙江谷地，即夏河、临潭、卓尼、舟曲等县发展较快。

此外，资源产业的崛起也是导致甘南州城镇化产生地区差异的重要影响因素。20 世纪 90 年代以来，玛曲县以金矿为主导的产业发展起来，成为县域支柱产业。矿产作为不可持续的资源产业，它的发展虽然依赖于矿产资源的储备量而具有特定的期限，但是，在矿业存续期间，它可以带动相关系列产业的发展，并促进城镇基础设施的建设。如玛曲县格尔珂黄金矿业公司成立以后，曾先后投资 45 万元修路建桥，改善城镇交通条件，进一步推动城镇经济的发展。玛曲县立足于矿业发展城镇产业，城市化进程加快，并在甘南州的发展中处于领先地位。

三、城镇发展在区域边缘的"中心效应"增强

（一）城镇发展在区域边缘的"中心效应"增强

区域边缘的"中心效应"指的是甘南州由于不同民族文化的"经济社会生态因子的互补性集聚"，或三省"交界"的边缘地域属性的"非线性相互协同作用，产生超越各个地域单元功能叠加之和的关联增值效益"。① 换句话说，由于区域边缘的特殊性，甘南州城市的发展不成比例，是非线性关系。这种发展在区域边缘则表现出特定的"中心效应"。

首先，改革开放以后，甘南州的城市辐射力逐渐增强，其中心城市不仅对甘南州起着很大的带动作用，而且其经济辐射力还扩展到区域之外的青海、四川等相邻地区。在青藏高原藏区中心城镇的变迁中，甘南州合作市的城市人口、规模、城镇化水平等均居于领先地位，城市辐射力较强，影响范围大。城市的辐射力是指中心城市对周边落后地区产生的辐射效应。当中心城市的辐射力跨越行政区划界限时，此辐射效应则集中体现为经济辐射力。城市的经济辐射力通常沿交通线路展开。合作市以 213 国道与兰州、成都、昆明等省会城市相联系，以省道 306 连接临潭、卓尼、岷县、天水等地。交通的通达促进了商业的繁荣，而合作市也日益发展成为甘南州，乃至甘、青、川藏区最大的物资集散地。由内地进入藏区的物资从

---

① 顾朝林、于涛方、李王鸣等：《中国城市化：格局·过程·机理》，北京：科学出版社，2008 年版，第 282 页。

合作分流到州内各县及四川、青海毗邻藏区，有的则转运到西藏的拉萨等地，甘南州所产的畜产品、木材、药材也多由合作市运往外地。工业上，合作市是甘南州基础最雄厚的工业区，其工业发展在甘南及甘、青、川区域产生了一定的影响。如合作市的甘肃华羚乳品集团公司不仅可以加工甘南当地及四川阿坝、甘孜，青海玉树、果洛、黄南等地牧区的曲拉原材料，还可以收购新疆伊犁，西藏拉萨、那曲等地牧区的曲拉原材料。企业年收购量已占曲拉上市量的 80%。

其次，甘南城镇体系较为完善，体系各要素整体效应增强。改革开放前，青藏高原藏区的城镇体系很不完善，仅西藏设有地级市。1998 年，合作市成立。2002 年，王格尔塘、阿木去乎、冶力关、郎木寺等 11 个乡升格为建制镇，标志着甘南州"县级市—县—中心镇——一般镇"的城镇体系的形成，而青藏高原的果洛、黄南、甘孜、阿坝等藏区都没有县级市。对"后发"藏区而言，县级市的确立标志着城镇体系核心力的形成。在甘南州，城镇发展以县级市为龙头，体系"各要素（城镇）通过物质流、能量流和信息流的传输和交换"①，从而促进了区域各要素整体效应更有效的发挥。

甘南州城市化水平总体呈较快发展趋势。从农村地区新兴城镇数量分析，改革开放以来，青藏高原藏区的小城镇渐次兴起，各藏区的建制镇都有不同程度的增加。

---

① 陈涛（陈彦光）、王永洁：《城镇体系相关作用的分形研究》，《科技通报》1997 年第 13 卷第 4 期，第 233 页。

表 4-1　青藏高原藏区建制镇平均数分布表

地名	建制镇（个）	平均每县建制镇（个）	地名	建制镇（个）	平均每县建制镇（个）
海南	15	3	海北	11	2.75
甘南	15	2.14	阿坝	27	2.07
黄南	8	2	西藏	114	1.6
果洛	8	1.6	甘孜	26	1.44
迪庆	3	1			

　　根据表 4-1，甘南州每个县建制镇平均数在青藏高原藏区中居于前列。平均建制镇数量大于 1，表明区域内除了县城中心镇之外，还有建制镇的兴起。镇作为城镇体系中的一个节点，它的兴起与发展可以增强区域城镇的整体辐射力，对区域城镇中心效应的发挥有积极作用。城镇数量的增加，不仅仅有量的意义，更重要的是小城镇的多类型和职能的多元。就甘南州而言，其15 个建制镇除了 7 个县城中心镇外，其他的城镇，有基于工业兴起的王格尔塘镇，因旅游业兴起的冶力关镇、郎木寺等镇，还有农牧产品加工和贸易镇阿木去乎、新城、木耳等镇。不同类型小城镇的兴起反映出甘南州的产业特色。小城镇类型分工不同，职能也不同。15 个小城镇既有政治、经济、文化的综合性中心城镇，又有以特色产业为主的城镇，它们在整个城镇体系中互相联系、互相补充，从而形成区域整体效应。

（二）城镇在区域边缘"中心效应"增强的动因

　　区域发展的非均衡性是世界各国各地区的普遍现象，由于自然地理的地域差异和政治区划的行政分割，导致了中心—边缘的区域发展格局。中心和边缘是相对的，"从现实的角度看，中心—边缘结构会在中心与边缘两极间的相互依赖中得到不断增强，而在历史的维度中，中心—边缘结构却不是永恒的"①。换言之，在一定历史条件下，区域的边缘与中心可能会发生改变。譬如，甘南州合作市的前身黑错，曾是历史上甘南地区两大中心城镇——夏河县城与临潭县城的边缘，却在短短几十年中发展成为全州的中心城市。区域边缘具有两重意义，既有发展中的弱化，也有变迁中的优势。甘南州之所以能在区域边缘中表现出发展的"中心效应"，其原因如下。

首先，区域边缘具有"相邻地域所共有的属性，区位优势显著，资源组成更为丰富，具有很强的关联纽带作用，加之多样性环境（包括社会、经济与自然环境）的叠合、延展，所蕴藏的生态位数量与质量都远高于地域腹心区"②。边缘区是对应于同级系统的核心区而存在的，"边缘区与核心区具有相对性，特定层次的多个相邻地域相互作用，在共同的边缘叠合区形成新的结构"，进而发展为新系统的区域中心。③ 甘南藏传佛教的发展就充分显示了这种边缘叠合作用。甘南作为青藏高原的边缘，远离藏传佛教的中心拉萨而存在。1709年拉卜楞寺建立以后，随着格鲁派在安多藏区的传播④，甘南的宗教地位产生了边缘功能叠合的提升，拉卜楞不仅成为安多藏区的宗教中心，而且是青藏高原文化边缘的中心，享有"第二西藏"之美誉。安多藏区宗教文化的中心地位不仅增强了区域族群的认同力和凝聚力，同时也使

---

① 张康之：《合作的社会及其治理》，上海：上海人民出版社，2014年版，第68页。

② 郭荣朝：《省级边缘区城镇化研究》，北京：中国社会科学出版社，2006年版，第32页。

③ 郭荣朝：《省级边缘区城镇化研究》，北京：中国社会科学出版社，2006年版，第32页。

④ 安多藏区地理范围包括青海省的果洛藏族自治州、海西蒙古族藏族自治州、海南藏族自治州、海北藏族自治州、海东地区和黄南藏族自治州；甘肃省的甘南藏族自治州，天祝藏族自治县；四川省的阿坝藏族羌族自治州等地区。

得以宗教活动为目的的人口在更大范围内流动。如每年拉卜楞的正月法会就有五六万名群众前来朝拜和观看,多的时候游客可达到十万以上,包括来自甘肃、青海、西藏、四川等地的藏族群众及海内外游客。可见,甘南区域边缘特殊的地缘优势与资源、生态特性使其具有独特的聚居引力。这里著名的藏传佛教宗主寺院和高山草原、峡谷森林、湿地等丰富的自然景观和人文景观,都是甘南州旅游业迅速发展的重要因素。目前,旅游业已成为甘南州的经济增长极,大量游客的涌入,不仅促进了餐饮、住宿等第三产业的发展,而且当地群众在与游客的交流中也获得了新的信息和知识,促进他们改变传统意识,从而实现人的现代化转型,为推动城镇化提供人才资源。

其次,区域边缘在文化交流方面的易发性及变迁的可行性,加快了城镇化进程。甘南州处于汉藏文化过渡的"边缘",既促进了多元文化的碰撞与交流,又因该地处于汉文化和藏文化的边缘,受两种文化中心主流和传统的束缚力相对较弱,更容易适应时代的变迁。随着经济的发展和甘南州对外联系的增强,越来越多的当地民众认识到知识的重要性,他们主动将孩子送入学校学习科学文化知识。近年来,夏河县考取中专、大专、本科、研究生的人也越来越多。而且他们自发组织学习,如科才乡的农牧民群众组织了给中小学生补习汉语、英语和其他文化课程的补习班,并请外地专业老师帮助孩子们提高学习成绩,每期至少有200名学生参加补习;九甲乡、甘加乡等乡镇的农牧民群众也自发办起了劳动技能培训班,帮助群众学习科学知识。[①] 甘南州适应现代化的调适还反映在宗教信仰上,虽然藏传佛教在甘南根深蒂固,但是,由于计算机和互联网的进入及旅游业发展所带来的

---

① 任弼霞:《改革开放后藏族社会文化变迁》,《文学界》2010年第5期,第261页。

文化冲击，客观上在一定程度加速了宗教的世俗化进程。尤其是以"80"后为主的年轻僧人，互联网已成为他们生活的一部分，他们开始憧憬"外面的世界"，学习汉语、英文，以及能说一口流利的汉语、英语，成为年轻僧侣的时髦追求①，而普通藏族人民的许多传统观念和行为模式也发生了变化，如宗教活动仪式和宗教信仰形式上的淡化。甘南州的文化调适从一个侧面反映出区域边缘的文化易变性，显示出传统文化与现代文明结合的发展趋势，这也是推动城市化进程的动因。

此外，汉藏文化过渡区的"边缘"特性还促进了经济的发展。自古以来，这里就是农牧业交错发展的区域。目前，依托农业、牧业、林业、矿产及水电资源，新的产业不断兴起，并带动了不同类型的小城镇的发展，进而加速了城镇化的进程，从而使甘南州在青藏高原东缘的辐射力不断增强。

---

① 王秋花：《论互联网对藏传佛教寺院僧人教育的影响》，《北方民族大学学报》（哲学社会科学版）2011年第4期，第15～16页。

第五章　甘南州区域发展与城镇化

改革开放以来，尤其是国家西部大开发战略的实施，使甘南州的城镇化建设迎来了新的发展契机。在时代变迁中，全国的城镇化水平呈快速发展态势，甘南州的城镇化水平也取得了一定成效，建立了城镇体系的梯次结构，区域中心城市的地位日益凸显，交通得到了极大改善，产业结构得到了优化，区域经济发展前景良好。不过，由于生态环境的脆弱、产业经济的落后，交通系统的不完善，劳动力素质较低，以及"行政边缘区"发展弱势等因素的综合影响，甘南州的城镇化水平仍相对滞后，主要表现在城镇化建设起步晚，区域中心城市太少，城镇凝聚力低和发展不平衡等方面。

第一节　区域城镇体系的变迁与城镇化

城镇体系也称城市体系、城镇系统（urbansystem），其概念形成于 20 世纪 20 年代至 60 年代。1960 年，美国学者邓肯（O. D. Duncan）等在《大都市与区域》一书中首次提出了城市体系的概念。1978 年，加拿大学者鲍恩（L. S. Bourne）与西蒙斯（J. W. Simmons）出版了《城市体系》一书，该书详细阐述和探讨了城镇体系问题。城镇体系"是指一定区域范围之内由职能各异、规模不等，既相互分工，又密切协作的城镇组成的空间组织形式"①。作为区域经济的"骨骼系统",② 城镇体系的变迁既是区域政治、经济发展的必然结果,同时又对该地区经济的发展起着重要作用。

一、甘南州城镇体系的现状与特点

(一) 城镇体系的现状

新中国成立初期,今甘南州辖地分属岷县专署、临夏专署和武都专署,其中临潭、卓尼属岷县专署,夏河属临夏专署,西固属武都专署。1953 年,甘南藏族自治区成立,辖夏河、卓尼、临潭和西固等地。1954 年,甘南藏族自治区正式更名为甘南藏族自治州。1962 年,甘南州辖地由四县增为七县,它们分别为夏河县、碌曲县、玛曲县、临潭县、卓尼县、舟曲县和迭部县。1997 年,全州共有 7 个县、4 个镇。1999 年,全州共设 7 个县、1 个市、4 个镇。2002 年,全州共设 1 个市、7 个县、15 个镇和4 个街道办事处。甘南州成立以来,其城镇的发展一直较为稳定,并初步形成了以合作镇为区域中心城市,以县城镇为中心镇,以一般镇为基础的城镇体系。

有学者认为"以内涵发展和可持续发展为基本原则,构建一个量级结构合理、功能完备协调的大城市—中等城市—小城市区域城镇网络体系"③,是西部地区的城镇化道路。作为欠发达的西部民族地区,甘南州经济社会发展水平低、基础差、实力弱,这是客观现实。因此,甘南州城镇体系的变迁具有浓郁的政治、

---

① 张敦勋:《区域经济学原理》,北京:中国轻工业出版社,1999 年版,第 63 页。

② 谢文蕙、邓卫:《城市经济学》(第 2 版),北京:清华大学出版社,2002 年版,第 90 页。

③ 蒋致洁:《甘肃民族地区城镇化问题新探》,《兰州商学院学报》2003 年第 2 期,第 36 页。

民族、宗教色彩。

行政区划作为地方政治制度的一部分，其创设和变迁，首先要服从于政治目的和政治需要。民族区域自治是国家在民族地区推行的政治制度。民族区域自治赋予了甘南州充分的自治权利：自治州有权依照当地民族的政治、经济和文化特点，制定自治条例和单行条例；可以自主地安排和管理本地方的经济建设事业和开发、利用当地自然资源；可以自主地安排和使用本地方的财政收入和中央、省政府拨给的财政补贴；可以自主地发展民族教育和具有民族形式及民族特点的文学、艺术、新闻、出版、广播、电影、电视等文化事业。①

新中国成立初期，由于交通闭塞、经济落后和匪患破坏等因素，甘南州的社会很不稳定。一方面，甘南土司、寺院的势力和影响依然很强大，国民党台湾当局支持的匪患也不断；另一方面，历史遗留的草山争斗事件时有发生，种植、加工、贩卖和吸食鸦片的现象十分严重。为此，中国共产党甘南区委员会在甘南做了大量的工作。1953年春，经过30多次激烈战斗，中国共产党消灭了甘南地区的国民党残余顽匪。同时，中国共产党甘南区委员会还取得了禁烟、解决历史遗留问题——草场纷争的胜利，初步实现了对甘南地区社会秩序的稳定，为甘南州的成立创造了条件。

1953年9月25日至30日，在拉卜楞召开了甘南藏区各族各界人民代表大会，正式成立甘南藏族自治区人民政府。为了举国同庆，将自治区的成立日期定为10月1日。自治区成立时，辖夏河、临潭、卓尼三县和舟曲、碌曲、玛曲三个行政委员

① 《甘南五十年》编纂委员会：《甘南五十年》，三门峡：河南三门峡彤文化艺术有限公司，2003年版，第12页。

会。① 1955 年 7 月，甘南藏族自治区更名为甘南藏族自治州。直至 1962 年，甘南州的行政建置才基本完成，全州共设 7 县，其中州政府所在地合作镇设在夏河县原黑错乡。这一时期，合作、碌曲、玛曲和迭部都是行政区域领导机关所在地，行政管理是其重要的城镇职能。

改革开放以来，甘南地区城镇化的道路基本是以政治中心合作市（镇）为首位，重点发展小城镇。1996 年 6 月，经国务院批准，甘肃省人民政府正式同意设立合作市，以夏河县的合作镇及那吾、佐盖曼玛、佐盖多玛、卡加曼、卡加道、勒秀、加茂贡等 7 乡为合作市的行政区域，市人民政府驻合作镇。经过筹备，合作市于 1998 年 1 月 1 日正式挂牌运作。

合作镇从行政级别上升格为县级市，这不仅给甘南州经济社会带来了新的发展契机，还为城镇人流、物流、财流、信息流的聚集、扩散和转换、交流提供了有利条件，从而加速了甘南城镇体系的建设进程，使甘南州 1 市 7 县 15 镇的城镇体系基本形成，其结构为中心城市合作—县城—中心镇—一般镇。在甘南州城镇体系中，县级市合作市建市不久，相对 7 个县城而言，首位度较低，中心镇与一般镇之间的等级层次不明显。

（二）甘南州城镇体系在甘肃城市体系中的地位

基于"系统"而言，城镇体系是由逐级子系统组成的具有等级性或层次性的体系，其各组成要素按其作用有高低等级之分。② 全国性的城镇体系由大区级、省区级体系，地区级或地方级的体系组成。因此，解读甘南州城镇体系在甘肃"省区级城镇体系"中的地位，有助于更好地分析甘南州城镇体系的现状。

---

① 中国人民政治协商会议甘南藏族自治州委员会文史资料研究委员会：《甘南文史资料选辑》第三辑，内部资料，1984 年版，第 132~133 页。

② 周一星：《城市地理学》，北京：商务印书馆，1995 年版，第 396 页。

　　新中国成立以后，甘肃省城镇建设经历了设市——撤市——恢复和增设三个发展阶段，最终形成了以兰州为中心，以天水、白银、酒泉、嘉峪关、金昌、张掖、武威、平凉、庆阳、定西、合作、临夏、敦煌为节点，其他小城镇为基础的城市体系。从结构来看，甘肃的 14 个城市中，特大、大、中、小城市比例为 1：0：2：11，呈"工"字型。显然，甘肃省没有大城市，中等城市的数量偏少。按照城市规模的划分原则，甘肃非农业人口上 100 万人的特大城市只有兰州市；非农业人口在 20 万至 50 万人之间的中等城市有天水市和白银市，其他 11 个城市均为非农人口在 20 万人以下的小城市。在甘肃省的 65 个县城中，人口规模在 3 万人以下的占一半，2 万人以下的约 25 个。[1] 全省城市的现代化水平，根据《2003 年甘肃年鉴》测算的综合指数高低排序，依次为兰州 77.68，金昌 69.77，玉门 67.90，嘉峪关 67.79，白银 66.63，敦煌 65.92，临夏 60.94，酒泉 60.86，平凉 60.79，合作 58.71，庆阳 55.7，天水 54.67，张掖 51.83，武威 41.55。[2]

　　目前，在甘肃省构建"一轴、一圈、四片"的省域城市体系中，甘南州处于"四片"的区域。具体而言："一轴"是指依托西陇海兰新线和与其相结合的国道公路干线为城镇发展布局的轴线，"一圈"是以兰州为核心的兰州城市圈，"四片"是以平凉、庆阳为主的陇东城市片，以天水为主的陇南城市片，以合作为主的甘南城市片，以武威、张掖、酒泉、嘉峪关为主的河西城市片。[3]

---

　　① 范雪涛、张贡生：《如何加快甘肃城镇化进程》，《西部论丛》2006 年第 9 期，第 35 页。

　　② 徐清泉、张永刚：《甘肃城市现代化水平分析及对策》，《社会纵横》2007 年 9 期，第 17 页。

　　③ 徐清泉、张永刚：《甘肃城市现代化水平分析及对策》，《社会纵横》2007 年 9 期，第 18 页。

市片。①

可见，甘南州城镇体系是甘肃省城镇体系的重要组成部分，为"四片"中的一片。但在"四片"中，甘南州的发展水平相对落后，城镇体系不完善，缺乏具有强劲聚集力和辐射力的中心大城市，因此，强化合作市的中心功能，加快合作市的产业聚集、人口聚集，以此带动甘南地区城镇的跨越式发展，将成为甘南州今后一段时期的一个重要任务。总之，进一步完善甘南州城镇体系不仅关系到甘南地区的发展，而且也关系到甘肃全省的整体发展。

（三）甘南州城镇体系的基本特征

1. 区域城镇体系结构不均衡

改革开放以来，随着经济建设的不断发展，甘南州的城镇建设取得较大的发展，随着合作镇升格为县级市和新的小城镇的兴起与发展，甘南州民族地区的城镇体系基本形成。但是，从促进地区经济发展的角度而言，甘南州民族地区的城镇体系还亟须完善。首先，基于高原自然环境和人文条件的限制，甘南州城镇的平均人口规模都偏小，城镇体系中没有大、中城市，合作市作为州政府所在地，其行政级别升格为市主要源于政治地位的重要性，并不是经济发展水平达到建市标准而升级的，因此，合作市仅属于县级市。其次，由于甘南州受高山峡谷的地形影响，交通和城市用地面积受限，区域城镇分布不均衡，东部和北部的城镇密度大于西部和南部。

2. 在全省城镇体系中发展相对滞后

改革开放以后，特别是西部大开发以来，随着国家一系列经济政策的出台，国家工业建设不断推进，经济建设迅速崛起，甘

---

① 徐清泉、张永刚：《甘肃城市现代化水平分析及对策》，《社会纵横》2007 年 9 期，第 18 页。

肃省经济社会的发展速度也明显提高。但是，在复杂的地形地貌、气候、经济、社会发展历史等多种因素的长期影响下，甘肃省不仅与西部地区其他 11 个省（市、区）相比较，其发展速度比较靠后，而且甘肃省内不同区域之间的发展不平衡也十分明显。

总体上看，甘肃省由五大经济区域组成：以兰州为增长极的陇中经济区，包括兰州市、白银市、定西市、临夏回族自治州；以天水为增长极的陇东经济区，包括天水市、平凉市、庆阳市；陇南经济区，包括陇南市；河西走廊经济区，包括武威市、张掖市、酒泉市、嘉峪关市和金昌市；甘南经济区，包括甘南藏族自治州。① 各区域虽然获得了快速发展，但是发展的速度和水平都存在较大差距，且差距不断扩大。

表 5-1　甘南在全省各区域经济发展排序中的位次表

排序指标	年份	序列（从高到低）	甘南州所处位次
人均生产总值	1985 年	陇中、河西地区、甘南、陇南、陇东	第三
	1990 年	河西地区、陇中、陇东、甘南、陇南	第四
	2003 年	河西地区、陇中、陇东、甘南、陇南	第四
	2010 年	河西地区、陇中、陇东、甘南、陇南	第四
城镇化水平	1985 年	河西地区、陇东、陇中、陇南、甘南	第五
	1990 年	河西地区、陇中、陇南、陇东、甘南	第五
	2003 年	河西地区、陇中、甘南、陇东、陇南	第三
	2010 年	陇中、河西地区、陇东、甘南、陇南	第四

① 高新才、滕堂伟：《西北区域经济发展蓝皮书》（甘肃卷），北京：人民出版社，2008 年版，第 524 页。

续表

排序 指标	年份	序列（从高到低）	甘南州所 处位次
城镇居 民人均 可支配 收入	1985 年	——	——
	1990 年	——	——
	2003 年	河西地区、陇东、陇中、陇南、甘南	第五
	2010 年	河西地区、陇东、陇中、陇南、甘南	第五

资料来源　根据高新才、滕堂伟：《西北区域经济发展蓝皮书》（甘肃卷）、《甘肃省年鉴》1990 年和 2011 年相关数据整理而成，1985 年、1990 年城镇居民可支配收入由于缺失相关数据，暂未有统计结果。

从改革开放以来各时段的人均生产总值、城镇化水平、城镇居民可支配收入比较，西部大开发以后，甘南州的城镇化发展速度有所提高，但是人均生产总值和城镇居民可支配收入在甘肃省各区域中仍相对滞后，这说明甘南州城镇经济的总量较小，是甘肃省城镇经济发展相对滞后的区域。

二、区域城镇体系与城镇化

甘南州城镇体系的初步形成和发展，新的小城镇的兴起和建设，成为巩固区域空间联系的纽带，促进了甘南藏族自治州的行政区建设，并形成一种互动局面，对甘南州的城镇化建设有着重要的推动作用。

（一）城镇体系梯次结构的基本形成，改变了甘南州城镇发展的不平衡状态

1953 年，甘南藏族自治州建立之时，全州城镇共 4 县（1 设治局），城镇数量少，相互联系薄弱，城镇体系不完善。甘南州先后新建碌曲、玛曲和迭部 3 县，直至 1962 年，全州城镇增加到了 7 县，其中州政府设在夏河县的黑错乡（后更名为合作镇）。

作为甘南州的政治中心，合作镇既是"组织和指挥区域经济发展的核心"，又是"具有产业竞争优势、信息扩散、物流调配、技术创新以及资金融通和管理能力的地区"①，对全州的社会经济发展产生吸引和辐射作用。因此，以合作镇为经济中心，甘南地区沿国道 213 往北 34 公里处形成了王格尔塘镇，往西南 42 公里处形成了阿木去乎镇，沿洮河东南 68 公里处形成了扎古录镇。这三个镇恰好以合作镇为中心呈三角形分布，其区域外围即夏河、卓尼、临潭和碌曲四县。作为合作镇与夏河、卓尼、临潭、碌曲之间的中心城镇，王格尔塘镇、阿木去乎镇和扎古录镇 3 镇正好弥补了合作镇与县域中心之间城镇空间的梯度不足。此外，在甘南州西南部的广大牧区，设立碌曲、玛曲两县和玛艾镇、郎木寺镇两镇，这对改变甘南州西南区域城镇发展滞后的状态意义深远。

（二）城镇体系的变迁有利于促进一批区域中心城镇的崛起，成为城镇化的重要增长点

城镇体系的变迁是多积点增长战略的必然结果。多积点增长战略就是在特定的区域环境中，采取一定的优惠措施，在一些区位条件较好的地点扶植和建立一批区域中心城镇，使之成为新的经济增长点。② 小城镇处于乡村之首、城市之尾，是统筹城乡发展的关键节点，也是构成城镇体系的重要组成部分，是区域城镇发展的增长点。改革开放以后，甘南州城镇体系逐渐形成了中心城市、县城、中心镇和一般镇的城镇等级规模和层次，整个城镇体系以公路干线为依托，沿交通线路新建了一批小城镇，这既有

①　徐群：《中心城市在西部城市化发展中的作用》，《广东技术师范学院学报》2003 年第 5 期，第 34 页。
②　张曾芳、张龙平：《运行与嬗变——城市经济运行规律新论》，南京：东南大学出版社，2000 年版，第 403 页。

利于充分发挥区域内各"增长极"的带动作用，又增强了城镇对广大农村的多重辐射和扩散作用。

新中国成立以来，甘南地区由于多年来经济欠发达，城镇建设处于起步阶段，城镇体系结构不完善，城镇布局松散，小城镇作为县乡之间连接的经济增长点十分缺乏。直至国家西部大开发战略实施之时，甘南州全境的建制镇仍只有拉卜楞镇、柳林镇、临潭县城关镇和舟曲县城关镇4个，这显然不利于县乡之间的经济互动和相互影响。2002年，根据全州各县下辖乡的经济发展情况，甘南州加快了撤乡建镇的步伐，一些地理区位条件较好，产业结构凸显的乡村脱颖而出，升格为镇，它们分别是玛曲县的尼玛镇、碌曲县的玛艾镇、郎木寺镇，舟曲县的大川镇，迭部县电尕镇，卓尼县有木耳镇、扎古录镇，临潭县的新城镇、冶力关镇，夏河县的王格尔塘镇、阿木去乎镇。增设的11个镇基本位于甘南州内的国道和省道等交通要道边，甘南州第一个机场——拉卜楞机场也位于阿木去乎镇，便利的交通使它们的市场和经济开发潜力增大，而它们的经济崛起又必将对周边产生吸附作用，并围绕各自的中心城市呈涟漪式展开。这些大大小小的城镇不仅是县域经济的重要支撑，同时在整个区域城市经济上联动共生，以城镇体系的片状发展促进区域城镇化。

第二节　城镇化水平的现状及发展相对迟滞的原因分析

城镇化是现代经济增长的重要推动力，反映着一定区域的经济发展水平。由于生态环境的脆弱，产业经济的落后，区域交通的不发达，劳动力素质较低，以及"行政边缘区"发展弱势等方面的综合影响，甘南州的城镇化水平比较落后，总体表现为城镇起步晚，发展历史短，区域中心城市太少，城市凝聚力较低，发展呈不平衡状态。

一、甘南城镇化水平的现状

城镇化是人类文明进步的必然趋势，它在世界的各个角落发生着，并深刻地影响着人类的生活。19 世纪初，全世界城市人口的比重只有 3％，20 世纪末，地球上已经有 50％的人生活在城市中。中国城镇化的起步始于近代，至今已走过百余年的历史，其间经历了内忧外患的近代起步阶段和计划经济体制下的初级阶段，于改革开放以后迈入了蓬勃发展的加速时期。从 19 世纪中叶到 1949 年新中国成立，我国的城镇化发展速度极其缓慢，城镇化仅从 5.6％增长到 10.9％。1949—1979 年，我国的城镇化速度年均增长 0.28％，而 1980—1994 年这一速度上升为0.97％。[①] 自 1998 年以来，我国城镇化水平每年都保持 1.5％～2.2％的速度增长，至 2010 年，全国城市化率已达 49.68％，处于 30％～70％的城镇化快速发展时期。但是，由于我国区域经济发展的不平衡，东西部地区存在明显差距。2004 年，西部地区平均城镇化率是 34％，甘肃是 28.6％[②]，甘南州是 23％[③]，与全国平均水平相差 18.7 个百分点，并低于西部平均水平。据分析，甘南州城镇化发展主要有以下几个特点。

（一）城镇历史悠久，但城镇化起步晚，水平低

甘南地区的城市有久远的历史，自古就是汉藏交流的前沿地带，是承接内地，沟通青藏的特殊区域。为加强对甘南地区的控制，历代中原王朝都十分重视在甘南地区建立郡县，并以移民屯

---

① 谢文蕙、邓卫：《城市经济学》，北京：清华大学出版社，2002 年版，第 86页。

② 高新才、滕堂伟：《西北区域经济发展蓝皮书》（甘肃卷），北京：人民出版社，2008 年版，第 454 页。

③ 《甘南藏族自治州能源发展研究报告》（调研资料）。

兵的方式修筑城镇，促进了甘南州早期城镇的发展。

表 5－2　新中国成立前甘南地区城镇建置情况表①

朝代	城镇	城镇数
西汉	白石县、羌道县、珊瑚城、荼城	4
东汉	白石县、羌道县	2
三国	白石县、洮阳城	2
西晋	永固县、洮阳县	2
东晋十六国	治所城镇 2 个，军事城池 4 个	6
南北朝	治所城镇 5 个	5
隋朝	治所城镇 3 个	3
唐	治所城镇 4 个，军事驻地 4 个（军事镇 1 个）	8
北宋	洮州、循化、怀羌、讲朱、叠州、通岷寨、沙滩寨、武平寨、峰贴峡寨	9
南宋	洮州、循化	2
元	治所城镇 2 个	2
明	洮州卫治所、西固、旧洮州寨、卓尼寨、平定关、花石关	6
清	洮州厅、卓尼、拉卜楞、沙沟、旧洮州堡、太平寨、平定关、化石关、武都关、西固堡、峰贴峡寨	11
民国	夏河、临潭、舟曲、卓尼设治局	4

　　根据表 5－2 统计数据显示，今甘南州所辖各地虽然历代的行政归属不同，但城镇建制基本上是延续的，城镇数量最多的是清代，有 11 个，最少的时候也有 2 个（元代）。历史上今甘南州地区的城镇主要是中原王朝经略边地的防御屯兵城堡，城镇的政

---

　　①　张惠：《甘南州城镇体系的时空演进与结构优化研究》，兰州：西北师范大学硕士学位论文，2011 年。

治、军事职能突出。

城市化程度是一个国家经济发展，特别是工业生产发展的一个重要标志。早在原始社会向奴隶社会过渡时期，世界上就出现了城市。但是，城市的发展和城市人口的增加极其缓慢。直到1800年，全世界的城市人口只占总人口的3％。到了18世纪，随着产业革命的兴起，机器大工业和社会化大生产的出现，城市人口才得以迅速增长，西方资本主义国家的城市化也随之开始。19世纪60年，中国近代工业开始，但是城市化的发展非常缓慢。1950年，世界城市化率为28.2％，中国为11.18％。与世界发达国家相比，中国的城镇化起步明显滞后。而甘南直到20世纪50年代才兴起近代企业，城镇化也才开始起步。

表5-3 改革开放以来全国、甘肃省及甘南州城镇化率对比表①

区域	1980年	1985年	1991年	1995年	2001年	2004年	2011年
全国	19.39％	23.71％	26.37％	29.04％	37.66％	41.76％	47.00％
甘肃	15.15％	17.86％	22.27％	23.05％	24.51％	28.6％	37.15％
甘南	12.70％	12.90％	15.80％	16.80％	18.00％	23.00％	24.67％

从表5-3数据分析，甘南州不仅城镇化起步晚，而且发展缓慢，与甘肃省、全国的差距在不断扩大，城镇化水平明显滞后。

---

① 此数据统计根据《甘肃省年鉴》（2011）、《甘南州年鉴》（1991—1995，2001—2003）、《甘南藏族自治州能源发展研究报告》（调研资料）、《中国城市化率（1949—2011）》（http://wenku. baidu. com/view/7b497a2b915f804d2b16c18a. html）、《2011年甘肃省国民经济和社会发展统计公报》（http://www. gansu. gov. cn/content/2012-03/67656. html）、《2011年甘南藏族自治州国民经济和社会发展统计公报》（http：//www. gstj. gov. cn/doc/ShowArticle. asp？ArticleID=13389）等资料整理。

（二）区域中心城镇的聚集力和辐射力不强

中心城市的城市性质具有多职能、综合性等特点，除包括生产、服务、金融和流通等作用外，大多是政治和行政管理中心、交通运输中心、信息与科技中心和人才密集之地。基于聚集辐射影响范围的大小分析，城市可以分为全国性、区域性和地方性等不同的等级。著名经济学家、国家发改委咨询专家周立群认为，"一个国家的地位，不是由某一个区域大小来定，而是由特大城市的地位所决定"①。可见，中心城镇的聚集辐射力不仅对某一区域，甚至对一个国家的发展都有很大影响，而城市规模、经济发展水平、城镇体系、交通状况等因素又决定了中心城镇聚集辐射力的强弱。

首先，城市人口规模是决定城市规模的重要指标之一。城市规模越大，城市的经济实力就越强，对区域的聚集力和辐射力也就越强。从城市人口规模看，甘南州中心城镇合作市人口不足10万，属于20万人口以下的县级小城市，城区面积不足10平方公里。显然，合作市的城市规模十分小，城市的聚集力和辐射力远远落后于大城市。

其次，合作市城区工业化水平和经济发展水平较低，第三产业虽然居于主导地位，但以商贸流通、教育、餐饮、住宿等传统产业为主，与生产密切相关的信息、科学研究、技术服务、金融等新兴产业发展滞后，城区无法承担为乡村提供信息、技术和资金支持的职能，致使城区对周边乡村的辐射带动能力较弱。

第三，中心城镇完善的城镇体系是扩大城镇聚集力和辐射力的重要载体。目前，合作市除设立通钦、当周、伊合昂和坚木克四个街道办之外，没有建制镇，城镇体系网络尚未形成。经济实

① 周放主编、刘康副主编：《重庆：国家中心城市建设研究》，北京：光明日报出版社，2010年版，第64页。

力较弱的街道办对距离城市中心较远的乡村，辐射作用微弱，许多牧民去城里只为采购生活用品，城乡间生产要素、产品、信息、人员等交流较少。

在交通方面，甘南州地处高寒地区，属于国家扶持的民族贫困地区。目前，甘南州实现了州府合作市通高速公路，王格尔塘镇至夏河镇的高速公路已开工建设。甘南夏河机场建成通航。全州公路总里程达 7705 公里，其中：高速公路 68 公里，占总里程的 0.88%；二级公路 839 公里，占总里程的 10.89%；三级公路 773 公里，占总里程的 10.03%；四级公路 4831 公里，占总里程的 62.7%；等外公路 1194 公里，占总里程的 15.50%。公路密度达 17.10 公里/百平方公里。[①] 可见，甘南州至今还没有通达城镇的铁路，且高速公路所占比重也很低。区域交通系统不完善，对外联系相对封闭，加之合作市"处于我国对外开放的最后一级，开放度低，与外界的交流少，参与经济大循环的能力和机会不多"[②]，这不仅限制了合作城市自身的发展，而且也降低了中心城市的聚集力和辐射力。

（三）城镇发展的不均衡

根据系统学非平衡原理，甘南州城镇发展的不均衡是由于区域城镇系统中各城镇的"互补性、非线性和差异性"造成的。在甘南州城镇经济发展的背景系统中，山脉、河流与草原组合而成的地理环境是当地的基本元素。这些元素本身就存在着"互补性、非线性和差异性"。地理环境的组合特征决定了甘南经济方式的多种发展形态，即绿洲农业、草原游牧与半农半牧生产方式

---

① 甘南藏族自治州人民政府：《甘南州交通运输发展现状》，2019 年 6 月 5 日，http://www.gn.gansu.gov.cn/2019/jtzk_0605/25239.html。

② 师守祥、张智全、李旺泽：《小流域可持续发展论——兼论洮河流域资源开发与可持续发展》，北京：科学出版社，2002 年版，第 234 页。

的共存。不同的生产方式决定了当地居民的生计方式，定居和游牧成为城镇产生和发展的重要影响因素。不同的生产方式使得甘南州的人口密度分布悬殊，表现为"东密西疏、农密牧疏、谷密山疏"①，这也决定了其城市主要分布在东部农业发达的河谷地区。

新中国成立后，甘南州城镇分布不平衡的状态有所改善，西部牧区新建了碌曲县和玛曲县。但是，由于区域内中心城镇、传统城镇和新建城镇的经济基础不同，行政地位有所差异，生产方式也有所区别，并在人力、物力、财力及交通等多种因素的影响下，各城镇发展的不平衡比较明显。

首先，区域中心城市合作市的发展速度最快。在中国，城市行政级别的高低对城市发展有很大影响。城市行政级别越高，城市的行政管理权越大，对资源的调配能力越强，城市经济发展越快。合作镇从一个乡发展到区域县级市，这是行政中心城市优先发展规律的体现。随着行政级别的提升，合作市的城镇基础设施建设不断加强，投资环境也得到较大改善，城市综合实力不断提高，在甘南州城镇体系中的聚集力和辐射力也就越强。

其次，传统城镇在人口规模、建制镇的设置等方面发展较快。传统城镇由于其社会经济的发展条件较好，历来就是甘南州人口密度较大的地区。新中国成立后，甘南州开启了工业化进程。大多数工业企业分布在传统城镇，成为传统城镇人口规模增长的主要拉动力。随着第三产业的不断发展，传统城镇依托自然文化资源兴起了旅游业，从而进一步推动了经济的发展，并提供了更多的就业岗位，为城镇人口的增长创造了有利条件。城镇人口的不断聚集，不仅促进了城镇规模的扩大，同时也促进了建制

---

① 甘南藏族自治州地方史志编纂委员会：《甘南州志》（下），北京：民族出版社，1999年版，第1030页。

202

镇的兴起。

第三，新兴县域中心城镇城市化发展较快。从甘南州各地城市化率的对比数据进行分析，近年来，玛曲、碌曲、迭部等新兴县域中心城镇的城市化率较高，其主要原因在于：行政单位的增加促进了城市基础设施的建设，如城市道路、供水、供电、供气、绿化等设施建设不断推进，城市功能日趋完善。加上矿业、旅游业等产业的不断崛起，进一步促进了城镇人口的增长和城市规模的扩大，从而加快了新兴县域中心城镇工业化和城市化的发展进程。

（四）工业化发展滞后，城镇产业结构中第二、三产业的比例偏低

工业化是指一个国家和地区的国民经济中，工业生产活动取得主导地位的发展过程。工业化始于 18 世纪 60 年代的英国。工业化是农业劳动力大量转向工业，农村人口大量向城镇转移的一个漫长过程。工业化是城镇化的重要动力。从工业化进程的评价体系看，中国整体上已经进入工业化中期阶段。但是，中国是一个工业经济大国，工业化发展水平的地区差异十分明显。

经济研究者根据农业生产总值、工业生产总值和第三产业生产总值、人均 GDP 为变量，运用 SPSS 软件提供的聚类分析程序，采用组建连接的方法，用皮尔逊相关系数，对 2004 年中国 31 个省（市、自治区）（不含港、澳、台）的区域经济发展水平进行了系统聚类：上海为第一类，北京、天津为第二类，江苏、广东、山东、浙江为第三类，辽宁、河北、福建和黑龙江为第四类，甘肃及其他 20 个省（市、自治区）为第五类。[①] 按照这个分类结果，甘肃省的工业化已进入中级阶段。但是，基于区域工

---

　　① 陈军、成金华、吴巧生：《工业化水平区域差异与中国能源消费》，《中国人口·资源与环境》2007 年第 5 期，第 59 页。

业化的发展水平分析，甘南州的工业化起步晚，发展慢，目前仍处于工业化的初级阶段。

在产业结构中，各产业部门之间产值比例的变化是衡量一个国家或地区经济发展水平高低的重要指标之一。从大多数国家各产业部门的产值比例看，第一产业的增加值和就业人数在国民生产总值和全部劳动力中的比重呈不断下降的趋势，第二、第三产业的增加值和就业人数占国民生产总值和全部劳动力的比重则呈上升趋势。20世纪60年代以后，发达国家的第三产业发展更为迅速，所占比重都超过了60%。由于工业化发展水平低，甘南州各产业部门的产值比例明显不同：第一产业所占比重过高，第二产业的发展水平低，所占比重过低。2007年，全州第一、二、三产业增加值占生产总值的比重为28.7：24.2：47.1，第一产业的比重比上年降低0.9个百分点，第二产业所占比重比上年提高1.4个百分点，第三产业所占比重比上年降低0.5个百分点，而全国同期的数据是11.3：48.6：40.1。[1] 2007年，甘南州中心城市合作市的产业结构比重为10.17：23.1：66.73[2]，呈"三二一"模式。很明显，甘南地区第二产业所占比例偏低。作为欠发达的贫困地区，第二产业应该占有更大的比重，因为第二产业尤其是工业是区域经济起飞阶段的重要推动力。由于工业发展水平的滞后，甘南州的工业化支持和带动周边乡村发展的能力明显不足，带动区域农牧业的规模化和产业化发展的能力也明显不够。

---

① 甘南州地方史志办公室：《甘南州年鉴》，兰州：甘肃人民出版社，2008年版，第38页；国家统计局编：《辉煌的三十年》，北京：中国统计出版社，2008年版，第48页。

② 《合作市城乡一体化规划》（调研资料）。

二、甘南城镇化水平迟滞的原因分析

（一）自然环境严酷，生态环境脆弱是甘南城镇化迟滞的地缘因素

自然环境是城镇发展的物质基础。甘南州地处青藏高原东缘，这一地区海拔高，气候高寒、干燥、多风，是世界"第三极"，极不利于人类生产生活。甘南州属于大陆性高原气候，高寒低温。由于地势高峻，地形复杂，各地气温悬殊，因此区域气候复杂多变，常有冰雹、干旱、霜冻和春季风雪等自然灾害发生。部分乡村自然环境十分恶劣，缺乏基本生存条件。2010 年 8 月 7 日，甘南州舟曲县突发特大山洪泥石流造成上千人死亡，大量的房屋和城镇基础设施被彻底摧毁，损失十分惨重，堪称新中国成立以来最大的泥石流灾难。舟曲县的泥石流灾难充分表明甘南州城镇建设所面临的生态环境十分脆弱等问题，因此，城镇综合发展的能力也比较弱，且城镇对周边农牧村经济的带动和辐射力十分有限，城镇化水平低。

山河阻隔，高寒缺氧，不仅"限制着人们的生产、社会活动，制约着区域内及其与区域外社会互动的频度和广度，并阻碍着生产力的发展"[1]，而且其生态环境也十分脆弱，对人类的生产行为反应敏锐，并反过来作用于人类的活动。甘南地区几乎集中了陆地生态系统中所有的生态类型，草原、森林、湿地、河流、湖泊和野生动植物是这里独特的生态系统，也是青藏高原东部及长江、黄河上游的天然生态屏障。独特的生态系统使甘南州具有"涵养水源、水土保持、维持生物多样性、调节气候"等重要功能，尤其是补给水源的功能十分明显和重要，对黄河中下游

地区的生态安全具有举足轻重的作用。[①] 这里曾被联合国湿地国际组织中国办事处主任陈克林称为"亚洲最值得赞美、最迫切需要保护、也最应该妥善解决生态保护补偿机制的地方"。[②] 近年来，随着全球气候变暖，雪线上升、草场过度放牧、人类活动加剧等原因，曾被誉为"黄河蓄水池"的甘南黄河湿地已趋于干涸，特别是草原开始出现大面积退化、沙化。目前，全州已有90％的天然草地出现了不同程度的退化，其中重度退化面积高达77.9％，草地鼠虫害面积有 1630 万亩，黄河沿岸沙化草地面积达 80 多万亩，并且沙化带还在不断扩展。在 433 公里的黄河段上，两岸出现沙化带的已有 220 公里，植被厚度仅为 5 厘米左右，有些地方的草皮用手轻轻一提，下面的沙土便裸露出来，可见生态环境的脆弱程度。[③] 脆弱的生态环境严重影响着甘南地区农牧业的发展，并成为甘南地区经济可持续发展的制约因素。

（二）产业经济的落后是甘南城镇化迟滞的瓶颈因素

一个国家或地区的城镇化水平与其产业构成密切相关。甘肃省是地处西部的发展中省份，其城市化水平不仅远远落后于东部沿海城市，而且"在西部 12 省区中排在第 9 位，位居西北五省区最末位"[④]。甘南州的城镇化更是处于低水平位置。甘南州的经济薄弱，城镇建设的起步也很晚，新中国成立前只有"三县一设治局"，城镇体系没有形成，城镇的功能也很单一。目前，甘

---

① 李克强、侯超惠：《人口·资源与环境经济问题研究》，北京：中央民族大学出版社，2007 年版，第 456 页。

② 佚名：《黄河水源地甘南困境：生态保护与经济发展难权衡》，《中国经营报》2010 年 7 月 18 日，http://tieba.baidu.com/f? kz=996990575。

③ 甘肃省甘南藏族自治州人民政府：《甘南藏族自治州人民政府关于甘南黄河重要水源补给生态功能区生态保护与建设规划实施意见》，州政发 [2009] 34 号，2009 年 4 月 10 日。

④ 范雪涛、张贡生：《如何加快甘肃城镇化进程》，《西部论丛》2006 年第 9 期，第 35 页。

南州城市经济发展水平在甘肃省 14 个地级市中排名最后，区域经济水平低下导致其城市的发展由于物质基础薄弱而先天乏力。因此在甘南州经济发展很难形成合力，也难以为其城市的发展提供产业或经济的支撑。①

1. 农牧业基础薄弱，规模化经营难度大，制约着区域产业经济的发展

农业是城镇化发展的初始动力，城镇化离不开农村所提供的一切农产品商品，工业规模的扩大也离不开农业的支持。甘南州高山峡谷的地形地貌导致农业生产条件差，传统的耕作技术目前仍是其主要的生产方式，农业设施缺乏，灌溉面积小，许多山区的农民仍然靠天吃饭，土地产量低，并且为农业生产服务的销售体系也十分缺乏。农业的发展水平在很大程度上制约了该地区的整体发展水平。

甘南州经济主要以农牧业为主，基础设施也比较落后，开发难度大，区域经济的聚集程度低。甘南州人口规模本身就小，再加上从事牧业生产的藏族人民至今还过着"逐水草而居"的游牧生活，流动性很大，更是阻碍了人口向城镇的流动和聚集，从而限制了城镇的发展规模。2004 年，国家为了加强对生态环境的保护与治理，在甘南州实施了牧民异地搬迁定居工程。2010 年 7 月笔者前往夏河县，曾对政府规划拨款修建的王格尔塘镇外木村定居点进行田野考察。该定居点坐落在王格尔塘镇和麻当乡之间，沿 213 国道分布，毗邻安多建材预制构件厂，交通条件和居住配套服务都远远优于村民以前位于山沟深处的居住点。2010 年时，定居点已建立六年，但笔者却只看到有 3 户人家修建了可供居住的大房子，而且修好了也没有入住，而是将房屋租给了安

---

① 杨培涛：《甘南城市可持续发展研究》，《经济研究导刊》2008 年第 2 期，第 158 页。

多建材预制构件厂的职工。村支部书记达哇告诉笔者：外木村的妇女基本都在山沟那边放牧，男的则在外面做事。修建了大房子的三户人家，一户是手艺人，一户在跑运输，一户是五保户，有政府低保。① 达哇还说，他的母亲已 80 多岁了，已经习惯大山沟的生活，不愿意搬迁，所以他每天上班后都要回沟里照顾母亲。可见，虽然政府启动了定居点工程，但甘南州牧区人口向城镇的流动显然还是一项漫长而艰巨的工程。

目前，甘南地区第一产业所占比例偏高不仅导致了甘南州经济的缓慢发展，同时也成为甘南州城镇化进程中的制约因素。近年来，在国家政策的支持下，甘南工商业和旅游业有所发展，但它们在整个经济中所占的比例并不大，农业和畜牧业依然是推动甘南区域经济增长的主要力量，且容纳了绝大多数的劳动力资源。正如前面所提到的定居点工程，该工程旨在以生态移民的方式改变牧民的居住和生活环境，但实际状况却是大多数牧民由于依赖于畜牧业生存而很难真正实现迁居。2005 年，玛曲县仅有的 210 人由于聘用、投靠亲属、落户小城镇等原因转为非农业人口，占全年非农人口增加量的 18.36％。② 可见，城镇吸纳畜牧业劳动力的难度较大。

2. 工业实力弱，带动力不强，这是甘南州城镇化迟滞的重要原因

甘肃省工业发展水平较高的城市是天水市和庆阳市，甘南地区的工业化水平在全省最低。甘南州的资源优势主要在矿产、水电、畜牧、旅游、藏药和山野珍品等方面，但由于资源开发的地理条件很差，技术设施也十分落后，导致开发的技术水平要求

① 2010 年 7 月 20 日笔者在甘南州夏河县调研资料。
② 赵雪雁：《高寒牧区草地退化的人文因素研究——以甘南牧区玛曲县为例》，《草原学报》2007 年第 6 期，第 116 页。

高，且需要巨额的资金投入。国家虽然有政策性资金注入甘南地区，但这些资金相当大的一部分都用在了弥补地方财政收支差额等方面，而用于生产性投入的资金数额并不大。与此同时，随着金融资源的分配日益市场化，较发达地区的经济活动对资金利用的高效率和资金的高回报率，也使得甘南州的资金有所流失。这些都在一定程度上加剧了甘南地区资本短缺的状况，因此，甘南州的工业发展进程缓慢。以夏河县为例，其工业虽经历了几十年的建设与发展，形成了以水泥建材、畜产品加工、水力发电、矿产品开发等为主体的传统产业，但总体发展缓慢，规模偏小，没有形成对县财政有突出贡献的支柱企业，也没有形成自己的拳头产品。全县工业发展缺乏强有力的动力，工业经济在全县 GDP 中的含量较低，低于全州发展平均水平。同时，由于缺乏流动资金，企业发展较难，大部分企业处于半停产状态，一些发展前景较好的项目建设进展缓慢，加之受地理环境限制和不具备区位优势，导致夏河县无法形成外向型企业。目前，夏河县没有一家工业增加值过亿元，大部分企业还满足于小康即安的状态，维护着小打小闹的现状。

3. 第三产业内部结构的不合理制约着甘南州的城镇化建设

第三产业是由许多子部门、行业所构成的动态结构系统。[①]各行业之间是一种相互依赖、相互促进的关系。各行业结构比例的合理是保持经济系统稳定发展的必要条件。如果内部结构比例失衡，那么整个第三产业的发展都会受到影响，那些原来有希望发展得快一些的某些行业，也会因孤军奋斗而受到严重制约，最后往往是欲速则不达。因此，甘南州第三产业的内部结构须不断调整，逐渐从不合理走向合理，这样才能在合理化的基础上向高

---

① 李丽：《第三产业内部结构优化及对策研究》，北京：知识产权出版社，2007年版，第66页。

度化迈进。

第三产业的部门行业主要包括传统产业和新兴产业，交通运输、能源、邮电、商业等属于传统产业，电子、信息、技术服务、旅游等是新兴产业。甘南州第三产业内部结构不合理的主要表现为：传统产业比例过低，新兴产业除旅游业发展较快外，其他产业仍很滞后，产业结构比例极不协调。

甘南州旅游资源丰富，全州可供开发利用的景区（点）有7大类33种153处。独特的资源优势使甘南州的旅游业迅速兴起和不断发展，并在第三产业中占据着重要的地位。总体而言，甘南州第三产业发展主要依赖于其他服务业，其他服务业占第三产业的比重达65.69％。而在其他服务业内部，营利性服务业仅占其他服务业的8.89％，非营利性服务业所占比重过大，达91.11％。传统行业如交通、运输、邮电、通信业，批发、零售、贸易和住宿、餐饮业，金融保险业，房地产业发展相对缓慢，他们分别占第三产业的比重为10.45％、13.67％、7.07％、3.11％，仍难以起到支撑作用。① 能源、交通、通信等基础产业的滞后，科学研究综合技术服务业，卫生、体育、社会福利业，教育、文化、艺术、广播、电影、电视业等在整个国民经济中比例的失调，这些都严重制约了甘南第三产业的发展，成为影响区域经济协调发展的重要因素。

此外，从甘南州产业对经济总的贡献上来看，2007年甘南GDP总值35.37亿元，仅占兰州市（732.76亿元）的4.83％，在甘肃省各地市（区）中排名倒数第一位；2008年全国国民生产总值为300670亿元，甘肃省当年国民生产总值3176.11亿元，由此可知，时甘南州国民生产总值占全国国民生产总值的比重为

① 王立宏：《2008年甘南州国民经济和社会发展情况及2009年展望》，2014年12月10日，http：//www.gnztj.gov.cn/htm/201412/92_2120.htm。

0.014424%，甘南州国民生产总值占全省的比重为1.37%。[①]因此，缺乏产业的支持和大城市的带动，甘南州的城镇化很难深入，现仍然处于初级阶段，并主要表现为城市化率低、城市规模普遍较小、层次较低、竞争力不强等方面。

（三）区域交通、通信落后，资源整合难度大，限制了市场机制的运行，成为甘南州城镇化迟滞的关键因素

交通、通信落后，导致甘南州市场的形成缺乏强有力的物质支撑。伯尔蒂尔·奥林认为，城镇化过程总是伴随着农村人口大量的进城、农产品越来越多地流向城市、城市工业品及生产资料流向农村这样一系列庞大的资金流和物流，它们千头万绪、错综复杂，这些不是政府通过计划可以安排得井井有条的，必须通过市场机制才能轻而易举地得到解决。[②]目前，甘南州全州的交通仅靠公路，且公路等级低。部分乡镇交通不畅，运输困难。同时由于境内不通铁路，一方面使甘南州生产资料的外输和产品的外销不畅，资源的大规模开发缺乏必备的条件；另一方面也使得州内商品运输成本增加，市场竞争力下降，而且州内市场的形成也很有难度。

邮政物流是甘南60%的乡镇、林业单位和广大牧民群众对外进行实物传递的主要渠道。目前，全州共建有8个邮政通信企业，设在农村的邮政局（所）有48处，承担着全州7县1市、106个乡镇的邮政服务，服务面积约4.5万平方公里。但是，由于地域辽阔、服务面广、投递线长，以致投送到偏远乡村的报刊、信件，平均每封信或每份报纸所需的成本达到了45元以

[①] 阚保强、李巍、高珊珊：《青藏高原东北边缘地区少数民族产业结构发展研究——以甘南藏族自治州为例》，《甘肃农业》2010年第12期，第30页。

[②] 吴昌帆：《甘肃省贫困地区城镇化发展水平研究》，兰州：兰州大学硕士学位论文，2009年，第28页。

上①，而全国信函运递的平均成本才 1.62 元。② 这严重阻碍了甘南邮政事业的发展。如碌曲县五个邮政代办点中最大的郎木寺邮电所，平日的信件很少，按时投递 10 份报纸成了他们最主要的工作，邮电所全年收入仅 4600 元，支出却近 10 万元。③ 邮政事业的窘境可想而知。近年来，甘南州的物流业也有所发展，全州 7 县 1 市均设有物流配送点，目前已有 16 家物流公司入驻，快递企业及其分支机构共 52 家，有 11 个末端投递点，但县、乡、村三级电商物流体系还未形成。快递业务量可以视为一个城市经济活跃度的指标。2016 年，甘南州的快递业务量完成 52.43 万件④，而甘肃省的快递业务量是 6065.1 万件。据中商产业研究院公布的数据整理，2016 年 1—12 月全国 31 省（不含港、澳、台地区）快递业务量累计完成 312.8 亿件，甘肃省排名第 27 位⑤，居全国倒数第五位。基于甘肃与全国快递业务量的对比分析，甘南州的快递业务量不仅在甘肃省所占比例甚低，而且与全国相比更是十分落后。

20 世纪 90 年代末，甘南州开始有了互联网，起初只有拨号上网业务。到 2002 年初，合作市开通宽带互联网接入业务，并逐步向各县延伸，成为上网的主流方式。2009 年，甘南州快速扩大移动网络覆盖范围，在网络建设中突出重点，加大城市、交通干线、旅游景区、重点乡镇和人口密集农牧地区的网络覆盖，

① 刘安东：《一封特殊的感谢信》，《甘肃日报》2005 年 5 月 12 日。
② 《中国邮政陷入亏损窘境》，《京江晚报》2006 年 11 月 16 日。
③ 毛浓曦：《甘南邮政陷入窘境》，《文摘报》2005 年 6 月 16 日。
④ 马云：《邮政快递业成为甘南州经济社会发展新亮点》，《甘南日报》2017 年 3 月 16 日。
⑤ 中商情报网：《2016 年 1—12 月全国 31 省市快递业务量排行榜》（全榜单），2017 年 1 月 18 日，http：//www. askci. com/news/paihang/20170118/11290488310. shtml。

实现了"随时随地高速上网"的目标。① 但是，上网须购置必要的设备，须交纳上网费用，这些都需要一定的经济基础，而甘南州农牧民的收入水平并不高，因此有实力使用网络的并不多。此外，广大农牧民限于文化水平，使得他们对计算机和网络的应用率不高，也使得他们在获取信息、吸收信息及利用信息满足自身需求方面的能力较差。

（四）劳动力的文化素质较低，人才匮乏，这是甘南州城镇化迟滞的人力资源因素

人是推动社会进步的主体，是城镇发展的建设者。近年来，人口与经济社会、资源环境之间的矛盾十分突出。甘南州城镇化发展除了资源、环境等外部条件的限制外，其人口问题也已经成为该地区社会经济发展所面临的关键性"瓶颈"因素。甘南州总人口68万人，人口在地域布局上呈"东密西疏、农密牧疏、镇密乡疏、谷密山疏"的特点，碌曲、玛曲两县受高原环境和生产方式的限制，人口相对稀少。2007年，全州人口平均密度为49.83人/km²，全国人口平均密度为138人/km²。位于甘南州中北部的夏河县、合作市，随着经济的不断发展，人口数量逐年增加，2007年人口密度分别为10.27人/km²和33.42人/km²。位于甘南州西部高原的玛曲、碌曲两县，2007年人口密度仅为4.49人/km²和6.01人/km²。② 各乡镇人口密度悬殊，全州人口密度最高的临潭县城关镇为每平方公里535人，而最低的玛曲县木西合乡每平方公里只有0.01人。③ 甘南一方面地广人稀，另

---

① 徐爱龙：《干线公路·互联网——透过"第一"看甘南（下）》，《甘肃日报》2011年7月22日。

② 赵雪雁、刘爱文、李巍等：《甘南藏族自治州多模型的人口预测研究》，《干旱区资源与环境》2011年第4期，第2页。

③ 王生荣、李巍：《西北高寒民族地区新型城镇化建设研究》，北京：中国经济出版社，2015年版，第139页。

一方面由于这里大部分地方海拔高，不适宜人居，以致区域内可容载的人口过多，并对生态环境产生破坏力，导致湿地减少，草场退化、沙化等生态失衡现象。地广人稀和人口承载压力过大，是甘南州城镇化的制约因素。

如今，我国的城镇化建设已进入知识经济时代，对人口的素质提出了更高的要求。人口素质是人口诸多特征中最积极和最能动的要素，它包括身体素质、科学文化和思想道德素质。人口素质的高低将直接影响着人们采用什么样的生产方式和消费方式，并对经济发展产生影响。在科学技术高度发达的当代社会，人口素质对经济建设的影响力尤为突出。在甘南州，只有当智能型劳动者成为决定生产和管理的主体，社会才能发展和进步，经济才能高速发展，其城镇化也才可能健康、快速地发展。但是，由于历史的原因，甘南的基础教育起步晚，文化教育十分薄弱，劳动力素质不高。从全州基础教育的现状来看，小学在校学生与初中在校学生、高中在校学生人数之比为 72∶22∶6，呈现出"锥形"结构，制约劳动力素质的提高。甘南州"人均受教育年限只有 6.3 年，比甘肃省、全国平均水平分别低 1.87 年和 3.87 年"[1]。甘肃省 2010 年第六次人口普查数据显示，2010 年甘南州的文盲率有较大幅度的下降，从 2000 年的 28.58% 降到了 13.97%，但是，与全国文盲率 4.08%、全省文盲率 8.69% 的指标相比仍然存在一定差距。另外，每 10 万人拥有的各种受教育程度人口中，甘南州有 6944 人接受过大专及以上文化教育，与全国的 8930 人、全省的 7520 人相比，仍然有差距。[2] 劳动力素质的总体偏低，直接影响了劳动的效率和收益。这意味着庞大的

---

① 李娟：《民族地区究竟需要什么样的远程教育——来自甘南藏族自治州的调查》，《西北师范大学学报》（社会科学版），2015 年第 2 期，第 76 页。

② 樊怀玉主编：《甘肃省第六次全国人口普查研究成果汇编》，兰州：甘肃文化出版社，2013 年版，第 241～246 页。

劳动力群体以农牧业为生，无一技之长，难以向城镇其他产业转移，只能靠卖力气养家糊口，他们不仅被排斥在现代社会的边缘，而且随时会沦为贫困人口。①

总之，甘南州的优秀人才和领军人才十分匮乏，科技成果转化率及适用技术推广率较低。就甘肃省而言，全省的科技人才地区分布极不平衡，兰州市独立科研机构的从业人员，竟占到了全省总数的68%，也就是说，全省四分之三的科研工作者与工程师都集中在兰州市；而开展科技研究活动的高等院校，兰州有14所，天水、张掖、庆阳、甘南州仅各有一所。② 就甘南州而言，全区科技队伍的层次和结构不合理，优秀的拔尖人才和领军人才相当匮乏。而且由于"基础条件差、城市化水平低、物价高，加之个人饮食不习惯、婚姻问题难解决"③ 等多种因素的影响，甘南很难从省外、州外引进人才。基于2017年甘南州《关于拟引进黄雪等36名同志为高学历急需紧缺人才的公示》④ 分析，这36名毕业生均来自甘肃省，其中有13名来自甘南州本地。可见，甘南州从省外引进人才的难度依然很大，同时说明甘南州十分缺乏对人才的吸引力和聚集力。

（五）"行政边缘区"发展弱势是甘南州城镇化滞后的外部因素

"行政边缘区"的形成是国家行政区划的产物。行政区划是

① 李红华：《试论甘南藏族自治州人口与经济协调发展》，《中国少数民族人口》2008年第4期，第20~22页。

② 范鹏、魏琦：《2007—2008年甘肃省经济社会发展分析与预测》，兰州：甘肃人民出版社，2008年版，第121页。

③ 王宇：《甘南藏族自治州医疗卫生人才紧缺原因分析与解决思路探析》，《卫生行政管理》2016年第9期，第138页。

④ 中共甘南州委人才工作领导小组：《关于拟引进黄雪等36名同志为高学历急需紧缺人才的公示》，2017年4月28日，http：//www. gnrtv. com/index/2017-04/28/cms11920article. shtml。

"国家或地区根据政权建设、经济建设和行政管理的需要，遵循有关法律规定，充分考虑地理条件、历史传统、经济联系、民族分布、风俗习惯等客观因素，按照一定的原则，把领土划分成若干层次、大小不同的行政区域，并在各级行政区域设置对应的地方国家机关，实施行政管理"①。"边缘区"是相对于一个省的行政中心而言的。"行政边缘区"是指由两个以上的省级边缘地区构成的，在跨省交界地区出现的地理位置偏远、自然条件恶劣、经济基础薄弱、经济发展滞后的特殊地区。② "行政边缘区"的发展往往存在较多制约因素，城市化进程呈发展弱势。

首先，"行政边缘区"往往区位条件较差，远离省域经济、政治中心城市，难以受到中心城市的辐射和带动。在省级行政区划中，省会城市的发展规模对全省范围的城市发展产生影响。换句话说，全省城市的发展离不开省会城市的核心引导力。以四川省为例，1991 年，成都市的国内生产总值达 200 多亿元，那时四川的省辖市的经济规模多则 60 亿~70 亿，少则 3 亿~5 亿。可是到 2000 年，成都市的国内生产总值剧升到了 1300 多亿元。此时，除个别省辖市外，超过百亿元的市比比皆是，200 亿元的也不少，个别城市有超过 300 多亿元的。③ 同年，甘肃省兰州市的国内生产总值才突破 300 多亿元，可见，兰州市的城市辐射力已远远落后于成都。省会城市的辐射力较弱，这也在很大程度上制约着行政边缘区的发展。

其次，省会城市对"行政边缘区"辐射的媒介是交通条件、

---

① 邓正琦、李碧宏：《区域经济联动与整合研究》，北京：中国社会科学出版社，2009 年版，第 62 页。
② 邓正琦、李碧宏：《区域经济联动与整合研究》，北京：中国社会科学出版社，2009 年版，第 64 页。
③ 徐志奇、傅红、徐炳文：《关于进一步加快甘肃城市经济发展的几点浅见》，《甘肃社会科学》2003 年第 3 期，第 105 页。

信息传播手段和人员的流动，因此，各边缘区媒介条件的发展程度也在很大程度上影响着"行政边缘区"的发展，以致出现边缘区发展不平衡的状态。在甘肃省，有甘、青、川交界"边缘区"，陕、甘、宁交界"边缘区"，甘肃与内蒙古的交界"边缘区"，这些边缘区与省会城市兰州的距离各不相同。根据目前这些区域代表性城市的发展状况而言，距离不能反映省会城市的辐射力。如位于陕、甘、宁交界"边缘区"的天水市，距离兰州约350公里，而甘南州的合作市距离兰州才250公里，但天水市已发展成为甘肃省第二大城市，而合作市却仅是一个民族地区的县级市，无论是人口规模、城区规模、城市化水平等都不能与之相比。"边缘区"出现发展差距的原因主要在于：（1）两个边缘区的交通条件存在差距。天水市的交通系统比较完善，市内有航空、铁路、高速公路等快捷交通方式与兰州相连。而合作市由于自然地理条件的限制，交通水平远远落后于天水市，除临合高速和国道213连接兰州外，铁路尚在建设中，交通系统不完善。（2）两个"边缘区"的外部条件存在差距。天水市所在的"边缘区"位于陕、甘两大省会城市兰州和西安的中间。随着经济一体化进程的加快，行政区划的堡垒作用逐渐减弱，西安市对天水市的辐射力呈增强态势，从而使天水市更具发展优势。合作市所在的甘南州连接的是青海、四川藏区，这两个区域本身就是青海和四川的边缘后发地区，其区域经济辐射力弱，对合作市发展的推动力较小。

　　"边缘区"的城市综合竞争力一般都较小，而甘南州这样的多民族、多宗教"行政边缘区"，其发展的制约因素则更为复杂，因此城市竞争力更小，并使其在经济一体化进程中缺乏对新产业的把握能力。以现代物流业的发展为例，这是经济全球化与信息化迅速发展带来的新兴产业，现已在全国许多省（市、区）获得长足发展。由于其在优化产业结构、降低物流成本、提高经济运行质量、促进经济发展等方面能发挥着重要作用，现代物流业已成为国民经济中日益重要的经济增长点。发达国家高度评价它是"未被开垦的黑大陆"，"人力、资源之后的第三利润源泉"及"贸易成功的驱动因素"等。① 但是，现代物流业的发展需要便利的交通、通信条件以及丰富的物产和资源作支撑。基础条件越好的地区，越容易发展现代物流业。甘南州在全省"行政边缘区"的滞后地位，致使其在现代物流业中很难发展起来，并在全省物流业中处于"边缘"中的"边缘"。在甘肃省"十三五"规划中，全省将按照国家"一带一路"倡议要求，形成"一中心四枢纽五节点"的物流产业发展布局。"一中心"指兰（含兰州新区）白（银）都市圈构成的物流发展中心；四枢纽包括天水物流枢纽、平（凉）庆（阳）物流枢纽、金（昌）武（威）物流枢纽和酒（泉）嘉（峪关）物流枢纽；五节点主要在张掖、陇南、定西、临夏、甘南等区域中心城市，打造一批服务于区域经济、满足居民生活的物流节点。②

此外，行政区划壁垒也影响着"行政边缘区"规模经济的发展，进而影响着区域城市化的进程。在行政区划壁垒的影响下，"边缘区"的产业无法从相邻行政区获得必要的经济资源，其生产扩大化也可能会遭遇行政区划的阻碍，产业的规模化发展受阻。当前，随着经济一体化进程的推动以及国家的重视，行政区划的壁垒虽有所改变，相邻省区也在为整合资源而不断沟通和协商，但跨省区建设的利益分配、征地拆迁、资金来源等地区间的

① 高新才、滕堂伟：《西北区域经济发展蓝皮书》（甘肃卷），北京：人民出版社 2008 年版，第 425 页。
② 甘肃省发展和改革委员会：《甘肃省"十三五"物流业发展规划》，《甘肃省人民政府办公厅关于印发〈甘肃省"十三五"物流业发展规划〉的通知》（甘政办发〔2016〕107 号），2017 年 5 月 18 日，http：//www. eshian. com/laws/33100. html。

利益协调通常较难落实，因此，跨行政区建设项目的实施难度较大，推进速度也较慢，并最终成为"行政边缘区"规模发展的重要制约因素。

在地理、交通、人为分割等各种因素的制约下，"行政边缘区"的发展常常被忽视而处于弱势地位。这种边缘发展的弱势因素制约着区域经济的发展，成为城镇化滞后的重要原因。

第三节　区域发展与城镇化的互动

城镇化也称城市化，是重要的社会、经济现象之一，学术界对城镇化的研究已有数十年的历史。城镇化是指"社会生产力发展到一定程度后而引起的农村的生产方式、生活方式以及居住方式向城镇转变的过程"[①]。城镇化作为一种历史过程，不仅是一个城镇数量与城镇规模扩大的过程，同时也是城镇结构和功能转变的过程。[②] 农村人口向城镇的转移，第二、三产业向城镇的聚集，城镇区域的增加，城镇居民生活质量的提升、观念的改变，这些都是城镇化的重要表现。城镇间的相互距离、分布格局、组合状态，都对城镇职能的发挥和城镇体系的发展起着重大的影响和制约作用，进而影响着区域的可持续健康发展。城镇体系中各类城镇在地域分布上是否合理，城镇规模和职能构成是否合理，这是区域是否能够快速健康发展的重要因素。因此，区域发展与城镇化建设是一个相互促进、相互制约的过程。区域发展是统筹城乡及推进城镇化的有效载体，反之，城镇化又可以促使区域经

[①]　柴生祥、李含琳：《西部民族地区城镇化模式与应用对策》，兰州：甘肃人民出版社，2006年版，第6页。

[②]　游涛：《浅谈西部民族地区城镇化》，《贵州民族研究》2008年第1期，第130页。

济进一步快速发展。

一、城镇化是区域经济发展的有效载体

党的十五届三中全会通过的《中共中央关于农业和农村工作若干重大问题的决定》指出："发展小城镇，是带动农村经济和社会发展的一大战略。"党的十六大报告第一次明确提出要"走中国特色的城镇化道路"，坚持大、中、小城市和小城镇协调发展，积极稳妥地推进城镇化，提升城镇发展质量和水平，以现有的县城和有条件的建制镇为基础发展小城镇，使基础设施投资能够相对集中，使一个县、一个地区成为经济的凝聚点，进而带动整个区域的发展。① 改革开放以来，中国的工业化进程和社会经济所取得的成绩是令人瞩目的。在西部大开发战略方针的指引下，甘肃省的社会经济取得了长足的进步，城镇化建设也有一定成效。2002 年撤乡建镇，甘南地区的建制镇从 4 个增加到了15 个。

城镇化是甘南民族地区农牧经济发展的必然选择，是实现农村剩余劳动力转移，推进农村现代化和解决"三农"问题的关键。城镇化可以加快农牧业产业化、现代化进程，是促进区域经济快速增长的动力。利用城镇化的推动力带动地区经济的开发与建设是甘南州城镇建设的发展必然。根据 2007 年经济发展指标分析，甘南地区不仅在甘肃省处于最后，而且在全国 30 余个民族自治州中，甘南地区的生产总值、经济产业、人均生产总值、固定资产投资等指标在相关的排序中也都基本排在 25 位左右。② 甘南州发展滞后的原因在于城市文明对该区域的辐射影响力十分

---

① 熊建军：《新时期城镇化与社会主义新农村建设互动研究》，厦门：华侨大学硕士学位论文，2007 年，第 27 页。

② 甘南州地方史志办公室：《甘南州年鉴》，兰州：甘肃人民出版社，2008 年版，第 516~527 页。

弱。甘南州的地形条件决定了可开垦的农业用地并不多，而且高寒的天气也限制了农作物的种植，所以农业十分脆弱。畜牧业可供放牧的草场也很有限，历史上甘南地区争夺草场的纠纷时有发生，且草地"三化"（退化、沙化、碱化）更加深了生态环境与畜牧业之间的矛盾，阻碍了畜牧业的发展。甘南的城镇建设对解决这些问题起着重要的作用。城镇可以为农牧区提供较好的基础设施，提供较大的市场，提供比较便捷的社会服务。城镇汇聚着第二产业和第三产业，它们共同推进城镇化的发展，促使城镇的社会化服务体系不断完善，并将吸纳更多的劳动力，从而可以让一部分农民以"离土不离乡"的方式平稳地向城镇转移，实现农村富余劳动力的规模转移，这既缓解了人均占地不足的矛盾，又充分发挥了以城带乡的作用。2007 年，全州乡镇企业达到14,594 户，其中集体企业 32 户、有限责任公司 34 户、股份有限公司 2 户、私营企业 164 户、个体企业 14,360 户，从业人员达 36,004 人，占全州农村劳动力的 10.4%。[①] 可见，甘南州城镇对农业人口的吸纳力还不够，甘南州城镇化还处于初级阶段。

城镇化的聚集效应、外溢效益有利于促进工业化，实现和支持水平较高的工业化，从而带动整个区域经济的发展。城镇化的聚集效应可以为工业化提供资金、人才、市场等各项要素。首先，城镇化的推进，必然带来城镇自身及周边地区的交通运输、供水供电、邮电通信、信息市场等基础设施的逐步完善。"要想富，先修路"，甘南州先后建成了王达公路、碌则公路、舟迭公路、卓西公路、尕玛公路延伸段、国道 213 线临夏至郎木寺段、江迭公路、定新公路、巴代公路及一批通乡柏油路和通村公路，与周边城市重要的出口通道基本打通。2019 年，全州公路总里

---

① 甘南州地方史志办公室：《甘南州年鉴》，合作：甘南州羚翔印刷厂，2008年版，第 258~259 页。

程已达 7705 公里，其中：高速公路 68 公里，二级公路 839 公里，三级公路 773 公里，四级公路 4831 公里，等外公路 1194 公里。① 全州所辖七县一市已全部通三级以上的柏油路，95 个乡镇全部通公路，目前已形成"三纵三横"交通运输网络，彻底改变了过去羊肠小道穿峡越岭的交通局面，促进了贸易的发展，告别了"一只羊换一根针"的历史。邮政通信方面，甘南州共有 8 个邮政通信企业，设在农村的邮政局（所）有 48 处，承担着全州 7 县 1 市、106 个乡镇的用邮服务，服务面积约 4.5 万平方公里。② 1999 年 8 月，甘南移动甘南分公司成立，截至 2007 年，甘南地区的基站数从 8 个增长到 161 个，增长了 20 倍，全州乡镇网络覆盖率从零增长到 87.9%，形成了以州府合作市为中心、辐射全州的移动通信网络。③ 水电方面，1954 年，甘南州第一座水电站——加吉拉电站建成，开启了甘南州的水电事业。改革开放以后，甘南州进入大规模开发水电的时期，并于 20 世纪 80 年代中期建成甘南州第一座 110 千伏的变电站。2007 年 12 月 6 日，甘南州政府总投资 6.1948 亿元，是甘南州史上最大的水电站——九龙峡水电站在迭部县九龙峡曹世坝沟口开工建设。甘南州已建成水电站 165 座，在建水电站 49 座，总开发装机容量达到 10! 万千瓦。100% 的乡镇、97% 的行政村和 92% 的自然村通电，初步形成了水电外送型电网，呈现出一派"清泉远上牧人家，银线穿梭村头户"的景象。④ 综上，甘南州城镇基础设施的

① 甘南藏族自治州人民政府：《甘南州交通运输发展现状》，2019 年 6 月 5 日，http://www.gn.gansu.gov.cn/2019/jtzk_0605/25239.html。

② 刘安东：《一封特殊的感谢信》，《甘肃日报》2005 年 5 月 12 日。

③ 《用心搭建桥梁 共建和谐社会——记全省民族团结进步模范集体、中国移动通信集团甘肃有限公司甘南分公司》，《发展》2007 年第 2 期，第 3 页。

④ 徐爱龙：《定居点 水电站——透过"第一"看甘南（上）》，《甘肃日报》2011 年 7 月 20 日，http://www.gscn.com.cn/pub/gansu/sszh/2011/07/20/1311121014434.html。

不断完善，为外来资金的进入、开发成本的降低以及特色资源的开发和相关产品进入市场提供了良好的物质基础，从而有效地推动了工业化的发展。

其次，城镇化促进地区文化教育事业不断进步，使民族地区的人民有了更多接受教育和外来文化的机会，从而提高全民素质，为工业化的发展提供较高层次的人力资源。1984 年，国家教委在甘南草原建立了合作民族师范高等专科学校。2009 年 7 月 26 日，合作民族师范高等专科学校正式挂牌升格为甘肃民族师范学院，这是甘南州的第一所民族师范本科院校，标志着在甘南大草原上诞生了第一所培养中高级民族师资力量的大学。该校全日制在校专科学生 4545 名，少数民族学生占学生总数的 70％。学院的成人教育机构设有自学本科专业 13 个，函授专科专业 9 个，拥有学员 3000 多名。学习汉语是少数民族人民走出民族地区，加强与外界交流与合作的重要举措。1982 年，甘南州合作镇开办了首届汉语言文学大专班。1984 年中共甘南州委、州人民政府以州委发（84）19 号文件批准成立了"甘肃广播电视大学甘南藏族自治州工作站"；1994 年底，经甘肃省教育委员会批准，工作站正式更名为"甘肃广播电视大学甘南分校"。分校办学 20 多年来，共招收各类学生 5300 余名，毕业学生达 3600 余名，目前设有各类大专和本科班 98 个，设成人法律、护理、行政管理等专业的专科；开放教育法学、金融、会计、公共事业管理等专业的本科；园艺林学、小学教育、法学、水利工程、金融、药学专科等 13 个本专科专业，在校学员 1300 余名，县级工作站（教学点）5 个，分布在舟曲、卓尼、临潭、夏河、迭部等县。[1] 教育事业的发展为甘南地区工业化的发展提供了有

---

① 佚名：《甘南电大（甘肃）》，2008 年 6 月 3 日，http：//dianda. china. com. cn/2008－06/03/content＿2267782. htm。

力的人才支撑和智力支持。

再次，城镇化有利于解决民族地区工矿企业资金投入严重不足、融资难的问题。城镇化的推进，必将带动第二、第三产业的发展，甘南地区目前已形成了"三一二"的产业结构，第三产业尤其是旅游业的不断发展，这是增加地区财政收入的重要途径，通过发展第三产业聚集的财力又促进了城镇基础设施的建设，从而增强了城镇的引资能力，有效地推动了地区工业化建设。

城镇化有利于增进各民族之间，特别是汉族和藏族等少数民族之间的相互了解、交流和学习，建立平等、团结、互助的新型民族关系。甘南地处甘、青、川交接处，是藏区①的重要组成部分，具有十分重要的战略地位。区域稳定的核心是发展问题，正如江泽民同志在中央民族工作会议上的讲话中所指出的："我国的民族问题，比较集中地表现在少数民族地区迫切要求加快经济文化发展的问题上。"② 城镇化是解决发展问题的有力抓手。1998 年合作镇建市，成为甘、青、川交接藏区，即甘肃的甘南州，青海的黄南州、果洛州和四川的阿坝州、甘孜州区域内唯一的一座县级市，其余各州驻地皆为建制镇。甘南州的城镇化建设不仅将在西部大开发中发挥着安多藏区中心城市的辐射和带动作用，促进这一地区的繁荣和现代化，而且对维护藏区的稳定，民族的融合起着重要的作用。

---

① 藏区是指藏族分布集中连片的地区。从地理上讲，主要是青藏高原及周边地区，面积约 200 万平方公里，占全国国土面积的 20％以上。在行政区划上，包括西藏自治区全部、青海省大部（除西宁市和海东地区的其他地区）、甘肃省的西南角（甘南藏族自治州）、四川省的西北部（阿坝藏族自治州、甘孜藏族自治州）、云南省的西北角（迪庆藏族自治州）以及与青海省海北藏族自治州邻接的甘肃天祝藏族自治县等。

② 江泽民：《加强各民族大团结，为建设有中国特色的社会主义携手前进》（1992 年 1 月 14 日），载《新时期统一战线文献选编（续编）》，北京：中共中央党校出版社，1997 年版，第 387 页。

城镇化可以从根本上改变少数民族的居住环境和生活习惯，使他们摆脱传统、落后的自然经济模式和生产方式。城镇化进程中的定居点工程开启了牧民的新生活。1965 年 4 月，甘肃省畜牧厅组织实施了"甘南夏河县甘加乡牧民定居建设样板"项目，总投资 41.44 万元，这是甘南州最早的游牧民定居工程。当时共修建房屋 1073 间，乡村公路 60 公里，便桥 10 座，并完成了学校、医院和乡村办公用房等公共基础设施建设。全乡 463 户、1921 名牧民全部入住新房。时至今日，甘加乡有近 300 户牧民定居在这里，学校、医院、自来水、卫星电视，样样俱全。[①] 2004 年，在国家的大力支持下，甘南州重点扶持玛曲、碌曲、夏河、合作、卓尼、迭部等 6 个牧业县（市）的自然保护区、湿地、江河源头等重点生态保护区域的游牧民定居点建设，这是改变牧民生活方式的重要举措。自工程实施以来，甘南州夏河县游牧民定居点居民数量不断增加，2008 年，夏河县在科才乡修建了甘南州第一所纯牧区养老院，以解决牧民的养老问题。在养老院，八十高龄的贡保和阿仲夫妻住得非常开心。因为他们终于结束了"寄人篱下"的生活。国家实施定居点工程之前，藏族牧民没有定居的习惯，贡保和阿仲夫妻也是这样生活着。但是随着年龄越来越大，他们自己不能放牧，牛羊也渐渐卖光，于是一年四季只能靠寄人篱下生活。[②] 城镇通信业的发展，互联网、移动通信在甘南州的发展和全覆盖，更是给当地民众的生活带来了深刻的影响。2001 年，甘南州畜牧局开通了互联网，并建立了网站，介绍甘南全州畜牧业建设、新闻动态、草原旅游、供求信息，等

---

① 徐爱龙：《定居点 水电站——透过"第一"看甘南（上）》，《甘肃日报》2011 年 7 月 20 日。

② 银燕、纪赟：《甘肃省甘南州：游牧民定居点里的幸福生活》，2011 年 7 月 13 日，http：//www. tibet3. com/news/content/2011－07/13/content _ 588125 _ 2. htm。

等。近年来，基于"互联网＋"背景下的电子商务在甘南州迅速发展起来，至 2017 年底，甘南州已建成电子商务孵化园、电子商务产业园，"藏宝网""甘之南商城""拉卜楞网城""58 同城"，淘宝"特色中国·甘南馆"、京东"中国特产·甘南拉卜楞馆"、"馋先生外卖"、"蓄产在线"等电子商务平台、微信平台、APP 社区服务平台以及信息网站 48 家，电商企业 152 家，从业人员千余人，他们利用电商平台销售农畜特产品，先后获利6400 多万元。① 电子商务的发展在一定程度上改变了甘南州牧民传统的经营模式，进一步开拓了市场，同时也让更多藏族群众享受到了电子商务的便利。

二、区域发展是城镇化的推动力

（一）区域交通发展对城镇化的影响

区域发展与城市变迁取决于道路交通条件的改善，良好的道路交通条件是社会经济正常运行的基础和支撑条件，是区域经济科学发展的前提。道路交通不仅可以加强区域内的相互联系，同时可以打开与外界交往和联系的通道，促使城市经济实力不断扩大，延伸其空间扩散性，增强城市的凝聚力。

1. 道路交通是甘南城镇体系形成的引导力

1949 年，中华人民共和国成立，党和国家十分重视甘南交通事业的发展。"要想富，先修路"，为改变甘南地区"行路难、过河难、运输难"的交通状况，党和国家多方筹集资金支持甘南州的交通建设。1953 年建州以后，特别是改革开放 40 年来，甘南州的交通事业取得了显著成效，高原上天路纵横、车水马龙的交通格局使人们摆脱了"人背肩挑、跋山涉水"的出行状况，实

---

① 严瑞、杨海春、张正祥等：《SWOT 视角下甘南州电子商务发展分析与思考》，《西部金融》2018 年第 2 期，第 89 页。

现了甘南地区"人便于行，货畅其流"的交通梦想。

新中国成立初期，甘南州组织藏、回、汉各族人民和驻军先后新修了兰（州）郎（木寺）公路 286.5 公里（甘南州境内 253.6 公里）、两（河口）郎（木寺）公路 246 公里（甘南州境内 178 公里）、郎（木寺）玛（曲）公路 69 公里，整修了岷（县）夏（河）公路，使这几条公路达到初步通车的水平。1956 年，甘南州交通处成立，开始大规模修建县乡公路，主要修建了新（城）冶（力关）公路 78 公里，卓（尼）电（尕寺）公路 109 公里、岷（县）麻（路）公路 98.73 公里，夏（河）甘（加）公路 27.22 公里。[1] 1971 年，甘南州开始铺筑 42 公里的战备柏油路，标志着甘南州公路交通史上从此有了沥青路面。2009 年，甘南州在全州 4.5 万平方公里的区域内，公路通车总里程达 6362.084 公里，等级公路达 3777.749 公里，实现了县县通柏油路、乡乡通等级公路的目标。甘南州交通事业在 10 年间天翻地覆的变化，令人瞩目。国道 213 线临夏至郎木寺二级公路，王格尔唐至桑科二级公路，合作至岷县，舟曲至迭部、郎木寺，卓尼至西寨，桑科至达久滩，尕海至玛曲、阿万仓，碌曲至则岔，江果河至迭部等国道、省道和主要县际公路的建设，带动了全州县、乡、村三级公路在广袤的草原上交织成公路交通网络，成为甘南藏族地区欢腾跃动的脉搏，为甘南的经济建设和社会事业发展提供了重要保障。[2]

公路交通的发展改变了原有的交通模式，运输工具从非机动向机动化转变，进而缩短了城镇之间的距离，促进了沿线城镇的兴起。新中国成立初期，甘南地区还没有汽车运输业。1952 年

---

① 恒考：《天路纵横话交通：甘南交通改革发展三十年》，兰州：甘肃民族出版社，2009 年版，第 20~21 页。

② 徐英梅、张淑瑜、李建舟：《香巴拉不再遥远——甘南州交通事业发展纪实》，《甘南日报》，2013 年 8 月 26 日。

后，各类物资始由省汽车运输公司和临夏、武都汽车运输公司承担输送任务。州内干线公路得到发展后，省属汽车运输部门在夏河、临潭设立汽车运输站，到1957年，又增设了卓尼、舟曲、合作、郎木寺等运输站和新城、完尕滩、碌曲代办站，共有站务人员21人，营运路线16条，甘南人民开始坐上了汽车，物资开始靠汽车运输。① 到2009年底，全州拥有各类营运车辆4139辆。其中货车2737辆，客车1422辆。全州客运量260万人，旅客周转量28456万人公里；货运量562万吨，货物周转量87573吨公里。交通工具的机动化，使物资运输承载能力提高，从而降低了运输成本，缩短了城镇之间的距离，为甘南州城镇的发展创造了条件，一批交通条件有利的城镇迅速崛起，沿国道213线兴起了王格尔塘镇、阿木去乎镇、玛艾镇、郎木寺镇；沿省道311线兴起新城镇和冶力关镇；沿省道313线兴起电尕镇和大川镇；沿省道204线则是尼玛镇。

2. 道路交通对甘南城镇体系和布局的影响

从城镇发展的历史和经验来看，道路交通是促进生产要素流动和人口迁移的重要决定因素，交通线路的走向决定着城镇的空间分布及发展方向，交通线路的网络体系决定着城镇的结构体系。历史上，甘南地区的城镇沿茶马古道分布，洮州（今临潭）作为茶马古道的枢纽城镇，系连着甘、青、川区域的经济关系，因此，洮州成为历史上甘南地区的中心城镇。随着岷夏公路的初步建成，夏河和临潭两城镇对外的联系进一步加强，其中心地位日益凸显。

新中国成立后，甘南州的道路交通日益改善，州政府所在地合作镇成为交通枢纽。1956年，甘南州州政府迁到黑错乡，并

---

① 恒考：《天路纵横话交通：甘南交通改革发展三十年》，兰州：甘肃民族出版社，2009年版，第22页。

将其更名为合作镇。历史上，黑错乡十天一次集市，"所需货物主要从临夏、临潭等地运来。没有集市的时候，像韭菜这些商品须到二十里外的哈加去买，而哈加也不一定买得到"①。这一情况充分地反映出当时黑错乡落后的交通环境。在党和国家的大力建设下，合作镇（市）的交通发生了极大的改变。

今合作市距省城兰州 250 公里，距临夏市 150 公里，国道213 线、省道 306 线通过合作市，目前已形成以 G312 线、S306线为骨干，以 X406 线（江卡拉—达莱）、X409 线（麻布索纳—参木道—少地）为支线、以 Y517 线（权斗—下巴沟）、Y575 线（合作—扎油）、Y576 线（卡加道—门娄）、Y577 线（佐盖多玛—佐盖曼玛）、Y614 线（合作—大窑洞）、Y615 线（粮站山—萨尼沙娄）等为补充的路网格局，形成了甘、青、川藏区与外地联系较为便捷的公路网络，是国内其他地区通往青海、西藏的枢纽。② 2011 年 12 月 2 日，甘肃省第一条高原高速公路临夏至合作的公路（临合高速公路）正式开工。2014 年 12 月，临合高速公路通车。临合高速公路是甘肃省高速公路网规划建设的兰州至郎木寺高速公路的重要组成路段，也是兰州通往临夏、甘南、四川阿坝州等少数民族自治州的重要通道和甘肃南部重要的经济、旅游干线和重要的南向出口。③ 通车以后，小型车辆从临夏至合作，在一个小时以内即可到达；如果从兰州前往合作，小型车辆也仅需两个小时左右。外部交通的便捷使合作市在甘南州的区域优势得以提升，城镇人口也随着交通的改善而不断聚集。合作市

---

① 于式玉：《于式玉藏区考察文集》，北京：中国藏学出版社，1990 年版，第137 页。

② 合作市市政规划局：《甘南州合作市城市总体规划大纲》，调研资料，2010年 8 月。

③ 《甘肃临夏至合作高速公路建设纪实》，2014 年 12 月 23 日，http：//www.chinahighway．com/news/2014/894495．php。

交通运输业的发展，尤其是公路交通的发展，使得客运和货运的成本有所下降。而交通运输业本身又能提供和创造较多的就业机会，因此由交通引起的迁移"拉力"不断增强，这使更多的农村人口愿意迁往合作市居住。到 2017 年，合作市常住人口 9.5 万人，其中城镇人口达到 5.42 万人，城镇化率 57.1%。① 目前，合作市不仅是甘南州的区域中心城镇，同时也是甘、青、川交接藏区的中心城市，是安多藏区连接国内其他地区的纽带。

此外，沿着国道、省道等交通道路兴起的小城镇进一步促进了甘南州城镇体系的完善。新中国成立初期，甘南州的城镇建置比较单一，改革开放以来，随着甘南州交通的不断发展，甘南州的城镇也不断成长。1998 年，合作镇升格为县级市。2002 年，根据全州各县下辖乡的经济发展情况，甘南州推行了撤乡建镇的政策，将王格尔塘、阿木去乎、尼玛、玛艾、郎木寺等 11 个乡升格为镇。镇是区域（市）县之间的重要连接点，是城镇体系中的一环，因此，它们的设立促进了甘南州城镇体系的完善。从甘南州交通图分析，这 11 个新设镇的交通区位条件都较好，是国道、省道及县道、乡道之间的连接点。如夏河县的王格尔塘镇距离合作市仅 34 公里，该镇位于国道 213 线和省道 312 线的交汇处，既通过省道与兰州市和合作市取得联系，又通过国道与夏河县相连。当前正在修建的临合高速公路也途经王格尔塘镇，良好的区位条件必将大大促进该镇交通条件的改善，促进其城镇化水平的提高。夏河县的阿木去乎镇距离合作市 42 公里，国道 213 线通过该镇。2013 年通航的甘南州第一个机场——夏河机场也位于阿木去乎镇。便利的交通促进了市场的繁荣和经济的开发，同时也推动了甘南州城镇化的进程，形成了以合作市为区域中心城镇，各县镇协调发展的良好局面。

---

① 合作市统计局：《2017 年合作市国民经济和社会发展统计公报》，调研资料。

3. 道路交通对甘南城镇产业布局的影响

交通运输条件是产业区位选择和产业布局调整的重要影响因素，道路交通的改变往往会导致产业布局的改变。以合作市为例，在于式玉的藏区调研记录中，当时的黑错乡仅是一个市面萧条，只有三条小街道，几家小杂货铺，户数不过三四百的聚居点。这里每月仅有一次集市，所需货物主要从临夏、临潭等地运来。没有集市的时候，像韭菜这些商品须到二十里外的哈加去买，而哈加也不一定买得到。[①] 相对于当时临潭县的富商已在全国多处设立商行而言，黑错乡在甘南区域经济中的商业发展是比较落后的。但是，新中国成立以后，随着州政府迁入黑错乡，并将其更名为合作镇后，其道路交通系统日趋完善，合作镇逐渐成为甘、青、川藏区与国内其他地区的联系通道上的重要城镇。作为连接国内其他地区的交通要道，合作镇的商业日渐兴盛，形成了以综合性商场为主、专业性市场（畜产品交易市场、建材市场、家电市场、小百货批发市场）为辅的市场体系，并取代临潭，成为区域内著名的商贸集散地。便利的交通，良好的城市基础设施条件，使合作市在甘南区域内具有更高的知名度和吸引力，对生产要素产生聚集力。作为甘南州的政治、经济和文化中心城镇，合作镇依托腹地较为丰富的水力、矿产、旅游资源，形成以安果尔、赛吾多、阿木去乎、峡村、新集等电站为主的水电产业；以金矿、花岗岩等矿产开采、冶炼和加工为主的矿产开发格局；以旅游中转服务为主的旅游服务体系和以宗教文化、自然景观、民俗风情等为主的旅游发展格局；以综合性商场为主、专业性市场和农村集贸市场为辅的市场体系；以华羚干酪素厂、晟羚肉类加工、科瑞等企业为龙头，以干酪素、牛奶、牛羊肉加工

---

① 于式玉：《于式玉藏区考察文集》，北京：中国藏学出版社，1990年版，第137页。

为产品的畜产品加工业体系。① 交通对县城产业的布局影响也很
明显。比如在夏河县，基于交通条件的影响，拉卜楞镇、王格尔
塘镇和阿木去乎镇的产业结构各具特点。拉卜楞镇是夏河县旅游
服务中心、经济中心、政治中心、文化教育中心，旅游、餐饮、
娱乐等第三产业占据优势；王格尔塘镇则以农牧产品加工、物流
等为主要产业；阿木去乎镇目前也以农牧产品加工为主，但是随
着位于阿木去乎镇的夏河机场的建成，这里将被纳入甘南旅游经
济圈，酒店、餐饮、娱乐、机场服务业等产业也将随之应运而
生。可见，交通对城镇产业布局的影响十分明显。

（二）区域经济发展对城镇化的影响

区域经济发展是城镇化的动力。英国经济学家拉文斯坦
（E. G. Ravenstein）等人提出的"推—拉理论"，该理论认为：
这种经济动力主要来自两个方面，一是农村的推力，包括技术替
代对劳动力的排挤，农业收入的资本积累，市场分配中农业收益
较低和农产品深加工的需要，等等；另一方面是城镇的拉力，表
现在城市经济的高回报率和聚集性的特点，就业机会多，选择余
地大，生活条件优越等。② 显然，"推—拉理论"中的农村推力
和城镇拉力，事实上就是农业、工业和第三产业的发展对城镇化
产生的推进作用。

1. 农牧经济对甘南州城镇化的影响

新中国成立后，党和国家加大了对甘南地区的投入，一是大
力兴修水利，促进农业增产。政府组织当地群众在迭部县九龙峡
凿通了一条 11 公里的水渠，引来了白龙江水，可浇灌 1500 多亩

---

① 合作市市政规划局：《甘南州合作市城市总体规划大纲》（调研资料），2010
年 8 月。
② 高永久：《西北少数民族地区城市化及社区研究》，北京：民族出版社，2005
年版，第 74 页。

梯田，改种小麦、玉米等作物，亩产比原来的低产作物分别高出4~7倍。[①] 二是为提高农业技术水平，政府在甘南州相继设立了农业科学研究机构及农业技术推广站，并成立了农机公司、种子公司、良种场及农艺场，进而有效提高了甘南农业生产的技术水平。手扶拖拉机进入甘南地区后，更是促进了农业机械化的发展。三是结合甘南畜牧经济的特色，大力发展牛羊育肥、奶牛和绒山羊养殖、饲料加工、奶制品加工等技术，建立牛羊养殖示范园区、良种牛繁育基地、奶牛养殖场等；大力建设和扶持牛羊肉冷藏、屠宰加工生产线和牛羊肉加工生产线等龙头企业，使甘南州畜牧业逐步向"牧、工、贸，产、加、销"一体化经营发展。四是建设牲畜及畜产品交易市场，为农民建立了长期稳定的销售渠道，以促进甘南州农牧经济的协调发展，为区域经济发展奠定基础。玛曲县自古有"民族走廊"的称号，该地远古时期曾是西羌民族的发祥地和羌族迁徙的重要通道。唐玄宗时期，今玛曲县之地是中原汉地和吐蕃逻些的主要通道之一。今玛曲县之地被吐蕃统治以后，其行政归属屡经变更，加上牧民的长期流动，故一直未形成城镇。新中国成立后，在党和国家各项政策的推动下，玛曲县成立，牧业经济得到大力发展。国家投资200多万元建设了玛曲县高效畜牧业科技示范园区，从牛羊育肥、划区轮牧、草场改良、暖棚养畜、畜种改良等方面进行科学实验和示范推广，极大地改善了畜牧业生产条件，增强了发展后劲；实施"牧区繁育、农区育肥，农区种草、牧区补饲"的农牧互补战略；优化畜产品流通体制，建设并完成了甘、青、川玛曲活畜交易综合大市场，进一步拓宽了牧民们增产增收的空间。近年，国家在玛曲实施保护民族地区生态环境的牧民定居工程，牧民拥有定居点住

---

① 甘肃省民族事务委员会、甘肃省民族研究所：《甘肃少数民族》，兰州：甘肃人民出版社，1989年版，第138页。

房，这对改变牧民的生产方式、生活方式、人际交往方式等具有一定推动作用。定居点的空间聚集力将成为草原牧区城镇发展的助推器。

2. 商业对甘南州城镇化的影响

商业是连接传统农业与城镇社会的纽带。历史上的临潭地区作为"西番门户"，在中央政权与边地的政治角逐中，这里的经济日益发展，尤其是历代统治者在此屯兵的政策促进了民族之间生产技术的交流，临潭的农业经济获得较大发展。在该地大量擅长商贸活动的回族同胞的推动下，以围绕城镇驻军和人民群众日常生活所需的商业也日渐发展。回、藏、汉等民族不仅在这里进行茶马贸易，皮革、食盐、粮食等也成为经营中的重要商品，因此，临潭逐渐成为西北地区汉藏贸易的中心之一。临潭旧城"'土著'以回人为多，无人不商，亦无人不农"，其商业的繁荣程度可想而知。因此，旧城"较新城为繁富，其俗重商善贾，汉回杂处，番夷往来，五方人民贸易者络绎不绝"①。民国时期，临潭由于战乱的破坏，导致甘南地区的商业中心转移到夏河县拉卜楞。之后，临潭地区的商业虽有所恢复，但在甘南地区的商业中心地位已一去不返。

新中国成立后，州政府合作镇作为政治中心城镇，聚集着大量的政府部门、文化教育机构、科学研究机构等工作人员，围绕城镇居民生活服务的商业随之应运而生。加上便利的交通、优惠的政策，等等，合作镇的商业得到快速发展。1998年建市后，合作市的发展更为突出。今天的合作市，不仅是全州经济建设的基地，各项事业发展的龙头，而且是全州最大的物资集散地，以服务业和畜产品加工业为主的个体私营经济蓬勃发展，商业地位

① 张笃彦主修，包永昌总纂：《洮州厅志·风俗》，兰州：兰州俊华印书馆，1934年。

日益凸显，并已成为甘南州最大的商业中心。甘南州商业中心的转移，对甘南州城镇的格局产生影响，合作市随之成为首屈一指的重要城镇，成为甘南州城镇体系中的首位城镇，是城镇人口最多，城市化水平最高的城镇。而临潭县的商业虽然仍在发展，但已失去了往昔的辉煌。

3．工业的发展是甘南州城镇化的重要动力

工业化是城镇化的原动力，甘南州工业的发展，促进了城镇数量的增加。工业生产是城镇化的关键。"工业企业对规模经济和成本比较利益的追求，成为能够提供一定规模加工原料和廉价农业剩余劳动力地区投资的动力。而兴办企业的生产能力、资本密集程度以及科技革新水平等都决定着它将以何种方式和多大的能力来吸收农业土地所剩余出的劳动力。"① 甘南州位于甘肃省西南部的甘、青、川三省交会地带，历史上是中原地区通往青海、西藏及川北的交通要道。全州牧区、林区、农区并存，雪域、林海与"南国"同在，有"一日走四季，十里不同天"之说。② 新中国成立以前，甘南地区基本上没有什么像样的工业，除了一些制作简单生产工具和生活用品的个体小手工业作坊外，广大群众长期以"土法熟皮子，手工纺线织布，人工捻线织褐子"等传统的家庭手工业作为放牧、种田的补充，社会经济十分落后。因此，甘南州的城镇建设也不发达，全州只有 4 县（其中包括 1 设治局）。新中国成立后，党和国家十分重视民族地区工业的发展，在党和各级政府政策和资金的支持下，甘南州结合自身资源特色，创办了乳品加工、毛皮生产、玻璃厂和机械厂等一系列民族企业，实现了零工业的突破。据统计，这些工业分布在

---

① 俞文岚：《云南省城镇发展问题的分析与研究》，《思想战线》1994 年第 6 期。

② 陈建华、沙拜次力：《发挥资源优势加快甘南发展》，《发展》2004 年第 1 期，第 2 页。

各个县城，其中夏河县 24 户、合作市 17 户、迭部县 12 户，舟曲县 7 户，碌曲县 7 户，临潭县 6 户、卓尼县 6 户、玛曲县 4户。① 基于工业企业的初步发展，甘南州兴起了一些小城镇，如夏河县的王格尔塘镇、阿木去乎镇。

区域经济特色化发展加速了城镇职能的演变，推动了城镇化进程。改革开放以后，甘南州的民族工业走上了健康、稳步发展的道路，初步建立起一个以森林、电力、建材、食品、机械、畜产品加工业为主的多种经济类型，多门类的地方工业体系。工业企业的不断发展，必将带来城镇居民收入的增加，由此所引发的城镇消费水平的提高也必然刺激生活服务的需求，如医疗、餐饮、旅游、服饰、娱乐等服务行业的发展。第三产业的兴起又将促进城镇基础设施的建设，从而使得城镇的"产业结构日趋完备、生产生活更加便利、功能更加完善、吸引力更强"②，最终推动城镇化进程。比如玛曲县，新中国成立后新建县城，该县以黄金和铁合金开发为重点，先后建成了玛曲格尔柯等四处金矿和永傲等四处铁合金厂。格萨尔黄金矿业自 1991 年实施开发以来，从无到有，从小到大，滚动发展，取得了有目共睹的开发业绩和显著的经济效益。1999 年 9 月，格尔珂黄金矿业有限责任公司成立。2010 年底，公司投资 5000 万改造旧车间，实现每日千吨的吃矿量。目前，格尔珂黄金产量不仅在全省同类企业中排名第一位，并在全国同行业中名列前 4 位，已发展成为玛曲县的支柱产业，玛曲的城镇工业职能日益明显。其次，玛曲"天下黄河第一弯""格萨尔文化发祥地""亚洲一号天然草原"等独特的旅游

---

① 根据甘南州工业普查资料整理而成。(甘肃省甘南藏族自治州工业普查领导小组办公室：《甘肃省甘南藏族自治州第二次全国工业普查资料汇编》，兰州：八一印刷厂，1987 年 5 月印。)

② 孙光慧：《中小企业与西部民族地区城镇化的互动发展研究》，《天水师范学院学报》2010 年第 3 期，第 90 页。

资源也促进了旅游业的发展，县城旅游基础设施不断建设发展，城镇旅游职能也将在建设中日益发挥作用，并促进城镇化水平的提高。

区域城乡关联产业的发展，即通过延伸农产品的产业链条，以及农业、工业、农用服务业等中间性整合产业，以及城镇与城镇之间关联性产业的发展，来推动城镇化水平的提高。甘南州畜牧业是少数民族地区经济的主体，历史悠久，以生产青藏高原特有畜种——藏系绵羊和牦牛而闻名于世。全州拥有天然草原面积272.27万平方公里，占全州土地面积的70.28%，其中可利用草地面积256.53万平方公里，占草地总面积的94.20%。牦牛、藏羊是高海拔地区纯天然、无污染的特有优势资源，是广大农牧民赖以生存和发展的物质基础。甘南州高山牧场主要指玛曲县玛曲县草原，碌曲县草原，夏河县桑科、科才、阿木去乎、甘加等草原，合作市的麦吾等牧区。以此为依托，甘南州城镇在发展牦牛、藏羊、乳制品等关联性产业方面取得成效。以牧业县玛曲草原为例，该县认真落实党在牧村的各项政策，坚持用工业化思维谋划牧业发展，积极规划民族工业园区和牧业产业化基地，吸引省内外大型企业到玛曲草原投资办厂；建设完成了甘、青、川玛曲草原活畜交易综合大市场；积极扶持畜产品加工业发展壮大，促进雪原肉业冷冻厂、玛曲清真肉食品厂、省食品公司玛曲肉食品厂、玛曲县宏达实业有限责任公司等企业成为带动牧户致富奔小康的龙头企业。同时充分发挥其整体开发功能和辐射带动能力，带动畜牧业的产业化经营。按照"公司＋基地＋牧户"的模式，推行订单养殖、定单收购、订单生产，不仅能提高企业经济效益，增强县城的集聚和辐射功能，还能增加牧民收入，并促使牧村人口和生产要素向县城和中心镇聚集，从而进一步推进牧村城镇化进程。

4. 第三产业是推动甘南州城镇化后续发展的动力

城镇是一个区域的商业、交通、通信、金融、文化、教育、科技、信息等方面的中心,第三产业相对集中。城镇第三产业的兴起不仅是促进区域经济发展的后续动力,而且有利于城镇基础设施的改善,使城镇成为"产业结构日趋完备、生产生活更加便利、功能更加完善、吸引力更强"的区域经济中心。[①] 第三产业主要包括传统产业和新兴产业,交通运输、能源、邮电、商业等属于传统产业,电子、信息、技术服务、咨询广告、旅游等是新兴产业。近年来,甘南地区的网络通信、电子信息及旅游业迅速兴起,促进了区域第三产业的发展。

21 世纪以来,甘南旅游业的发展尤为突出。甘南旅游资源十分丰富,境内不仅有辽阔迷人的草原风光,郁郁葱葱的浩瀚森林,雄奇壮观的高山石林,纵横奔腾的三河一江,还有古朴神秘的藏传佛教,浓郁独特的民俗风情,闻名于世的历史遗迹,丰富多彩的藏族文化艺术。全州可开发利用的景区(点)多达153 处。

2003 年,甘南州委制定并实施"1522253"发展战略[②],确立了"甘南旅游业实现跨越式发展"的目标。2005 年 8 月,第四次甘南州旅游经济工作会议在腊子口召开。会议确定把旅游业摆在突出位置,优先发展,提出了甘南州旅游业跨越式发展的战

---

① 孙光慧:《中小企业与西部民族地区城镇化的互动发展研究》,《天水师范学院学报》2010 年第 3 期,第 90 页。

② "1522253"发展战略:围绕一个中心(加快小康社会建设进程),实施五大战略(科教兴州、工业强州、农牧互补、开放带动、项目拉动),实现两大产业(水电、旅游)的跨越式发展,两大产业(矿产开发和农畜产品加工)的快速发展,两大产业(农牧业产业化和藏药及山野珍品开发)的稳步发展,搞好五大建设(基础设施、城市建设、生态环境、社会保障体系和非公经济发展),把甘南建成甘肃重要的畜产品生产加工基地、能源工业基地、特色旅游基地,为全面建设小康社会奠定坚实的物质基础。(李晓明:《平凉市党政考察团赴甘南州考察侧记》,《平凉日报》,2007 年 7 月 3 日。)

略部署，按照"一年打基础，三年大发展，五年建成支柱产业"总体思路要求，并出台了《关于甘南旅游业跨越式发展的实施意见》，标志着甘南州旅游业进入了发展的新阶段。[①] 随着各方面工作力度的不断加大，甘南州旅游业的增长势头越来越好，新兴支柱产业地位逐步凸显。2016 年，国家旅游局公布首批创建"国家全域旅游示范区"名单，甘南州被列入。在 2016 创新"互联网＋全域旅游"暨第四届旅游业融合与创新论坛上，甘南州荣登"2016 最美中国"榜，荣获"推动全域旅游示范目的地"称号。[②] 据统计，截至 2016 年底，全州旅游人数和综合收入分别达到 1003.15 万人次、46.78 亿元，同比增长 30.27％ 和 34.48％。旅游人数、综合收入均保持两位数高位运行，指标增幅位居全省前列。[③] 目前，全州共有星级饭店 36 家，其中四星级 4 家、三星级 16 家、二星级 11 家、一星级 5 家；农（牧、藏、林）家乐 971 户，其中能容纳团体住宿的农（牧、藏、林）家乐 493 户、星级农（牧）家乐 68 户；旅游直接从业人员达 16500 人以上。[④] 旅游业的发展，不仅在稳增长、调结构、扩内需、惠民生等方面发挥了重要作用，同时也促使一批城镇迅速发展起来，如拉卜楞、郎木寺、冶力关、玛曲等，进而加快了区域城镇的规模化发展。

---

①　甘南州人民政府：《甘南州旅游业发展纪实》，2010 年 9 月 29 日，http：//gn. gansudaily. com. cn/system/2010/09/29/011712995. shtml。

②　佚名：《甘南：打造全域旅游新格局》，2017 年 2 月 16 日，http：//www. tourgansu. com/news/newsDetail/402836c05a378de4015a49ad876200cb。

③　杨旭明：《甘南州创建"推动全域旅游示范目的地"纪实》，2017 年 2 月 8 日，http：//www. huaxia. com/ly/lyzx/2017/02/5180097. html。

④　伍策、冷竹：《甘南旅游业获较快发展，"十三五"迎重大发展契机》，2016 年 7 月 20 日，http：//www. china. com. cn/travel/txt/2016－07/20/content＿38919105. htm。

第六章　甘南州不同类型城镇的变迁

新中国成立以来，随着社会主义政治制度的建立和民族区域自治政策的实行，甘南州的城市等级结构发生了重要变化：首先，行政中心的改变导致个别城市丧失了发展优势，新的中心城市形成；其次，工业化的开启，新产业的出现，使一部分资源型城市兴起；再次，交通枢纽的转移，使个别商业贸易城镇发展优势弱化，速度缓慢；最后，产业结构的完善和旅游业的崛起，促进了寺院型城镇的转型和快速发展。

第一节　区域中心城市的变迁及动因分析

区域中心城市是区域内政治、经济、文化的聚集体，对区域经济社会发挥着龙头作用。区域中心城市的形成、发展和主要动力主要取决于行政级别的高低。何一民先生曾就此提出：从传统农业城市向近代工业城市的转型过程中，行政中心城市优先发展的规律仍然支配着城市的发展，尤其是内陆城市。[①]

新中国成立后，甘南州城市行政地位的变迁，在一定程度上改变了区域城镇体系，传统中心城市夏河县随着行政地位的下降而丧失发展优势，并逐渐失去了区域中心城市的地位，传统小集

---

① 何一民：《近代中国衰落城市研究》，成都：巴蜀书社，2007年版，第224页。

240

镇黑错则随着行政地位的上升而一跃成为甘南州的区域中心城市。

一、区域中心城镇的形成过程

（一）合作市的建置

"合作"是新中国成立后才有的地名，是甘南藏族自治州的州政府所在地。1953年甘南藏族自治区（1954年更名为甘南藏族自治州）成立之初，政府机关暂时设在夏河县的拉卜楞镇。关于区政府所在地的选择，中共中央十分重视，做出了"选择地点应适中，有发展前途，便于对藏区进行领导"的指示。甘南工委和自治区政府结合甘南州的具体情况，提出了临潭旧城、夏河县拉卜楞镇、黑错（今合作市）、阿木去乎、西仓等5个地点为自治区首府的方案，1954年4月18日，经反复研究，并广泛征求各族各界人士的意见，一致通过甘南州州治建于黑错。

黑错位于夏河县东南120里，距离临潭120里。关于黑错，人文地理学家李旭旦在其1941年写的《西北科学考察纪略》一文中是这样描述的：

> 黑错为宗教中心，寺院壮丽，位一山坡上远望之，屋楼重迭，寺内喇嘛200人。镇民约400，寺与镇集以一沟相隔，镇称汉庄，大部系汉回人在此设店铺为生，番人亦有居于此者。黑错位洮西草地之中心，西去拉卜楞，北去临夏，南去卓尼，东去临潭，均二日程。本年春，甘肃行政督察专员胡公冕曾召开黑错会议于此，集合洮西各地方负责长官及番民土司土官等，讨论地方建设计划，并宣示中央边政意旨，成绩卓著。闻近已决定于黑错设立卫生处一所，设完全小学一所，以黑错地点之适中，来日当可为整个洮西之政治

中心地。[①]

文中，李旭旦预言：地理区位适中的黑错"来日当可为整个洮西之政治中心地"。但是，李旭旦所言之洮西是否就是今天的甘南州呢？甘南州位于甘肃省西南部，是新中国成立后的行政区划地名。据地理学家张其昀所论：民国时期，甘肃省的行政区划"除省会以外，大致可分为四区，陇东、陇南、河西诸名，习用已久，惟西南部各县似无专名，兹拟以洮西名之，指洮河以西也"[②]。可见，民国时期的洮西就是今日之甘南州。

那么，李旭旦关于黑错地理中心位置的计算方式又是否科学呢？据文中描述，李旭旦界定黑错的地理位置不是用里程计算，而是用"二日程"可达来确定的。日程反映的是交通可达的时间成本。日程计算的准确性取决于交通状况，即交通道路的技术等级标准和实际运行速度是时间成本是否准确的决定性影响因子。简言之，李旭旦这里的"二日程"是否准确还需参考当时的交通条件。1941 年李旭旦考察甘南州时，区域内尚未建成公路，交通运输方式主要是骑马。拉卜楞、临夏、卓尼、临潭这几个坐标点都是李旭旦骑马考察经过的地点，大的区域环境也基本相似，都是山地河谷地段。因此，在区域交通条件基本相似和运输方式相同的前提下，"二日程"的时间成本是具有可信度的。在条件基本相同的前提下，"二日程"的时间成本是可以转换为基本相同的空间距离，并由此推断出黑错的地理中心位置。

可见，黑错成为州政府所在地的原因主要在于：一是黑错的地理位置符合中央"选择地点应适中"的指导精神；二是黑错

---

① 李旭旦：《西北科学考察纪略》（附图），《地理学报》1942 年第 9 卷，第 22 页。

② 张其昀：《洮西区域调查简报》，《地理学报》1935 年第 2 卷第 1 期，第 1 页。

"乃一大盆地，较拉卜楞宽广数倍"①，具备建立较大城镇的地理空间，也符合中央城镇建设要"有发展前途"的要求。相较而言，拉卜楞镇虽然基础设施、发展规模都比黑错优越，但其区域面积并不大，而且城镇中大量空间已被庞大的寺院建筑所占据，可供城镇未来拓展的空间显然十分有限。

1955年5月2日，甘南州州治建设在合作镇破土动工。1956年7月13—19日，中共甘南工委、甘南州人民政府下属单位由拉卜楞镇迁到合作。从此，奠定了合作的区域中心地位。

（二）合作市的发展

政治行政中心优先发展是中国城市发展的重要规律。据此规律：一个城市的发展规模和发展速度与其政治行政地位的高低成正比。政治行政地位越高的城市，规模也越大，发展速度就越快；反之，政治行政地位越低的城市规模也越小，发展速度就越慢。如果一个城市成为国家或地区的政治中心，那么这个城市就会在较短的时间内得到超常的发展。② 原合作镇作为州政府所在地，虽然是新兴城镇，但其区域中心城镇的政治地位使其获得了优先发展的契机。

州政府移驻时黑错乡，标志着黑错乡在甘南州行政级别的提升。根据城镇设置标准，黑错是乡级行政单位，州政府移驻以后，取"黑错"谐音及民族团结之意，易名为"合作"，其行政级别也从乡一级提升到镇一级。凭借区域政治中心地位的优势，原合作镇很快发展起来。历史上的黑错仅仅是夏河县（拉卜楞）

---

　　① 于式玉：《于式玉藏区考察文集》，北京：中国藏学出版社，1990年版，第137页。

　　② 何一民：《从政治中心优先发展到经济中心优先发展》，《西南民族大学学报》（人文社科版），2004年1期。

以外的一个市场，每十天一集①，这里"市面萧条，只在盆地中心有三条小街道。户数不过三四百，商户也只有几家小杂货铺，售卖零用物品。……集市所需货物，主要从临夏、临潭等地运来。没有集市的时候，像韭菜这些商品须到二十里外的哈加去买，而哈加也不一定买得到"②。合作镇成立以后，州政府在这里展开了大规模的城镇基础设施建设。新中国成立初期，政府机关大楼、人民会堂、报社、广播电台、阅览室、剧院、电影院、学校、人民医院、乳品厂、玻璃厂、机器制造厂、建筑材料厂、皮革厂、肠衣厂等机构相继建成。改革开放以后，合作镇开始更快的城镇化进程，尤其是 1998 年建市以来，其城镇建设更是日新月异。大学、互联网、移动通信等文化信息机构，藏医药研究所、科学技术情报研究所、中心实验室等州级科研单位相继成立、冰铜冶炼、锑品加工、水泥制品、纯金提炼、拉卜楞藏酒和华羚集团等工业企业，科瑞乳品等畜产品加工企业也相继建成，这些都有效地提升了城镇的经济文化职能，同时也促进了城市供水、城区路灯、城市电网、污水处理、城区集中供热等基础设施的改善，城镇面貌也因此发生了翻天覆地的变化。合作市不仅成为高原上一座特色新城，而且也成为甘、青、川交接藏区内（甘肃的甘南州，青海的黄南州、果洛州，四川的阿坝州、甘孜州）唯一的县级市，其余各州驻地皆为建制镇。目前，合作市已发展成一个拥常住人口 9.50 万人，城区人口 5.42 万人，城区新版规划面积 17.10 平方公里，建成区面积 8.68 平方公里的新兴城市，

---

① 拉巴平措主编：《李安宅、于式玉藏学文论选》，北京：中国藏学出版社，2002 年版，第 98 页。

② 于式玉：《于式玉藏区考察文集》，北京：中国藏学出版社，1990 年版，第 137 页。

其"城市辐射功能近达甘南州各县，远及甘青川交接藏区各县"①。2018 年，合作建市 20 周年。合作市退休干部达日前说："我是在 1997 年合作市筹建时从迭部调过来的，一转眼 20 年过去了，可当时筹建时的每一件事都历历在目，记得当时我们连办公室都是借的，办公条件非常差，但大家干劲十足。当时，合作市只有中路，如今，合作市的交通四通八达，非常方便。"② 达日前的回忆生动描绘了合作市 20 年的沧桑巨变。

二、区域中心城镇变迁的动因分析

城市是社会、经济和文化发展的主要载体，它的变迁是多种因素影响的结果。如行政中心的转移，交通方式的改变，产业布局的调整，等等，都将引起城市的兴衰变化。新中国成立后，随着社会主义政治制度的建立和民族区域自治政策的实行，甘南州的城市发展步入了新的历史时期。从州政府迁移到产业结构的调整，区域中心城市合作市随之兴起。究其变迁的原因，主要有以下一些。

（一）行政地位的变迁

行政地位的变迁为城市的发展提供了强劲动力。"一定历史时期内，国家和地方统治者对于城市发展建设的投入总是有限的，行政中心城市作为全国或地方政治中心，总是国家和地方建设优先发展的对象。"③ 甘南州政府从拉卜楞迁到黑错，意味着原黑错行政地位的变迁，其在区域城市体系中的地位和重要性也随之上升，但其行政级别的提升却相对滞后。

---

① 师守祥、张智全、李旺泽：《小流域可持续发展论——兼论洮河流域资源开发与可持续发展》，北京：科学出版社，2002 年版，第 230 页。
② 《合作市建市 20 周年各族群众话发展》，《甘南日报》2018 年 1 月 30 日。
③ 何一民：《近代中国衰落城市研究》，成都：巴蜀书社，2007 年，第 223 页。

我国的城市是按行政级别来划分的，级别高的城市往往可以享受到更多的经济优惠政策，而级别低的城市则少了很多发展机遇。因此，各地政府官员都十分热衷提高城市行政级别。学者们对此反响热烈，中国社会科学院研究员、中国城市经济学会副会长刘维新明确提出不赞成盲目进行"城市升级"。牛凤瑞也认为"发展经济的合力和效力，不取决于城市的行政级别"①。从政府官员的城市升级梦到学者们的反对，不难看出城市的发展与行政级别有着很大的关联。

甘南州承接内地，辐射青藏的区域边缘性以及安多藏区②佛教中心的宗教文化特征，奠定了其在青藏高原藏区的重要地位。合作市作为甘南藏族自治州的首府，是藏汉交流的前沿城市，因此提升其城市行政级别，是加快发展甘南州城镇经济，维护藏区社会稳定和西部稳定，进而促进全国民族团结、政治稳定的迫切需要。新中国成立初期，在国民党台湾当局的支持下，甘南地区的股匪在民族地区不断制造反动舆论、截取中共情报、煽动暴动、袭击解放军，这严重破坏了甘、青、川广大藏区的社会秩序，直接干扰了党在这里建立健全人民政权和实行民族自治，严重威胁着军政干部和藏区人民的生命财产安全。1953年春，经过30多次激烈战斗，解放军才消灭甘南州境内国民党残余顽匪，初步实现了甘南州社会秩序的稳定。作为西藏的外围地区，甘南州的稳定与发展对整个藏区稳定意义重大，具有良好的示范效应。因此，甘南州的成立意义深远。甘南州作为西部欠发达地

---

① 鲁晟：《国内多个城市欲提升行政级别 学者批干部虚荣心》，《民主与法治时报》，2010年8月23日。

② 藏区由于各地方言不同，又有不同的称谓：居住在西藏阿里地区的人称为"兑巴"，后藏地区的人称为"藏巴"，前藏地区的人称为"卫巴"，昌都以东地区的人称为"康巴"。四川西北部、甘肃南部及青海地区的人称"安多巴"或"安多哇"。所以，甘青川藏区简称安多藏区。

区，历史上存在的长期贫困、封闭和落后使得城镇发展水平滞后。在政策性投入不可能全面兼顾的情况下，甘南州有必要将有限的人力、物力和财力投放到重点区域、重点城镇上，塑造区位优势，引导生产要素有序聚集，并由此带动整个区域的发展。换言之，在欠发达民族地区，借助行政级别对城市发展的影响力，有计划地提升城市行政级别是符合城市发展要求的。

合作市成立以来，其行政级别经历了由"乡—镇—市—县级市"的发展道路。合作市首先进行的是撤乡建镇。在城市的低行政级别阶段，从乡到镇的直接提升对城市的规划发展十分有益，合作镇因此很快发展起来。1958 年，甘南州撤销夏河县，改建合作镇为德乌鲁市。这次改县为市是冒进行为，因为当时的夏河地区包括合作并没有达到建市的标准，所以德乌鲁市很快就于1961 年被撤销，夏河县得以恢复，州政府仍驻合作镇。

1983 年，国家出台了撤县建市的标准：县政府驻地非农业人口应在 8 万以上（总人口 50 万以上的县改市，县政府驻地的非农业人口要占总人口的 20%），工业年产值要在 2 亿元以上。[1]基于均衡布局城镇体系的考虑，1993 年，国务院批转民政部《关于调整设市标准的报告》，该文件"按人口密度确立了 3 个市镇设置标准，对中西部地区适当降低了要求"[2]。1996 年，根据中西部设市的标准，甘南州政府以战略的眼光和发展的眼光，及时向中央和省上提出了撤镇设市的请求。6 月，经国务院批准，省人民政府正式同意设立合作市，以夏河县的合作镇及那吾、佐盖曼玛、佐盖多码、卡加曼、卡加道、勒秀、加茂贡等 7 乡为合作市的行政区域，市人民政府驻合作镇。经过筹备，合作市于

① 区界名：《中国行政区划》，北京：北京出版社，1994 年版，第 67~68 页。
② 鲁晟：《国内多个城市欲提升行政级别　学者批干部虚荣心》，《民主与法治时报》，2010 年 8 月 23 日。

1998 年 1 月 1 日正式挂牌。

建市以后，合作市的基础设施、交通条件、产业布局等都得到很大发展，城市的经济、文化中心职能不断提升，城市化水平呈快速发展态势。

(二) 区域边缘交通的"枢纽效应"

甘南州地处甘、青、川三省"交界"边缘，是承接内地，沟通青藏的民族走廊。因此，甘南交通系统的完善，将产生边缘功能叠合的"枢纽效应"。枢纽代表聚集，枢纽也代表辐射。换句话说，合作市交通发展产生的"枢纽效应"不仅仅辐射甘南州，也包括甘、青、川边缘地区。

合作市地处青藏高原东缘高寒地带，受自然地理环境的制约，其交通发展缓慢，条件差。新中国成立后，甘南州借助合作市距离省会兰州市 250 公里，距离临夏市 150 公里的良好区位条件，积极发展对外交通。目前，合作市域内有国道 1 条，省道 1 条，公路通车总里程达 448.05 公里，已形成以 G312 线、S306 线为骨干、以 X406 线（江卡拉—达莱）、X409 线（麻布索纳—参木道—少地）为支线、以 Y517 线（权斗—下巴沟）、Y575 线（合作—扎油）、Y576 线（卡加道—门娄）、Y577 线（佐盖多玛—佐盖曼玛）、Y614 线（合作—大窑洞）、Y615 线（粮站山—萨尼沙娄）等为补充的路网格局，公路密度达到 0.17 公里/平方公里。纵贯南北的国道 213（兰州—合作—成都—昆明—景洪），使合作市成为通往大西南交通要道上的重要城市。2007 年，《甘肃省高速公路网规划》将修建临夏—合作、合作—郎木寺、夏河机场—合作的高速公路纳入规划，其中临合高速公路已于 2011 年 12 月动工。2008 年，兰州—合作、合作—成都的铁路也被纳入国家中长期铁路网规划。2014 年 12 月 12 日，兰合铁路动工，计划 2019 年建成。高速公路和铁路的规划和建设，将进一步完善合作市的交通系统，奠定合作市承接内地与青海、西藏的交通枢纽地位。

区域边缘交通的"枢纽效应"加大了合作市的人流量和物流量，促进了商业贸易的发展。合作市位居国道主干线和干线公路的枢纽位置，对外则通过213国道，向北经过有"旱码头"之称的临夏与兰州经济区相接；向南越过若尔盖草原到达川西的都江堰、成都等城市；向东经岷合公路接国道212线，与甘肃省的定西、陇南及天水等地区（市）相联系。合作市位于甘南州的中部，与州内各县之间的距离合理，距临潭、卓尼、夏河、碌曲等县域中心均80公里左右。合作市每日有发往青海、四川、临夏、兰州、定西及州内各县的定期班车80班次，日发送旅客3200人次，兰州至四川的过境客车每日12班次。各交通线路的货运量亦很大，青海每日900吨，四川每日1260吨，临夏每日120吨。[①] 便捷的内外经济联系促进了合作市商贸流通服务业的发展。随着蔬菜瓜果市场、小百货批发零售市场的建设，合作市现已初步形成了建材、家电、蔬菜、服装及民族用品等多领域、聚集辐射功能较强的市场体系。2016年7月，由甘肃高原房地产开发集团有限公司承建的高原世贸城项目开工，这是配合甘南州打造生态旅游城市而建设的城市生态旅游景。该项目建筑面积12万平方米，是融商业综合体和民俗风情旅游为一体的大型商业建筑。项目计划于2019年10月竣工。[②]

商贸经济的繁荣奠定了合作市作为甘南州商品集散地的核心地位。目前，合作市商品交易的品种与数量不仅在全州位于前列，而且由于对外联系通道的畅通，由内地进入藏区的物资也汇集于此地，然后分流到州内各县，以及四川、青海毗邻藏区，有

---

① 师守祥、张智全、李旺泽：《小流域可持续发展论——兼论洮河流域资源开发与可持续发展》，北京：科学出版社，2002年版，第232页。

② 资料由甘南慧君环保技术服务有限公司执行董事任君彪提供。

的甚至转运到西藏的拉萨等地，甘南州所产的畜产品、木材、药材也多由合作市运往内地。今天的合作市已发展成为甘南州及甘、青、川藏区最大的物资集散地。商贸业的发展不仅提高了合作市集聚人流与商品的能力，而且吸引与分散各种工业品和农副产品的作用也得到加强。

区域边缘交通的"枢纽效应"提升了城市的聚集力，推动了城市产业的发展，是城市规模化发展的助推器。

（三）文化职能的增强

文化是城市的灵魂。文化职能作为城市职能的重要内容，它的健全发展是增强城市凝聚力和自信心的源泉，可以提高城市的文化品位和综合竞争力，进而促进城市的现代化建设。城市文化职能是指以学校、图书馆、博物馆、科技馆、体育馆、文化馆、城市雕塑、文化广场等城市设施为依托，开展的文化活动的功能。作为区域文化中心，随着文化基础设施的逐步完善，合作市的文化职能不断健全、完善。

教育基础设施条件逐步完善，教育事业全面推进，促进了城市文化职能的建设。合作镇于 1998 年建市后，多途径利用各类项目资金，先后修建了教学楼 20 幢，建筑面积 32027㎡，学生宿舍楼 3 幢，建筑面积 5571㎡，乡级学校校舍建筑面积 11632㎡，维修校舍 8663㎡，排除危房 12731㎡。"十五"期间，合作市先后利用援藏、义务教育、危房改造及社会援助等各类资金 4385.6 万元，新建、扩建、维修校舍面积达 31091 平方米。2009 年 7 月 26 日，合作民族师范高等专科学校正式挂牌升格为甘肃民族师范学院，合作市有了第一所本科院校。高等教育的发展奠定了合作市在全州的教育地位。正如甘南州藏族女子学校的门卫兼拾荒者卓玛加，他本可以在卓尼县恰盖乡过着衣食无忧的生活，但为了孙子能在合作市上学，2001 年，他从家乡来到了合作市。在采访中，他对记者这样说道："合作毕竟是州府所在地，学校的教学条件相对要比家乡好。"① 可见，普通群众对合作市在甘南州的教育地位已有一定的认识。

广电事业是高效的教育工具，是传播文化和信息的重要通道，广电基础设施的不断完善，进一步丰富了城市文化职能的内容。在甘南民族地区发展广电事业，还存在着语言的障碍。藏语是当地民族语言，汉语是国家通用语言，因此，甘南州必须大力发展汉语言教育。1982年，合作镇开办了首届汉语言文学大专班，1984年，成立了"甘肃广播电视大学甘南藏族自治州工作站"，1994年底，工作站更名为"甘肃广播电视大学甘南分校"。分校办学20多年来共招收各类学生5300余名，毕业3600余名，为全州广电事业的发展提供了大量人才。1998年，为解决边远贫困地区和民族地区广播电视有效覆盖率较低、广大农村、牧区群众无法听到广播、看到电视的问题，国家实施了"广播电视村村通工程"。2000年9月，国家启动了"西新工程"，解决西藏、新疆等边疆民族地区的广播电视覆盖问题，甘南州被纳入了该工程范围。以此为契机，2003年以来，合作市争取资金1403.8万元，更新了甘南人民广播电台、甘南电视台和州藏语译制中心采录编播译制设备，增加或更新了全州七县所在地14部300瓦电视发射机、3部1000瓦电视发射机及临潭、碌曲、夏河三县的发射塔。州政府又争取资金433万元，开通了光缆线路，将州电视台的两套电视节目和一套广播节目传输到七县（市）。此外，还建成乡村广播电视站（室）45座，全市农牧村广播电视覆盖率分别达到44.7%、49.4%。2006年7月1日，甘南电视台藏语频道开播，成为全国藏区唯一开办该频道的地方民族台。②

---

① 《人物：羚城的拾荒者》，《甘南日报》，2006年1月5日。
② 《谱写民族团结进步的和谐乐章——记全省民族团结进步模范集体、甘南州广播电影电视局先进事迹》，《发展》2007年第2期，第4页。

近年来，全市其他文化基础设施也有较大改善，先后建成了合作市文化宣传业务楼，合作市青少年活动中心、卡加曼乡、当周街道办文化站等文化设施，2008年，"香巴拉"主体文化广场落成，充分体现出草原文化和藏民族文化的特色。借助文化设施开展健康向上的民族文化活动，进一步完善文化产业政策，这有效提升了合作市的城市文化职能。

（四）行政中心的"产业聚集"优势

行政中心城市在产业聚集上往往占据优势。某一城市一旦确定为某个区域的行政中心，其发展往往能获得更大的政策倾斜和资金投入，表现在经济上则是产业的聚集。在欠发达的少数民族地区，行政中心的产业聚集作用更为突出。因为在社会发育程度很低、经济落后的少数民族地区，总量极度稀缺的各类经济资源，诸如资金、人才、技术、管理等都是根据其行政职能部门配置的，没有行政中心（如州府驻地）的带动，显然难以形成经济中心。[①]

首先，产业的聚集促进了产业体系的不断完善和产业产值的增长。在国家和甘肃省政府的扶持下，合作市三次产业的产值呈现持续稳步增长状态，1998—2008年，三次产业产值分别从1998年的0.52亿元、0.44亿元、1.33亿元增加到2008年的0.96亿元、2.53亿元和6.44亿元，年均增长率分别为6.62%、19.58%和17.39%。

---

① 师守祥、张智全、李旺泽：《小流域可持续发展论——兼论洮河流域资源开发与可持续发展》，北京：科学出版社，2002年版，第230页。

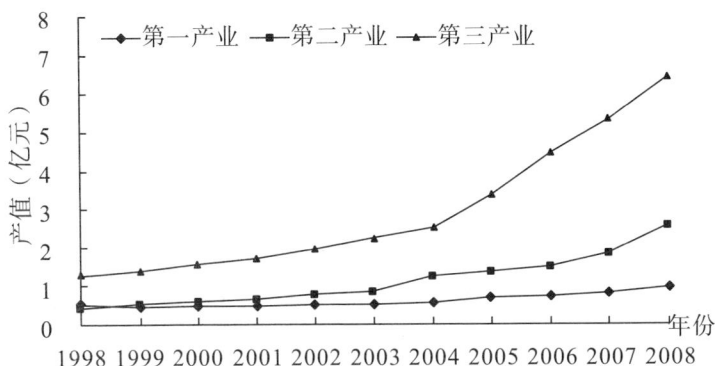

图 6—1 1998—2008 年合作市三次产业产值变化情况①

从 1998—2008 年合作市国民经济的产业产值构成变动来看，第一产业产值在国民经济中的比重呈现持续下降趋势，第二、三产业产值比重呈现波动性小幅度上涨，第三产业在国民经济发展中已居主导地位。产业的发展促进了国内生产总值的增加，合作市 GDP 从 1998 年的 2.29 亿元增加到了 2017 年的 39.08 亿元，在全州居于首位。

表 6—1 2017 年甘南州各县（市）国内生产总值统计表②

地名	国内生产总值（亿元）	地名	国内生产总值（亿元）
合作市	39.08	夏河县	15.58
临潭县	19.18	卓尼县	15.17
碌曲县	9.79	玛曲县	15.27
迭部县	11.79	舟曲县	14.8

其次，产业的聚集促进产业结构的完善和产业布局逐步优化。通过实施专业化布局和规模化生产，合作市的产业布局日趋

---

① 《合作市城乡一体化规划》（调研资料）。
② 资料来源于甘南州各县（市）的政府工作报告数据。

合理化，初步形成了"一心三区"的产业化生产格局。即以主城区（包括那吾乡）为"一心"，主要发展农畜产品深加工、民族商贸业、金融业、旅游业、信息业、物流业等产业。以北区（卡加道乡和卡加曼乡）、东区（佐盖曼玛乡、佐盖多玛乡）、南区（勒秀乡）为"三区"，主要发展水电、小型工业、旅游、农畜产品深加工等产业。

产业的聚集，结构的优化以及国内生产总值的稳步上升，有力地推动了合作市的经济发展和城市变迁。

第二节　资源型城镇的兴起

资源型城市是指"产生于工业时代、建立在机器生产基础上、因资源的开发和利用而兴起或发展"的城市。[1] 新中国成立后，甘南州由于很长一段时间，其工业化还处于启动阶段，区域交通条件差，城镇基础设施几乎为一片空白，资源型城市很难兴起。改革开放以后，随着城镇化、工业化进程的加速，甘南州的资源型城市才逐渐兴起，并在多种资源的开发中呈多样性发展趋势。

一、甘南州资源型城镇的形成模式及特点

（一）甘南州资源型城镇的形成模式

资源型城镇是指"因当地的资源开发而形成、发展，并且资源型产业在当地经济结构中占重要地位"的城镇。[2] 资源型城镇

---

① 何一民主编，刘吕红著：《清代资源型城市研究》，成都：巴蜀书社，2009年版，第177页。

② 焦华富、陆林：《西方资源型城镇研究的进展》，《自然资源学报》2000年第15卷第3期，第291页。

的形成有两种模式，一种为"先矿后城式"，即城镇完全是因为矿产资源开采而出现的。另一种为"先城后矿式"，即在矿产资源开发之前已有城镇存在，资源的开发加快了城镇的发展。甘南州的资源型城镇属于第二种模式，即"先城后矿式"。

矿产资源的开发起步晚是甘南州资源型城镇"先城后矿"的主要形成原因。生产技术、经济水平、交通条件及原料产地等是矿产资源开发的前提。开发的条件越有利，开发的时间就越早。甘南州的矿产资源主要分布在高山峡谷的高原地区，区域海拔高，气候寒冷，交通条件差，开发难度大。当地基础设施、经济文化、思想观念落后，对矿产资源的开发有一定制约作用。玛曲县格尔珂金矿直到1991年才开始开采。

区域边缘在外部资源上的"聚集力"弱势是甘南州资源型城镇"先城后矿"的另一个形成原因。矿产资源的开发是耗资巨大的工程，首先需要投入大量的资金进行矿产勘查，且投资与收益存在较大不确定性，风险颇高。资金是发展矿业的瓶颈因素。甘、青、川交界的区域边缘性意味着甘南州在国家和地方政府的财力投入上基本处于弱势地位。加上长期以来的经济落后，交通差和各类基础设施滞后，区域整体投资环境很差，人力和财力的聚集力都很低。这种边缘"聚集力"弱势最终成为矿产资源开发的强大阻力，是甘南州资源型城镇"先城后矿"的形成原因。

（二）甘南州资源型城镇的特点

"先城后矿"的形成模式决定了甘南州资源型城镇兴起之初的布局主要是围绕政府职能部门而展开，城镇布局具有"非缘矿"与"缘矿"相结合的特点。城镇布局的"非缘矿"是指城镇不是由矿区演化而成。矿产资源的分布一般具有不连续性的特点，"缘矿"而建的城镇布局往往比较分散。"非缘矿"与"缘矿"的结合使城镇的布局呈组团式，即以行政为主的城区和以矿业为主的产业区。

　　"先城后矿"意味着甘南州资源型城镇的产业结构不是高度依赖单一的工矿企业。甘南州复杂的地质构造和独特的气候条件，形成了境内丰富的资源，且资源呈交错分布。以金矿为例，目前甘南州已勘探发现的金矿就有合作市枣子沟（储量 86 吨）和玛曲格尔珂金矿（储量 90.5 吨）两处。由于矿产开采耗资大，风险也大，一般须由政府推动。在甘南州，落后的经济发展水平在很大程度上延缓了开采进程，致使不少资源还处于尚未开发状态。甘南州资源型城镇"先城后矿"的形成模式表明：在矿业形成之前，城镇已经兴起。那么，甘南州城镇早期的发展主要还是依赖于别的产业。如玛曲县，早期主要是畜牧产品加工业。格尔珂金矿业兴起以后，矿业产值在经济总量中所占比值逐年上升，从 2000 年的 57.98％升到了 2006 年的 62.98％。与此同时，牧业的比重却逐年下降，从 2000 年的 35.36％下降到了 2006 年的 25.27％。[①]

　　对资源的依赖性较低，这是甘南"先城后矿"形成模式的又一个特点。通常而言，大多数资源型城市对资源过度依赖。而资源的不可再生性、资源逐渐枯竭和不可逆转性常常会导致一些城镇面临"矿竭城衰"的处境。甘南州的"先城后矿"，表明城市不是因矿而生。所以，当资源进入衰竭期时，甘南的资源型城镇有可能转型发展。

二、甘南州代表性资源型城镇的变迁

（一）矿业型城镇——玛曲县的变迁

　　1. 矿业崛起是玛曲城镇变迁的拉动力

　　玛曲县位于黄河的上游，地处甘、青、川三省结合部，东北

---

　　① 宁银丽、邓艾、贾敦：《玛曲县金矿资源枯竭后接续产业实证研究》，《甘肃民族研究》2010 年第 1 期，第 2 页。

与甘南州的碌曲县接壤,东南与四川省若尔盖县、阿坝县相邻,西南、西北与青海久治县、甘德县、玛沁县连接,北与青海省河南蒙古族自治县毗邻。基于地理位置分析,玛曲县是甘南州承接内地、沟通青藏的窗口,位置十分重要,这是新中国在此置县的重要原因之一。置县初期,玛曲一方面围绕行政职能进行城镇基础设施建设,一方面以发展畜牧业及加工业促进城镇经济的发展。

改革开放后,玛曲县丰富的矿产资源为经济的繁荣注入新的活力。1991年,尼玛乡境内的格尔珂金矿开采业兴起。建矿以来,矿业发展势头很好,黄金产量排名现已位居全国第四,甘肃省第一。2006年,金矿相关产业在玛曲县经济总量中的比重已达62.98%,已成为玛曲县的支柱产业。

首先,矿业是劳动密集型产业,矿业的发展将促进城镇化建设。矿业人口的聚集,可以带动、辐射一定区域的经济社会发展。格尔珂金矿的开采与发展,带动了金矿相关业采、选、冶一条龙配套产业的发展,加快了玛曲县的工业发展进程,为玛曲县从牧业经济向工业经济的转型注入了新的活力,并成为推动城镇化建设发展的重要因素。以矿业为龙头的相关配套产业的发展,迅速推动了玛曲县国内生产总值的提高。玛曲县在甘南各县经济发展中的比较优势凸显。2017年,该县的人均GDP在全州位居第三。县域经济的发展加快了玛曲县城镇化的进程。2003年,玛曲县的城镇化率在全州仅次于合作市,位居第二,体现了矿业发展之初对人口的拉动力。2017年,玛曲县的城镇化率在全州7县1市中退居第七,倒数第二①,这说明,随着矿业发展的进入稳定时期,矿业人口基本饱和,人口的聚集力减弱。

---

① 甘南藏族自治州统计局:《2017年甘南州人口变动主要数据公告》,2018年3月1日,http://www.gnztj.gov.cn/htm/20183/74_4678.htm。

其次，矿业的崛起改善了玛曲县的城镇基础设施，为地方经济的发展创造了有利条件。随着矿业的迅速发展，公司也积极参与地方基础设施建设，先后投资 45 万元修路建桥，帮助改善当地交通条件。在矿业支柱产业的推动下，县域经济发展迅速，政府对城镇基础设施建设的投入能力增强。近年来，政府还加大了对旅游业的投资，为旅游业的发展提供了基础条件。2011 年，玛曲县全面启动"天下黄河第一弯"国家 4A 级旅游景区创建工作，投资 1714.7 万余元，新建阿万仓原生态游牧文化旅游景区、草原新城格萨尔文化体验区，完善水、电、路、公厕等配套设施。同时，对阿万仓乡新开办的 10 家牧家乐也进行了扶持。①

"先城后矿"的发展模式使玛曲县的产业结构较为合理。矿业的崛起产生"锦上添花"的效应，不仅带动相关产业的发展，同时也改善了城镇基础设施，促进了传统产业牧业、食品加工业和旅游等新兴产业的发展，成为玛曲县经济发展和城镇化的重要拉动力。

2. 玛曲县可持续发展的前景分析

资源开发是矿业城市发展的首发动力，资源枯竭则是矿业城市可持续发展的巨大阻力。矿业对资源的极度依赖性决定了它的发展具有很强的生命周期。在城市发展的历史经验中，大多数矿业城市都因为对资源的依赖而随着资源的枯竭走向衰退。例如美国的阿巴拉契亚、苏联的巴库，就曾因为煤炭或石油的枯竭而使城市的发展一度受挫。但是前者依托流域的综合开发，后者依靠走国际合作开发的道路，再次实现了经济的繁荣和区域的发展。澳大利亚西部的金矿城市，随着金矿耗竭而衰落下去，成为荒僻

---

① 甘肃省地方史志办公室编：《甘肃年鉴 2012》，兰州：甘肃文化出版社，2012 年版，第 483~484 页。

的矿山街①,这些都是玛曲县可持续发展的前车之鉴。目前,玛曲县金矿业已发展成为该县的支柱产业,但其资源储量与开采节奏亟待重新审视,并进一步做出合理规划。从资源看,格尔珂金矿矿业开发区总面积有 2.34 平方公里,矿区成矿构造带东西长约 2.1 公里,南北宽约 500 米,矿体一般长 30~40 米,厚 1~3米,探明储量达 46 吨,远景储量 72.8 吨。2000—2007 年,格尔珂金矿年均产出黄金 2000 公斤,按照年产 2000 公斤计算,玛曲已探明的金矿储存量还可维持 23 年。

产业结构单一,资源产业萎缩期未形成替代产业,是矿业城市衰落的共同原因。目前,玛曲县的矿业主要以开采金矿为主,资源的回采率不高,致使企业发展后劲不足。格尔珂金矿外围有良好的成矿条件,已发现格尔托等多处金矿点及矿化线索,具备资源潜力和找矿前景。玛曲县可以利用资源优势,加大矿业发展力度,实现由单一的金矿开采向更多的矿产资源进军,并向矿产品的深加工发展,延伸产业领域和提高产品附加值,延长矿业的生命期,以期夯实玛曲县的经济基础。资源衰竭的不可逆是产业结构单一的矿业城市衰落的重要原因。因此,玛曲县的可持续发展要着重解决资源后续加工业的问题。玛曲县金矿资源枯竭后的接续产业主要是牧业、食品加工业和旅游业,加大对这些行业的扶持力度,是降低金矿衰竭对城市发展影响的重要途径。

（二）森工能源型城镇——迭部县的变迁

迭部县位于甘南州白龙江北岸,1962 年建县。建县后迭部县境内森林、水能、矿产等资源十分丰富。资源类型的多样性决定了产业的多元化,这是迭部县城镇化的发展优势。同样,不同资源产业的生命周期也对城镇的可持续发展产生影响。

---

① 万会、沈镭:《矿业城市发展的影响因素及可持续发展对策》,《资源科学》2005 年第 1 期,第 21 页。

1. 改革开放前迭部县资源开发概况

改革开放前，迭部县的资源开发主要有林业、核工业和水电业。林业以"砍伐林木，输出原木"为经营模式，是当时的支柱产业。核工业为国家的战略建设项目，曾有过一段较为辉煌的时期。水能开发由于需要大量的资金投入和技术支持而发展相对滞后。迭部县主要以微小型水电站为主，且由于资金、技术等原因，小水电发展速度慢、规模小，总装机容量低，全县水电开发仅为 0.48 万千瓦。从总体上分析，这段时期迭部县的资源开发属于粗放的掠夺式开发，缺乏可持续发展的战略规划，尤其是对生态环境的破坏性较大。

首先，"砍伐林木，输出原木"的林业经济是迭部县的支柱产业。丰富的森林资源为林业的发展创造了条件。作为全国十大原始林区和甘肃省最大的林业县，迭部县的植被覆盖率达 88.46%，林地面积 422.17 万亩，占县域总面积的 59.20%，被誉为"森林之城"。1925 年，植物学家、人类学家约瑟夫·洛克在今迭部县境内考察时，曾在日记中写下这样一段话："我平生未见如此绮丽的景色。如果《创世纪》的作者曾看见迭部的美景，将会把亚当和夏娃的诞生地放在这里。迭部这块地方让我震惊，广阔的森林就是一座植物学博物馆，绝对是一块处女地。它将会成为热爱大自然的人们和所有观光者的胜地。"① 如此丰富的森林资源使"砍树经济"在当时的林业发展热潮中成为当然模式。1962 年，迭部建县后，该县共提供了 900 多万立方米的木材支援国家建设，创造了近百亿元的价值，为国家经济的发展做出了重要贡献。但是，"砍树经济"也严重破坏了生物的多样性，

---

① 董金霞、段睿珺：《甘南州迭部县县属林业局工作纪实》，《甘肃经济日报》，2011 年 7 月 7 日，http://gsjjb.gansudaily.com.cn/system/2011/07/07/012063645.shtml。

而且树必然越砍越少，以致最后变成不毛之地，造成水土流失等一系列生态问题。据资料统计：迭部林区从 20 世纪 60 年代末开始，经过近 30 年的采伐，林区内 120 多万亩的原始林被砍伐，有相当数量的林地被当地乡办林场、村办林场以"经营"的名义"拔大毛"（拣好的采），消耗量和净生长量相抵，折算蓄积量，相当于近 57 万亩土地上的森林消失。[1]

其次，在国家"三线建设"的战略规划下，1967 年 5 月 31 日，国家投资 2.7 亿元在迭部县建立了从矿山、水冶、中型自备水电站、医院等设施齐备的国营七九二矿。[2] 该矿成立以后，一批核工业技术人才从四川、江苏、广东、湖南等地迁入。1985 年，企业有职工人数 2323 人，与迭部县林业局职工人数（2738 人）相差甚小。[3] 可见，七九二矿已是迭部县仅次于林业的工业企业。大量的企业移民为当地输入了先进的技术和观念，有利于迭部县的城镇转型。七九二矿的国营地位还对迭部县的早期城市布局产生影响。1998 年，该县启动了对县城中心区的综合改造工程，而此区域正是原七九二矿的生活区。这表明七九二矿在当时迭部县的城镇布局中占据着重要位置。

2. 改革开放后迭部县资源开发的转型

改革开放后，随着国家工业化和现代化建设步伐的加快，全国林业开发的生态问题日益凸显。与此同时，电力基础设施薄弱的问题也越来越突出。国家对这两大问题的关注，为迭部县的资源开发提供了战略契机，迭部的林业发展模式也开始转型。全县

---

① 董金霞、段睿珺：《甘南州迭部县县属林业局工作纪实》，《甘肃经济日报》，2011 年 7 月 7 日，http：//gsjjb. gansudaily. com. cn/system/2011/07/07/012063645. shtml。

② 2002 年，七九二矿"政策性关闭"了。

③ 甘肃省甘南藏族自治州工业普查领导小组办公室：《甘肃省甘南藏族自治州第二次全国工业普查资料汇编》，内部资料，1987 年。

产业结构发生变化，支柱产业由林业转为水电开发，与林业生态经济相适应的天然食品加工业及森林生态旅游业随之发展起来。这一时期，迭部的资源开发具有生态性和可持续性。

首先，林业实现了由"砍树经济"到"植树经济"的转型。1998年，国家开始实施天然林保护工程，简称"天保工程"。2000年，国务院批准了国家林业局、国家计委、财政部、劳动保障部联合上报的长江上游、黄河上中游地区和东北、内蒙古等重点国有林区"天保工程"实施方案，确定从2000年至2010年在17个省（区、市）实施"天保工程"，规划投资962亿元。迭部县停止了天然林采伐，开始了植树经济发展模式。十余年来，迭部县共投入"天保工程"建设资金65241.64万元，完成公益林建设任务221.66万亩，其中人工造林59.54万亩、飞播造林16.87万亩、封山育林143.11万亩、人工促进天然林更新2.14万亩，公益林144.2万亩。全县森林覆盖面积由1998年的325万亩增加到现在的468.85万亩，森林覆盖率由61.7%提高到现在的73.2%，净增11.5个百分点。[①]

其次，随着"天保工程"的推进，迭部县的产业结构发生了变迁。在"植树经济"模式下，迭部县失去了以林业开发为主的产业经济来源，财政收入减少了95%以上，农牧民人均纯收入减少310元，出现失业人口增多，返贫人口剧增的情况。面对城镇发展的困境，调整经济结构，开发新的资源，培育支柱产业成为迭部县可持续发展的趋势。2000年，国家实施西部大开发战略，这为迭部县经济结构调整提供了政策机遇。2003年，国家启动了小水电代燃料试点和扩大试点工程，通过开发水电代替农村燃料，巩固退耕还林成果。迭部县积极争取国家支持，基于

---

① 刘江林：《染就山绿水清的迭部——迭部林业局实施一期天保工程纪实》，《甘肃林业》2011年第2期，第18页。

"潜力在水"的发展思路,通过加大招商引资力度,加快水电开发力度。2003年,迭部县通过招商引资建设,在县城东南30公里处,开工建设甘南州装机容量最大的水电站——迭部达拉河口水电站。水电站是迭部县全面实施以电代柴,进一步加大天然林保护工作的重点工程和甘肃省"十五"农村电气化县建设骨干电源工程。坝高67米,总库容1506万立方米,装机容量5.25万千瓦,年发电量2.73亿千瓦时,工程总投资3.70亿元。

随着水电开发力度的不断加大,迭部县的经济增长点由林业转为水电业,并逐渐成为支柱产业,有力地支持全县财政增收和工业增效。2007年,迭部水电收入占全县财政收入的55%,占全县税收的57%。[①] 截至2008年8月底,全县已开工建设水电站19座,总装机容量44.448万千瓦,工程总投资33.52亿元。其中已竣工并网发电的水电站有6座,总装机容量10.533万千瓦,总投资7.632亿元,330千伏洛大输变电站工程也已竣工投入运行,基本形成了内电外送的大电网骨架,并发展成为甘南州重要的水电能源基地。

与此同时,迭部的林业从变卖木材转向开发经济植物,促进天然食品加工业的发展。与林木资源丰富相应的是经济植物的富足,迭部县的野生植物种类繁多,譬如备受国内外商家青睐的野生菌类就多达130余种,其中尤以"羊肚菌"为首的40余种珍菌类,蕨菜、刺嫩芽等70余种野菜类闻名遐迩。药用植物545种,有红景天、雪莲、冬虫夏草、贝母、猪苓、羌活、秦芄、大黄、黄芪等。野生经济植物是无污染天然绿色食品,具有丰富的营养价值和开发潜力。目前迭部县已经开发上市的珍菌野菜有

---

① 杨旭明:《迭山白水奏凯歌,水电开发谱新曲——迭部县水务水电局局长张班玛交谈水电开发》,甘肃新闻网,2008年8月28日,http://www.gs.chinanews.com/news/2008/08-28/6685.shtml。

20余种，年综合采集量，食用菌类250吨，山珍野菜类1500吨以上，这些都是出口日本、韩国及东南亚等国的重要绿色食品。

林业生态经济还促进了旅游业的发展。森林生态旅游业是一个投入时间长，资金大，产出小的工程，投入100元，产出不到1元，这样的投入产出比例只能依赖国家投入。在国家政策和资金的大力支持下，迭部县"天保工程"取得阶段性成果，森林覆盖率达到60%以上，植被覆盖率达到88%。目前，森林覆盖率在全省名列前茅。2010年，迭部县被评为"首批国家级绿色能源示范县"，腊子口被评为国家级森林公园和国家AAAA级风景旅游区，有力地推动了旅游业的发展。每年，由森林旅游业产生的直接经济效益达200万元。

（三）森工能源型城镇——舟曲县的变迁

舟曲县位于两沟一江（三眼峪沟、罗家峪沟和白龙江）当冲位置的一个古泥石流冲积扇上，是甘南州较早形成的城镇之一。穿城而过的白龙江提供了丰富的水源，为舟曲农业的发展创造了条件。历史上，由于政治、战乱等原因，大批汉族移民不断迁入舟曲地区，带来了中原地区先进的生产技术和文化，有力地推动了舟曲地区农业经济的发展。新中国成立前，舟曲县是以农牧业为主的小城镇。

1. 舟曲县林业经济的转型和水电业、旅游业等产业的兴起

新中国成立后，舟曲县境内丰富的森林资源成为落后城镇经济发展的新动力。伐木业迅速兴起，并成为舟曲县重要的支柱产业。据舟曲县林业局统计，从1958年到1990年间，该县采伐的森林多达189.75万亩。[①] 到1998年国家实施"天保工程"时，

---

① 王寅清：《区域经济发展不平衡之恶果——舟曲泥石流背后的原因探析》，《商业文化》2011年12期，第220页。

舟曲县的森林覆盖率已从 20 世纪 50 年代的 70％下降到了 20％。①

1998 年，国家实施"天保工程"后，舟曲县停止了森林砍伐。林业开始从"砍伐经济"向"植树经济"转型。在新产业尚未完全形成的转型期间，支柱产业的全面萎缩掐断了城镇的经济命脉，当地居民的收入锐减，城镇贫困问题凸显。寻找新的支柱产业成为舟曲县解决城镇经济发展的首要问题。2001 年，舟曲县利用境内丰富的水力资源，开始大力开发水电。短短十年间，该县获得审批的大小水电站 55 座，共 54 万千瓦的装机容量。目前建成的水电站有 27 座，仅在拱坝河上就聚集了大小水电站十多座，几乎每隔 10 公里就有一座。水电基本已成为舟曲县的支柱产业。

近年来，随着林业经济的转型，以花椒、核桃、柿子、葡萄、石榴等为主的特色林果业也在舟曲县迅速发展起来。林果业不仅对恢复植被有重要作用，同时也是当地群众增收、脱贫致富的主要途径之一。截至 2011 年底，全县经济林果种植面积达到了 0.61 万平方公里，其中：花椒栽植面积 0.41 万平方公里，年产花椒 659 吨，年产值 4745 万元；核桃栽植面积 0.18 万平方公里，年产量 378 吨，年产值 1134 万元；柿子年产量 345 吨，年产值 552 万元；苹果、梨、葡萄等产量为 4994 吨，年产值为 1498 万元。②

第三产业是城镇经济发展的后续动力。加快旅游业的发展，对促进第三产业的进步十分有效。舟曲县积极以"藏乡江南、梦幻拉尕、泉城舟曲"为旅游品牌，积极推动了旅游业的发展。

---

① 刘德镒、喻刻：《舟曲："陇上江南"因何成泥城》，《国土资源导刊》2010 年第 9 期，第 20 页。

② 刘立立：《舟曲县果林业发展的思考》，《农业科技与信息》2012 年第 4 期，第 27 页。

2010 年，拉尕山旅游景区，被评定为国家"ＡＡＡＡ"级旅游景区。这是舟曲县第一个 ＡＡＡＡ 级景区，标志着舟曲县旅游产业的发展又迈上了一个新台阶。在浙江杭州召开的"2017 中国新型旅游产业发展大会"和在海南陵水召开的"第五届旅游业融合与创新论坛"，舟曲县荣膺"中国最美生态文化旅游名县"，荣登"2017 最美中国民俗、民族旅游城市"。①

2. 舟曲县经济变迁模式与舟曲小城镇建设的反思

舟曲县是我国滑坡、泥石流和地震三大地质灾害多发区。从林业到水电，舟曲的两大经济发展模式都对自然资源极度依赖，开发中的资源破坏加大了生态环境的脆弱性，成为其可持续发展的重要制约因素。这也是 2010 年 8 月 7 日舟曲县遭遇特大泥石流灾害的主要原因之一。

林业既有农业的特点，又有工业的特点。一方面，林业和农业相同，都是利用自然界的水、肥、土、光的作用来发展种植业。林业主要是培育森林资源，维持和改善生态平衡，以保持资源的永续利用。另一方面，林业采伐利用木材，进行木材运输和基本建设又与工业类似。有鉴于此，林业的发展必须兼顾这两大特点，只有这样，才能确保经济的可持续发展。如果一味追求经济效益，盲目开发资源，强化林业的工业特点，必将给森林资源及环境带来极大的破坏。在林业发展中，迭部县和舟曲县都有过深刻的教训。在舟曲县，由于森林的大量砍伐，大面积的毁林开荒，毁林造地，致使大量植被破坏，森林覆盖率从 20 世纪 50 年代的 70％下降到了 20％，严重的水土流失埋下了泥石流的祸根。

水电是目前世界上唯一一种技术比较成熟的、可以进行大规模开发的可再生能源，是发展前景广阔的能源。白龙江流域山大

---

① 《舟曲县 2017 年旅游产业发展工作综述》，2017 年 12 月 28 日，http：//www. zqx. gov. cn/zhouquyaowen/article/5124。

沟深，水系落差大，水电资源丰富，这为舟曲县从森林工业到能源工业的转型提供了发展条件。水电是可再生性资源，其产品不仅能促进经济的发展，帮助贫困地区脱贫致富，同时也可以解决广大农村的燃料问题，减少森林砍伐，使水和森林二者形成良性循环。但是，水电的开发优势并不意味着所有地区都可以遍地开花地发展水电业。舟曲县地处白龙江大断裂带，山体比较破碎，是地震、滑坡、泥石流三大自然灾害的高发区，在这样的地方进行水电站开发，往往会加剧地质灾害的发生。因此，舟曲县地震断裂带的水电开发必须经过地震部门的安全评估后才能进行。然而，由于经济利益的驱动，舟曲县有不少无证小水电站的出现，这势必对环境造成极大破坏，甚至带来不可估量的灾害。2010年舟曲特大泥石流的发生，可以说与当地大大小小水电站遍地开花式的发展模式不无关系。

灾害不仅是教训，更是警示，舟曲县应以此为戒。首先，舟曲县未来城镇经济的发展必须在加强环境保护的前提下进行，大力降低开发对环境的破坏力度，实现城镇发展与环境的相适应。其次，城镇的规划布局必须"服从于防灾的需要，不能因为财政困难等因素，降低规划要求和执行力"[1]。再次，舟曲的城镇发展要对泥石流堆积区的集镇及人口容量加以限制，降低人口对环境的压力，以避免泥石流灾害造成重大人员伤亡和财产损失。

第三节　交通贸易型城镇的演进

交通贸易型城镇一般是指由于地理区位优势和交通的优越性促使城镇的商贸业日益繁荣，并发展成为区域商贸中心的城镇。

---

① 　众和：《以舟曲为镜——映照未来的城镇化建设》，《金秋》2010 年第 19 期，第 6 页。

而交通作为城镇对外联系和交流物质的重要通道，其区域系统的变化往往会对城镇的发展格局产生影响。回溯历史，临潭地区曾是"茶马古道"上繁荣的小镇，是甘南州的商贸中心。新中国成立以后，甘南的交通系统发生了较大的改变，由过去的羊肠小道、栈道变成了公路，在公路交通的影响下，甘南州形成了新的区域交通枢纽城镇——合作市，历史上茶马古道上的商业重镇——临潭也成为县级交通枢纽中心，并处于甘南州交通体系的第二级。交通的变化和新兴产业的发展，促进了交通贸易城镇的职能变迁。

一、交通枢纽等级影响下的临潭县商贸业

交通枢纽等级是指根据枢纽城市承担的交通功能和规模大小进行的分级。城市最大的功能之一就是枢纽功能，交通可以说是城市的经济之脉。在区域城镇经济发展中，交通枢纽的等级影响着城镇的发展和规模，使城镇的商贸职能发生变化。

临潭县城位于藏区与汉区、农区与牧区交汇地带，东与岷县、卓尼县接壤，北与临夏的康乐县和定西地区的渭源县相连，西、南连接卓尼，地处回、汉、藏交接之地，具有发展商业贸易的天然优势。历史上，临潭县是茶马古道上著名的商业重镇。穿临潭而过的茶马古道连接着甘南地区与全国其他地区，而临潭是当时甘南地区羊肠古道上的枢纽城镇，在甘南地区的交通枢纽等级中居于首位。这一时期，临潭的商业贸易十分繁荣，是甘南地区的交通商贸城镇。

新中国成立后，甘南州的交通发生了天翻地覆的变化。国道、省道和县道，一条条公路交通的发展，将甘南州各城镇纳入新的公路交通系统中，临潭县的交通枢纽地位也从全州退居到洮河流域。临潭县的交通是以省道 306 线徐（家店）合（作）公路和省道 311 线临（洮）临（潭）公路为主动脉，以县道、乡道为

通乡脉动的交通网络体系。其中，通乡公路与省道相连。县城西面县道423线羊（沙）术（布）公路和乡道582线古（战）术（布）公路组成环绕形道路与两条主动脉连通，连接羊沙、城关、术布、古战四个乡（镇）；东南方向，县道089线东（扎桥）新（城）公路有5.28km被九甸峡水库淹没，新修的石拉路（石门乡）至马场（羊沙乡）公路将东新公路淹没段重新连通，并与省道311线定新公路连为了一体；县道421陈（旗）店（子）公路，贯穿临潭陈旗、龙元和店子三个乡（镇），与主动脉省道306线贯通；东南面县道420线店（子）总（寨）公路与主动脉省道306线连接。

便捷的公路体系奠定了临潭县域的交通枢纽地位，但就甘南州全境而言，临潭县的交通枢纽等级已非茶马古道时的首位级别，州治合作市才是甘南州交通枢纽等级中的第一级城市。首先，合作市交通纵横交错，向北通过国道213线经临夏与省会兰州相接，向南越过若尔盖草原到达川西的都江堰、成都等城市，向东经岷合公路接国道212线，与甘肃的定西、陇南及天水市等地相联系。2014年12月26日，临夏至合作的高速建成通车。临合高速公路的通车，实现了从省会兰州市到合作市的全程高速，同时也结束了甘南州不通高速的历史。正在修建中的兰渝铁路也途经合作市，已经通航的夏河机场距离合作市56公里。航空、铁路将进一步提升合作市的交通区位条件，奠定其综合交通枢纽城市的地位。

交通是形成商贸中心的基础，交通枢纽等级的高低对商贸型城镇的发展起着重要作用。今天，临潭县的商业和合作市相比，已有较大差距。如临潭县建于1999年的洮州商城，曾是甘南州当时最大的商业中心。该商城总投资535万元，占地面积9134平方米，可容纳300多户客商，但商城建立后实际上只有132户约350余人入住从事商业经营活动。而2007年合作市在市中心规划的羚城商贸服务中心，其投资金额为 2.3 亿，占地面积约 55 亩，其中由政府投资的步行街占地面积约 7200 平方米。羚城商贸服务中心功能齐全，是集商贸、宾馆、餐馆、娱乐休闲为一体的综合服务中心，其规模显然远远超过洮州商城。

其次，合作市的商贸体系比临潭更完善，且种类更多。近年来，临潭也积极引进项目，投资修建商贸市场，相继新建了新城镇农产品综合交易市场、洮州商住楼和西环路商住楼，正在修建的有城关综合农贸市场，拟建项目有粮油蔬菜市场等。而合作市的商贸楼不仅投资金额大，而且种类较多。2006 年，位于合作市中心地段的额亚泰商贸购物中心正式开业运营，该中心总投资800 万元，建筑面积 3200 多平方米，当年开工，当年投运，从业人员 120 多人。① 2008 年 10 月，合作市羚璞建材市场竣工。市场总建筑面积 22965 平方米，是一个集商品展示、家具、灯具、地板瓷砖、卫生洁具、五金制品、铝金制品、建筑材料、水暖器材等批发、零售为一体的大型综合性市场，也是在合作市经济发展中崛起的一个现代物流企业。2016 年 7 月，合作市又打造了高原世贸城，该项目建筑面积 12 万平方米，是融商业综合体和民俗风情旅游为一体的大型商业建筑。项目计划于 2019 年10 月份竣工。②

总之，交通枢纽带来的人流、物流、资金流、信息流是促进商贸业发展的重要因素，因此，交通枢纽的等级制约着城镇商贸业的发展规模，并与城镇商业地位成正比。交通枢纽等级越高，城镇在区域经济中的商业地位也就越高，反之则越低。新中国成立以后，随着全州交通业的发展，合作市的交通枢纽地位日益凸

---

① 徐英梅：《合作市招商引资项目又添新丁》，《甘南日报》2006 年 12 月 12日。

② 资料由甘南慧君环保技术服务有限公司执行董事任君彪提供。

显，临潭的交通枢纽地位下降，交通的变迁最终也导致了区域商业中心的转移，即临潭到合作的转移。

二、新兴产业的崛起促进了临潭的变迁

临潭是国家扶贫开发重点民族县，自然资源短缺，生态环境脆弱，传统的商业发展不能确保城镇可持续发展。近年来，临潭县立足旅游资源优势，发展旅游业，促进第三产业的发展，重点发展农畜产品加工业、旅游商品开发和矿产品加工业，积极发展电力工业，提高工业化水平，促进了城镇职能的变迁。

临潭县境内自然景观丰富多彩，人文景观也较为丰富。有仰韶文化、齐家文化、马家窑文化等 20 多处古文化遗址，有明代修建的洮州卫城，新城苏维埃政权等。自然景观尤以冶力关的风景最为突出。2006 年，冶力关风景旅游区正式挂牌为"国家 AAAA 级旅游景点"。近年来，临潭县积极依托丰富的旅游资源，招商引资，加大投入，以旅游业的崛起带动第三产业的迅速发展。

资金的投入是推动旅游业发展的关键因素。作为国家扶贫开发的重点县，临潭县积极争取政策支持，招商引资，加大资金投入。据 2005 年统计，甘南州各县市财政旅游发展资金到位情况为临潭 512 万元，迭部 124 万元，夏河 114 万元，玛曲 107 万元，舟曲 100 万元，卓尼 89.94 万元，碌曲 81.9 万元，合作市 80.2 万元。从开发旅游的资金投入看，临潭县排在全州第一，足见临潭对开发旅游的重视程度。

完善旅游设施，缓和旅游设施与游客需求之间的矛盾，也是加速发展旅游业的重要措施。多年来，资金的严重不足，导致了临潭县旅游设施建设的滞后，近年来，临潭县政府加大了资金投入和景区建设力度，初步改善了临潭县的旅游设施。2001 年，政府引进甘肃明宇电力设备有限公司资金 980 万元，修建了冶力

关旅游度假村。截至 2017 年，冶力关景区已累计完成各项投资近 5 亿元，开发旅游景点 6 处，完成了冶力关景区绿化投资 300 万元，新增景区绿化面积 48.2 公顷。此外，先后完成了冶海、赤壁幽谷景观长廊建设项目；投资 208 万元在亲昵沟景区、冶力关文化广场建设厕所 4 座；完成了林海宾馆、冶力关大酒店贵宾楼等建设，建成各类宾馆、酒店 19 家，其中三星级宾馆 3 家、二星级宾馆 3 家，建成农家乐接待点 400 多家，可同时为 1.2 万多人提供食宿服务。2012 年以来，临潭县先后完成了 70 多个旅游项目，累计完成投资 12 亿元，实施了冶力关文化广场及游客中心的改扩建，南北滨河路建设工程、冶木河道治理及景观建设工程、关街农家乐休闲一条街建设工程、冶力关综合体育活动场馆建设工程、森林公园自然遗产保护项目、洮州卫城文化生态旅游设施建设项目，在冶力关、新城、城关、流顺等景区建设厕所 15 座，实施了景区道路拓宽、停车场、旅游标识等公共服务设施项目，完成了冶力关特色旅游小城镇"五化工程"、蕙家庄生态保护暨农家乐改造项目等一大批重点旅游项目。2012—2017 年，临潭县累计接待游客 628.91 万人次，旅游综合收入达 27.84 亿元，年均增长率分别为 26.60％和 29.15％。[①] 随着旅游业的蓬勃发展，临潭县先后荣获"中国最佳休闲旅游县""中国优秀旅游景区""中国十大文化生态旅游目的地""中国十大休闲旅游目的地""中国最具国际影响力旅游目的地"等荣誉称号，其城镇的影响力和吸引力日益增强。

临潭围绕丰富的农牧、矿产、水利等资源，大力发展工业企业，实现了工业从无到有、从小到大的转变，初步形成了矿产业、农畜产品加工业、建筑建材业等工业体系。先后建成甘肃慧

---

① 张继元、张彩霞：《洮州美景迎宾客——临潭县旅游业发展回眸》，《甘南日报》2017 年 11 月 13 日。

达临潭硅铁厂和临潭县建华水泥有限责任公司。近年来，临潭的水电事业有了较快的发展。临潭县投资22100万元建设了青石山水电站、鹿儿台水电站，并对独山子水电站进行了技术改造，总装机容量2.75万千瓦，年发电量8512万千瓦时。同时，通过实施8802万元的农网改造项目，临潭县已建成110千伏变电所1座，35千伏变电所4座，10千伏配电变580台。全县电网线路累计达189条，总里程1567公里。①

从临潭城镇的变迁与产业分布关系的角度进行分析，临潭县的城镇布局与产业分布具有十分密切的联系。产业的发展依赖于资源，因此临潭县的企业基本布局在资源地，如硅铁厂在新堡乡，水泥公司在新城，旅游业发展得最好的是旅游资源富集地冶力关镇。分散的产业布局决定了临潭城镇布局的组团格局，城关镇（临潭旧城）作为县政府所在地，是全县的政治中心，以政治、商业经济、文化、旅游等职能为主，新城以工业、旅游、商业为主，冶力关镇则以旅游商贸业为主。

第四节　其他县域中心城镇的变迁

甘南州受限于高原封闭的地理环境，导致该地区的城镇虽具有悠久历史，但发展十分缓慢的局面。新中国成立后，国家在甘南州相继设县，区域内的寺院型城镇、土司城堡、农业城镇及游牧部落开始向县域中心城镇转型。

---

① 李春平主编：《临潭县耕地质量评价》，兰州：甘肃科学技术出版社，2015年版，第2页。

一、夏河县城由寺院型城镇向县域中心城镇转型

（一）夏河县城行政地位的下降

寺院型城镇主要是指城镇的形成与宗教密切相关，换句话说，就是先有寺院，后有城镇。因此，寺院型城镇的形成不是因为政治或军事，而是基于宗教的兴盛。这一类城镇的关键因素是寺院经济的发展。以拉卜楞寺为基础形成的夏河县即寺院型城镇的典型代表。

18 世纪，拉卜楞寺院建立。随着寺院的不断发展，以寺院为中心逐步形成城镇。至民国时期，以拉卜楞为中心的夏河县已发展成为甘南州政教合一的政治、经济中心城镇。1953 年，甘南州成立。当时的州政府机关设在夏河县的拉卜楞镇。1954 年，甘南州政府结合当地具体情况，提出了选择州治的方案，临潭旧城、夏河拉卜楞镇、黑错（今合作）、阿木去乎、西仓等 5 个地点作为备选地。后经反复研究和广泛征求各族、各界人士的意见，一致同意将甘南州州治迁于黑错。1955 年，州治迁往黑错。州治所在地的移迁意味着甘南州政治中心的转移。

州治所在地的选择具有明显的政治意义，与寺院选址有很大区别。中共中央明确指示，甘南州州治应"选择地点应适中，有发展前途，便于对藏区进行领导"的地点。夏河县县城位于大夏河河谷，河谷平均宽度 500～700 米，南北皆为山体，大夏河自西南经县城流向东北。狭长的河谷地形加上庞大的拉卜楞寺建筑群，夏河县的城镇发展可用空间十分有限。而黑错"乃一大盆地，较拉卜楞宽广数倍"，符合州政府所在地的选择要求。州治迁移以来，合作镇（原黑错）的发展历程已经证明：州治所在地合作市现在是甘南州的政治、经济和文化中心。而拉卜楞镇正好相反，由于州治的迁出，人口锐减，虽然为夏河县政府驻地，又是宗教中心，但城镇人口不足 3 万人，其中常住人口约 1.77 万，

流动人口近万人。城镇行政级别依然是县级。在经济发展上，2017 年甘南州各县（市）国内生产总值位于前三名的分别为：合作市 39.08 亿元，临潭县 19.18 亿元，夏河县 15.58 亿元。可见，夏河县已失去了甘南州政治、经济的中心地位。

2. 寺院经济主导地位的丧失

拉卜楞寺建于清代。随着寺院人口的增长和寺院规模的不断扩大，拉卜楞逐渐发展成为甘、青、川、藏、蒙（包括今天我国的内蒙古和蒙古国）等地最大的宗教信仰中心。在拉卜楞寺，聚集了三四千不从事生产的僧人以及数量众多的朝圣者，这样的人口数量对于地广人稀的甘南州而言实属不易。人口的空间聚集是城镇形成的必要因素。广大僧侣的各种消费需求是寺院经济发展的重要动因，于是，寺院经济的繁荣使拉卜楞地区逐渐发展成为甘南地区的经济中心。

民国时期，拉卜楞寺一带每年羊毛输出量为 120 万斤，至1939 年，输出量达到最盛时期，占该寺输出总额的第一位，而皮张的输出占输出总额的第二位。同时期购进商品粮食（大米、面粉、小米）占总购进额的 47.8％，茶、烟、酒占 32％，布匹、绸缎占 11.5％。[①] 兰州市上食用的牛羊主要源于拉卜楞地区。拉卜楞地区的粮食、菜蔬主要来自临夏，茶叶来自松潘，刀剑来自青海循化。而且"寺院十八囊欠之中，每年有走西藏者，将印度之毛织品，大批运来，以作买卖"[②]。在拉卜楞寺院经济中，寺院通过地方政府和贵族王公的定期补助和赠予，以及寺院拥有的田产等，占有大量资本，从某种意义上讲，寺院经济控制着城镇

---

① 徐恩波、史志诚、王雅鹏：《畜产市场运行与发展》，西安：陕西人民出版社，1994 年，第 30～32 页。

② 马无忌：《甘肃夏河藏民调查记》，张羽新、张双志主编：《民国藏事史料丛编》，北京：学苑出版社，2005 年版，第 285 页。

经济的命脉。① 寺院经济的主导地位影响着城镇的发展类型。寺院将大量的资金投入宗教消费市场，城镇的消费型特征明显。

新中国成立后，夏河县的寺院经济发生了变化。首先，夏河县工业经历了从无到有，从小到大的发展历程。夏河县拥有较好的城镇基础，丰富的水利、矿产和药材资源，为早期的工业发展创造了有利条件。改革开放前，夏河县的工业发展在全州优势凸显，企业数量位居首位。国家实施西部大开发战略以来，夏河县更是获得了工业发展的良好契机，工业在其国民经济中的地位也日显突出。目前已初步形成了以水泥建材、黄金等优势矿产品为支撑，水电业开发、畜产品精深加工业快速发展，饲草产品加工企业运行良好，旅游商品和民族特需品开发开始起步，中药、藏药制剂规模化生产的工业产业新格局。截至2010年底，全县工业企业由2005年的11户发展到33户，其中规模以上工业企业由2005年的2户发展到2009年的4户；完成工业增加值1.85亿元，在2005年4526万元的基础上增加了4.09倍，年平均增长率为15.6%，对全县经济增长的贡献率为22%。工业的发展使夏河县由消费型城镇转向生产型城镇。

其次，随着以"世界藏学府，中国拉卜楞"为文化品牌的旅游业不断发展，夏河县的第三产业迅速崛起。截至目前，夏河县旅游资源达51处，有国家A级旅游景区4处，其中AAAA级1处、AAA级1处、AA级2处；全县宾馆、饭店、农（牧、藏）家乐278家，床位5587张。其中宾馆、饭店88家（星级11家，非星级77家），床位2724张；旅游点、农（牧、藏）家乐190家（星级78家，非星级112家），接待床位2863张，旅游从业人员3502人。2016年，全年接待游客217万人次，同比增长

① 黄达远、牟成娟：《近代安多藏区寺院型城镇成因与特征初探》，《宗教学研究》2007年第4期，第134~135页。

56.5%；实现旅游综合收入 9.1 亿元，同比增长 41.9%。^①

"社会在不断地向前迈进，而宗教在人类社会的发展中，其地位却是呈下降趋势的，其控制力与控制范围也是在呈递减变化的。"^② 夏河县的变迁体现了宗教在现代社会中地位的下降趋势。州政府迁出拉卜楞镇，进一步降低了夏河县在甘南州的政治地位。随着宗教世俗化的进程，寺院的经济功能越来越突出，以寺养寺的作用和影响越来越突出。寺院成为夏河县的特色旅游品牌之一，促进了城镇第三产业的发展。在时代的变迁中，夏河县现代意义的县域中心城镇发展格局正在形成。

二、卓尼县城由土司城堡向县域中心城镇转型

明朝永乐年间，杨土司始祖来到卓尼地区，后来管军政者受封为土司，掌宗教者受封为僧纲，这便是卓尼土司的开端。此后，卓尼县城的发展与杨土司家族紧密联系。新中国成立后，卓尼县成立，土司城堡开始向县域中心城镇转型。

（一）土司城堡向县域中心城镇转型，城镇功能结构不断完善

1538 年，卓尼第六代土司杨臻主持建造卓尼城堡。卓尼城堡的城郭修筑在上卓沟河与洮河汇流处的冲击扇面上。城镇规模不大，全城周约 2 里许，只开辟南、西二门，略如土堡。卓尼古城的土司衙门现已不存，但从距离卓尼县城 5 公里的博峪土司衙门遗址看，土司衙门应该是城堡的核心建筑。博峪土司衙门占地面积有 7200 平方米，形如城堡，内分前后两院：前院有大堂 3

---

① 祁荣龙：《夏河县旅游业发展简析》，2017 年 4 月 28 日，http：//www.gnztj. gov. cn/htm/20175/26＿3960. htm。

② 王永会：《宗教的社会地位与功能简论》，《宗教学研究》1997 年第 2 期，第 130 页。

间，东西厢房各 5 间；又分东西两小院，东院有书房 3 间，卧房 3 间，公务房 5 间。后院有大经堂 7 间，另有号房、马号、粮仓、厨房等建筑。两院有两层木楼房为家属寝室。前后院均有花园、果园。① 由此可见，土司衙门不仅是土司执政的官署，同时也是土司的寝宫，此时的卓尼城堡实质上是土司的家族城堡。因此，卓尼城堡的城镇功能单一，规模发展受限。

从城镇居住人口分析，民国时期卓尼仅有居民约百户，而当时临潭东南的新堡镇都有居民 120 户，临潭新城则有 300 余户，足见卓尼的居住人口很少，连临潭的一个镇都比不上。民国时期同处高山峡谷的自然环境中，之所以出现这样的情形，究其原因，主要在于卓尼是土司家族的城堡，私属性更强。而这也正是土司城堡与交通贸易型城镇和中原王朝屯兵城堡的根本区别。如位于临潭新城与卓尼之间的新堡镇即为交通贸易镇。该镇"北循朱旗沟经扁都至新城，西溯洮河达卓尼"②，是临潭通往岷县的交通要道。城内居民均为汉人，多经营小商业，加上附近农产较为丰富，城镇商贸经济逐渐发展，其城镇人口也不断增长，比卓尼略多。而建于明代的临潭新城，是中原王朝的屯兵重镇，其城镇规模也比卓尼大。

1949 年 9 月 11 日，卓尼和平解放。9 月 14 日，军事管制委员会成立，接管卓尼设治局、国民党卓尼党部、三青团区队部和参议会等机构。1950 年 10 月 1 日，中国共产党卓尼自治区工作委员会和卓尼自治局行政委员会成立，隶属于甘肃省岷县专区。同时，杨复兴宣布在卓尼废除土司制度。1953 年 10 月 1 日成立卓尼县。卓尼县城以城镇各项职能为依托，展开了城镇基础设施

① 马永寿：《卓尼史话》，兰州：甘肃文化出版社，2007 年版，第 281~283 页。

② 政协甘肃省委员会文史资料研究委员会：《甘肃文史资料选辑》第 28 辑，兰州：甘肃人民出版社，1988 年版，第 182 页。

建设。卓尼县政府、柳林镇政府等行政机构，医院、学校等文化卫生机关，银行、邮政、招待所等单位相继建立，并沿洮河和城内公路线呈"丁"字形分布。

"十一五"期间，卓尼县以道路建设、住宅建设、办公环境改造、商贸楼、小区绿化等为主要内容，投资约 1.58 亿元进行了基础设施改造工程。先后完成了部分城区道路、防洪堤坝的修筑，文化活动中心、商贸楼、办公楼和住宅楼的修建以及城区绿化、照明和供水工程。各项基础设施的不断推进，不仅改变了卓尼县城的城市风貌，同时也改善了城市环境，促进了城市政治、经济、文化及交通等功能结构的逐渐完善。

（二）土司经济向县域经济转型

土司经济是卓尼的主体经济。土司的经济来源于他所有的土地、草场上依附农（牧）民所提供的劳动剩余。[①] 土司拥有朝廷给的可以世袭的封地，即"户世田"。"户世田"的生产形式是集体耕作，由土司管辖内的农牧民自带工具、口粮来进行生产，生产的粮食除提留种子外，全部交土司仓库，用于公共储备，防止灾荒和支付土司的费用，包括战争、祭祀、进贡等。除"户世田"外，土司还将部分自营田租佃给农户，让他们谋生。兵马田也是土司所有，属民以户为单位耕种，地租负担不是很重，但是每户一人一枪一马，遇有战事自带粮食应征。"户世田"的所有权属于土司，耕种者紧紧依附在土地上不能迁移。因此，虽然卓尼土司管辖着大约 3 万平方公里的世袭领地，属民有十余万人，但是经济上的封建依附关系却限制了卓尼城镇人口的聚集，并成为城镇变迁的重要制约因素。

新中国成立后，土司经济瓦解，卓尼开始向县域经济转型。

---

① 杨士宏：《卓尼土司制下几种土地制度的遗存》，《西藏研究》1989 年第 3 期，第 45 页。

卓尼县是一个耕地少、草地多、林业多的牧业县，长期以来，农牧业生产方式十分落后。改革开放以来，尤其是西部大开发战略的实施和国家各项政策的倾斜扶持，卓尼的经济发展较快，城镇经济产业结构大为改善。

畜牧业方面，卓尼县依托畜牧、草场、药材等优势资源，以"做大养殖业，做强药材产业，做优蔬菜业"为发展思路[1]。运用市场经济手段推进规模养殖和基地建设，促进农牧产业化发展；工业方面，依托丰富的矿产资源，加大招商引资力度，其中卡车碳化硅厂已投入生产，下拉地锌铲矿开采项目也已建成日选矿 100 吨和日选矿 50 吨的选矿厂各一座，年生产原矿能力可达 3 万吨；以旅游业为主要的第三产业目前总的发展势头较好。

2017 年，卓尼县实现地区生产总值 15.05 亿元，按可比价计算，比上年增长 4%。其中：第一产业增加值 4.29 亿元，增长 4.90%，占地区生产总值的 28.50%，对经济的贡献率为 34.44%，拉动经济增长 1.38 个百分点；第二产业增加值 1.85 亿元，增长 7.60%，占地区生产总值的 12.27%，对经济的贡献率为 30.61%，拉动经济增长 1.22 个百分点；第三产业增加值 8.91 亿元，增长 2.60%，占地区生产总值的 59.23%，对经济的贡献率为 34.95%，拉动经济增长 1.40 个百分点。[2] 从各产业部门的发展状况分析，卓尼县农牧经济的主导地位在下降，第三产业的发展势头较好，第二产业较弱，产业结构朝着合理化方向发展。第三产业的大力发展，可以减少对资源环境的消耗，符合卓尼县建设特色小镇的产业定位。

---

[1] 徐仲英：《卓尼县县域经济发展良好》，《甘肃日报》，2008 年 11 月 1 日，http：//gsrb. gansudaily. com. cn/system/2008/11/01/010880560. shtml。

[2] 卓尼县统计局：《2017 年卓尼县国民经济和社会发展统计公报》，2018 年 5 月 15 日，http：//www. gnztj. gov. cn/htm/20185/23_4838_p3. htm。

三、碌曲县城由游牧部落向县城中心城镇转型

碌曲县境内草滩优良，居民主要以牧业为主并兼营农林。自吐蕃王朝占领甘南后，甘南形成了大大小小的藏族游牧部落，碌曲县主要有双岔、西仓、郎木寺等部落。新中国成立前，甘南藏族部落是带有原始部落残余的封建制社会。部落内部，血缘关系占重要地位，部落中生产资料的公有制比较普遍。政权与教权的交织不仅使部落的世俗合法性得到承认，更使其得到了神权的庇护，这一点对甘南藏族社会部落制的延续和巩固具有深远的影响。

游牧部落分散的居住状态和中原王朝的经略开发程度是影响甘南州城镇形成的重要因素。首先，碌曲县历史上虽然也曾多次成为中原王朝的属地，但由于地势偏僻，中原王朝始终未在此地修筑城池。其次，在碌曲县东西广袤二百余里，南北三百余里的辽阔地区，仅有少数以耕种为业的居民房舍五百余座，绝大多数游牧民族是以畜牧为生，住帐篷，逐水草而居。

新中国成立后，国家根据甘南州的实际情况，为促进民族地区经济的发展，于1955年设立了碌曲县。碌曲县城开始由游牧之地向县域中心城镇转型。碌曲县的城镇建设也经历了从无到有的发展历程。1964年，碌曲县城由尕海迁至玛艾乡东侧的狭长河谷盆地。经过几十年的发展，碌曲县城的城区面积已达1.64平方公里。

城镇基础设施的不断扩大，城镇中心职能的不断完善，是碌曲县转型的重要表现之一。碌曲县以政府行政事业部门为核心，先后修筑了政府办公楼、太阳能畜牧中心楼、太阳能计划生育楼、太阳能医院门诊部大楼、农机厂服务楼、县农行办公楼等建筑；以发展文教卫生事业，完善城市文化职能为导向要求，先后修建了电影院、文化馆、广播电视站、文艺工作站、新华书店和

各类学校，以及各种生活服务等设施；以发展城镇工业，提升城镇经济职能为目标，城区内先后修建了农牧机修厂、砖瓦厂、副食加工厂及小手工业作坊。

城镇经济产业的兴起和发展，产业结构的较大调整及工业体系的形成，标志着碌曲县域经济的转型。改革开放以来，碌曲县因地制宜地提出了"立足资源优势，加快开放开发，以牧业为基础，以矿业开发为先导，以畜产品系列加工为骨干，加快水电建设，大力发展旅游业、第三产业和个体私营经济，力争使全县国民经济以较快的速度发展"的新思路，推动了城镇产业经济的发展。一批民族工业企业从无到有，从小到大，形成了以畜产品系列加工为骨干，以矿产开发为先导的工业体系，矿产资源得到有效利用，开采了尕海煤矿、忠曲金矿、拉尔玛金矿和阿拉锑矿。① 2000 年，国家实施西部大开发战略，碌曲县又以"工业强县"为主导，积极改善投资环境，从资金投入和政策落实方面为工业经济发展筑路架桥，促进了县域工业经济的发展。

近年来，碌曲县准确把握生态环境保护与建设的新形势、新任务和新要求，以"绿水青山就是金山银山"为城镇发展理念，大力实施"生态立县、科教兴县、依法治县、产业富县、文化撑县"的绿色发展战略，对全县矿业进行整改。2017 年，金矿已全部关停。目前，碌曲县主要着力于积极培育和发展旅游等优势特色产业，以第三产业的发展促进城镇产业结构的优化。全面推进"文化+旅游"发展模式，在"魅力名镇—郎木寺""高原圣湖—尕海湖""人间仙境—则岔石林"等县域核心景区基础上，全力打造夏泽滩 AAAA 级旅游景区，实施万亩油菜花观赏带和旅游长廊建设，着力建设"最美彩色风景线"，先后举办五届锅

---

① 罗爱昌主编：《碌曲史话》，兰州：甘肃文化出版社，2010 年版，第 64~65 页。

庄舞大赛、两届"魅力碌曲"摄影大赛、两届锅庄文化论坛和全省藏族舞蹈大赛、原生态民歌大赛等大型文化演艺活动，形成了"以文化促旅游、以旅游带文化，以生态助旅游、以旅游推生态"的生态文化旅游发展模式。①

工业体系的建立以及第三产业的蓬勃发展，改变了碌曲县过去以牧业为主的单一经济结构，这为碌曲县向特色小镇转型奠定了基础。

---

① 拉毛草、王有才：《碌曲：文化旅游发展奏响繁荣稳定最强音》，2017 年 8 月 2 日，http://www.sohu.com/a/161644428_234034。

第七章 新时代甘南可持续发展战略

今天，经过长期努力，中国特色社会主义建设进入新时代。新时代，新征程，基于创新、协调、绿色、开放、共享的发展理念，甘南州的城镇化建设也步入了新的发展阶段。承接内地、沟通青藏的区域边缘使甘南州的发展具有典型的"示范效应"和"中心效应"。甘南州江河之源生态环境的脆弱性和民族宗教文化的特色性意味着城镇可持续发展战略的必要性。笔者通过分析西部大开发政策的背景和必要性，提出新时代甘南州城镇化建设可持续发展的战略决策建议。

第一节 国家战略与甘南州发展的新契机

我国西部地区地处祖国的边疆地带，面对着西部、西北和西南的周边国家，具有独特的地理位置。保持西部社会政治稳定、增进民族团结、维护边疆安全，这关系着整个国家的经济发展与长治久安。西部地区资源丰富，开发潜力大，但同时也由于自然环境的限制而发展缓慢。随着东部地区的不断发展，加快中西部地区的发展成为党和国家所面临的重要课题。2000年，国务院西部地区开发领导小组召开了西部地区开发会议。会议研究了加快西部地区发展的基本思路和战略任务，并部署实施西部大开发的重点工作。西部大开发战略的实施，为西部欠发达地区带来了新的发展契机，也为甘南州的城镇发展提供了机遇。

一、国家实施西部大开发战略的历史演进

开发西部，缩小地区差距，促进全国经济协调化发展，这是党和国家一直关注的发展要务。新中国成立的半个多世纪以来，党的几代中央领导集体都十分关注西部地区的发展，结合国际国内形势和具体国情，相继出台了重大战略举措，有力地促进了西部地区的发展。关于西部地区的政策演进主要分为三个时期。

新中国成立至改革开放前，国家对西部地区采取投资扶持的政策，这是国家经济发展的第一阶段。新中国初期，国家社会经济基础较差，党和国家制定了过渡时期总路线，全面进行生产资料私有制的社会主义改造。经过三年的经济恢复，国家制定了第一个五年计划，从 1953 年开始执行，这成为中国工业化的起点。1956 年 4 月 25 日，毛泽东同志在听取中央工业、农业、运输业、商业、财政等三十四个部门的工作汇报后，发表了《论十大关系》一文，针对我国工业集中在沿海的不合理状况，他提出了："沿海的工业基地必须充分利用，但是，为了平衡工业发展的布局，内地工业必须大力发展。"[1]

此后，直到改革开放之前，我国一直沿用平衡工业布局的发展战略，将经济建设的重点放在了内地，放在了西部，为加快西部经济的发展提供了良好的契机，东西部之间的差距逐步缩小。从新中国成立至 1978 年的 30 年间，我国东、中、西部国民生产总值以现价计算，平均增长速度之比为 6.81：6.78：7.25，西部地区高于东部地区 0.44 个百分点。[2]

改革开放以后到西部大开发战略的提出为国家经济发展的第

---

[1]　中共中央党校：《中共中央党校轮训班　马克思主义经典著作选读》（三），北京：中共中央党校出版社，1980 年版，第 150 页。

[2]　张佩智：《从东西部发展差距看西部开发之重点》，《前沿》2002 年第 10 期，第 29 页。

二阶段。这一阶段，国家采取先东后西的战略，对东部优势区位实行政策倾斜，以东部的发展尽快增强国家的实力，缩小与世界发达国家的差距。1978 年，以邓小平为核心的第二代中央领导集体全面权衡中国的国情和与世界发达国家的差距，对新中国成立初期平面推进，重点建设西部的战略做了调整，采取在国家财力允许的条件下侧重发展，突出优势地区建设，为带动和支持西部等欠发达地区的经济发展打好基础。邓小平提出了让一部分地区先富起来的战略构想，并说"这是一个大政策，一个能够影响和带动整个国民经济的政策"①。"先富"战略构想的提出，标志着我国经济发展从过去"强调平均的均衡发展战略转向由东向西梯次推进的非均衡发展战略"②。在国家政策的支持下，东部地区基于较好的经济基础和地理条件很快发展起来，东西部差距拉大，邓小平同志又提出了"两个大局"战略，即"沿海地区要加快发展，使这个拥有两亿人口的广大地带较快地发展起来，从而带动内地更好地发展，这是一个事关大局的问题。内地要顾全这个大局。反过来，发展到一定的时候，又要求沿海拿出更多力量来帮助内地发展，这也是个大局。那时，沿海也要服从这个大局"③。

以邓小平"两个大局"思想为指导，20 世纪 90 年代以来，国家进行了政策调整，逐步加大了对中西部地区的政策支持力度，相继出台了一系列有利于西部地区发展的措施。1991 年，全国人大第四次会议通过了《国民经济和社会发展十年计划和

---

① 中共中央政策研究室党建组编：《毛泽东、邓小平论中国国情》，北京：中共中央党校出版社，1992 年版，第 530 页。

② 张衍霞：《中国共产党对西部大开发的战略演进》，《中国西部科技》2008 年第 7 期，第 57 页。

③ 邓小平：《邓小平文选》（第二卷），北京：人民出版社，1983 年版，第 277~288 页。

"八五"计划》，明确提出要正确处理经济发达地区与经济较欠发达地区的关系。该计划提出，今后十年，国家和经济发达地区都要努力帮助欠发达地区改变面貌：经济发达的沿海省（市）应当分别同经济欠发达的省（区）签订协议或合同，采取经验介绍、技术转让、人才交流、资金和物资支持等多种方式，在互利的基础上帮助它们加快经济发展；国家要继续对民族地区、贫困地区、老根据地和边疆地区给予财力、物力和技术力量的支持，并将安排一批矿山、水利、交通和工业项目，以带动这些地区的经济发展；经济欠发达地区要大力发展农、林、牧业，建设公路、电力、水利等基础设施和一些加工工业项目，增强自力更生的能力，使生产和生活条件逐步得到改善。[①] 1996 年，第八届全国人大第四次会议上通过的《关于国民经济和社会发展"九五"计划和 2010 年远景目标纲要》进一步指出：在"九五"期间，要更加重视支持中西部地区的发展，积极朝着缩短差距的方向努力。

2000 年，面对国家发展的新局面，根据邓小平"两个大局"的战略思想，以江泽民为核心的第三代领导集体及时调整政策，提出了实施西部大开发的战略方针。改革开放以来，凭借国家政策支持和经济地理的优势区位条件，东部沿海地区的经济获得了高速发展，西部地区的发展则相对缓慢，加快西部发展速度，缩小东西部之间的差距，实现共同繁荣已成为迫在眉睫的时代重任。

关于西部建设问题，1992 年，江泽民到甘肃省的敦煌、酒泉、嘉峪关等城市进行考察时，就提出"国家在财力允许的范围内，对经济不发达地区如西部地区的某些重点建设项目，要给予

---

　　① 中共中央文献研究室编：《十三大以来重要文献选编》（下），北京：中央文献出版社，2011 年版，第 57~58 页。

一些必要的优惠和扶持，并力求在投资上逐步有所增加"①。
1999 年 6 月 17 日，在西北五省区国有企业改革和发展座谈会上，江泽民强调指出：不失时机地加快中西部地区发展的条件已经具备，时机已经成熟。这意味着开发西部的步伐已经临近。2000 年 1 月 19 日至 22 日，国务院西部地区开发领导小组在京召开西部地区开发会议，组织学习、领会党中央关于实施西部大开发战略的重要决策和指示精神，标志着西部大开发进入全面实施阶段。

以胡锦涛为总书记的第四代党的领导集体也时刻关注着西部的建设和发展。2004 年，胡主席在陕西视察工作时强调：党中央将继续坚定不移地推动西部大开发战略的实施，国家对西部大开发的扶持政策不会改变，支持力度不会减弱。2007 年 3 月，国务院批准实施《西部大开发十一五规划》，重点部署了社会主义新农村建设、基础设施建设、特色优势产业发展、重点区域发展、生态建设、环境保护和资源节约、基础公共服务、人才队伍建设、扩大对内对外开发等八个方面的重点任务。2012 年 2 月，国务院批准实施《西部大开发"十二五"规划》，规划以科学发展为主题，以加快转变经济发展方式为主线，全面部署了基础设施建设、生态建设和环境保护、经济结构调整和自主创新，特色优势产业发展、社会事业发展、优化区域布局、扩大对内对外开放、培育新的经济增长极、改善民生等发展重任。《西部大开发"十二五"规划》将进一步推动西部地区经济又好又快发展，为促进民族团结和谐，实现全面建设小康社会目标打下坚实的基础。

以习近平为核心的党中央以区域发展总体战略为基础，高度

---

① 张衍霞：《中国共产党对西部大开发的战略演进》，《中国西部科技》2008 年第 7 期，第 58 页。

重视实施西部开发。2010 年，习近平在广西调研时就强调"在新起点上深入实施西部大开发战略"。在"十三五"规划中，党中央明确提出把深入实施西部大开发战略放在优先位置，更好发挥"一带一路"建设对西部大开发的带动作用。"一带一路"建设为中西部地区的产业发展带来了发展机遇，是西部大开发强劲推进的新动力。

西部大开发是党和国家缩小东西差距，实现区域经济协调发展，全面振兴经济的重要举措。西部大开发是指国家通过实施一系列的包括财政转移支付在内的扶持和支持的政策，充分发挥西部地区增长的潜力，加快西部地区的发展。实现现代化是世界各国的共同追求。我国的现代化发展目标是分"三步走"，而西部大开发则是关系着现代化全局目标实现的重要战略问题。在经济发展历程中，我国各地由于经济基础、地理环境、开发难度等存在重大差异，区域发展的不平衡状况日渐明显，差距也越来越大，这是有悖现代化全局战略发展目标的。因此，研究者认为中国现代化的困难不在东部，而是在西部。有鉴于此，西部大开发必将是长期坚持的发展战略，是党中央促进民族团结，维护国家稳定，全面建设小康社会，实现共同富裕的战略任务。西部大开发的实施也是历史赋予西部地区的一次重大发展机遇，同时也是甘南州城镇发展的重大契机。

二、西部大开发战略的实施与甘南州城镇发展

西部大开发战略是国家为缩小地区差异，全面改革和推动西部地区经济发展的重要举措，它是一项全面巨大的工程，财政政策的大力倾斜，基础设施的改善，生态环境的保护与建设，产业结构的重点调整，等等，这些都为甘南州城镇的发展创造了良好的条件。

（一）财力支持是甘南州发展的基本动因

实施西部大开发首先是加大对西部地区的财政投入。国家财政的大力支持是推动西部地区经济发展的重要力量。其主要表现在以下几个方面：其一，财政投入的增加有力地拉动了西部地区固定资产投资速度的增长。据统计：2000—2009年，西部地区全社会固定资产投资由6111亿元增加到4.97万亿元，年均增长24.80%。[①] 2003—2009年，甘南州累计完成全社会固定资产投资总额208.83亿元，是"十五"期间累计完成全社会固定资产投资总额59.76亿元的3.50倍。[②] 固定资产投资每年拉动甘南州经济增长在7个百分点以上，成为拉动甘南州经济社会持续快速发展的重要动力。其二，国家以政策干预的手段促使东部发达地区的资金流向西部欠发达地区，从而加快了西部地区招商引资的步伐。截至2009年底，约有20多万家东部企业到西部地区投资创业，投资总额近3万亿元；15个东部省（市）、计划单列市及特区城市与11个西部省（区、市）结成东西扶贫协作关系；西洽会、西博会、中国—东盟博览会等已成为东西互动合作和吸引外商投资的重要平台。2009年，甘南州签约项目42项，比2002年增加29项，总投资16.60亿元，是2002年的7.70倍。据统计，2003—2009年，甘南州共签约各类招商引资合同项目323项，签约总投资额161.80亿元，到位资金90亿元。目前，招商引资项目已成为推动甘南州固定资产投资快速增长的重要力量。其三，"一带一路"建设进一步拓宽了甘南州招商引资的渠道。2017年9月，甘南州"一带一路"建设招商引资项目推介

---

① 尹晓宇：《西部大开发10年成就显著》，《人民日报》（海外版），2010年7月9日，第4版。

② 南木卡桑结：《甘南州2003至2009年经济社会发展综述》，《甘肃经济日报》，2010年1月25日。

会在银川举行。此次招商引资推介会邀请了约旦、埃及、沙特和摩洛哥的外宾参加，这在甘南州招商引资项目推介会中尚属首次。推介会共有 82 个招商引资项目，总投资额达 184.50 亿元。[①] 其四，国家财政投资带动了西部地区重点领域投资的明显加快。甘南州丰富的水电资源成为投资开发的重点，水电开发的步伐明显加快。目前，全州已建成水电站 161 座，比 2002 年增加 62 座；装机容量达到 83.90 万千瓦，占全州水电可开发量的39%，比 2002 年增长 9.80 倍，年均增长 40.50%；发电量达到28 亿千瓦时，比 2002 年增长 8.90 倍，年均增长 38.80%。[②] 为保护生态环境，国家启动了甘肃生态环境建设史上最大的，投资金额达 44.51 亿元的甘南州黄河重要水源补给区生态保护与建设项目，这是遏制甘南州生态环境恶化的重大举措。

（二）加快交通等基础设施建设为甘南州经济的发展创造了有利条件

西部大开发的目的是要将西部欠发达地区纳入全国的经济发展圈中，改善交通，形成通江达海的大通道，有效促进人力、物力的流动，这是西部大开发战略实施的重要内容。西部地区之所以发展缓慢，其最大的制约因素就是交通，交通是关系城镇发展的生命通道，但西部高山峡谷、冰川戈壁等自然条件是发展交通的制约因素。西部很多区域交通形式比较单一，没有形成铁路、公路、航空、水路、管道等不同交通形式的体系，即便已有的公路，运输状况也不理想，不少道路路面质量差，行驶速度慢，运输时间长。加之西部很多区域地广人稀，城市之间的距离较远，

---

① 尹晓宇：《西部大开发 10 年成就显著》，《人民日报》（海外版），2010 年 7 月 9 日。

② 南木卡桑结：《甘南州 2003 至 2009 年经济社会发展综述》，《甘肃经济日报》，2010 年 1 月 25 日。

城市之间的人口少甚至无人居住，以致城市之间的运输量小而且不稳定，这种状况也在很大程度上限制了铁路的发展。铁路不仅建设投资较高，同时也要求沿线有足够的运输量带动沿线经济的发展才能发挥铁路交通的经济效益。可见，西部交通系统的规划和建设不仅投资高，而且系统的优化还需要政策引导和技术支持，因此，没有国家政策的支持和人力、物力的大量投入，西部的交通建设是很难奏效的。

在国家给少数民族地区优惠政策的大力支持下，甘南州积极争取投资，加快交通建设速度。根据《甘肃 2000 年—2010 年藏区公路建设规划》，甘南州将境内的 8 条干线公路及对经济有重大影响的支线公路和旅游公路列入了建设计划。2002 年，围绕强化骨架、改造干线、增大密度、完善配套的公路建设方针，甘南州制定了以"二纵三横""十六大出口"为主的公路建设规划，促进了全州交通运输业的快速发展。特别是"十一五"以来，交通运输业成效明显。"十一五"期间，甘南州共完成交通运输基础设施建设投资 41.34 亿元，占规划任务的 206.70％。建成 2 个一级公路运输信息站（中心）、3 个二级客运站、6 个三级客运站和 64 个乡级汽车站，建村汽车停靠点 258 个。国道 213 线主干道已达国家二级公路指标，甘南州的 7 县 1 市间也实现了二级或三级柏油路相连。2011 年，全州公路总里程已达 6620.98 公里，比 2005 年增加 3179.76 公里，增长 92.40％。公路密度 14.71 公里/百平方公里，比 2005 年增加 7.01 公里/百平方公里，增长 91.03％；每万人拥有公路里程达 97.37 公里，比 2005 年增加 47.36 公里，增长 94.70％；柏油路里程达 2904.59 公里，比 2005 年增加 1879.28 公里，增长 183％，占总里程的 43.90％。交通运输供给能力得到明显提升，2010 年，完成客运量 266.76 万人次，完成货运量 573.80 万吨。① 2013 年，夏河机场建成通航。2014 年，全州公路总里程达 7378 公里，柏油路里程达 3518.90 公里。同年 12 月，临合高速公路正式通车。临合高速公路是兰州至郎木寺高速公路的重要组成路段，是甘南藏区的首条高速公路，也是兰州通往临夏、甘南及四川阿坝等少数民族地区的重要通道，全长 98.96 公里，概算总投资 88.895 亿元。② 2014 年，西安—夏河—拉萨航线开通；2015 年，成都—甘南—银川航线正式通航。新航线打通了甘南州西进东出、北上南下的"空中走廊"，成为甘南经济社会发展的新引擎。③ 近年来，州委、州政府提出以"公路畅通、铁路连通、航路广通、水路开通、游路环通"为五大突破点，着力构造"内联外畅、便捷高效"的立体化交通运输新格局。④

"人便于行，货畅其流"，这是西部大开发战略实施给甘南州发展带来的契机，公路交通的改善，夏河机场的通航，临合高速公路的开通和兰渝铁路的开工建设，以合作市为中心的"三纵三横"公路主骨架网络初步形成，实现了县县通二级公路。随着交通运输业的发展，甘南州公路的技术等级、通行能力、通达深度等都有很大改善，全州交通系统也进一步优化。甘南州境内边远山区的农牧民也终于告别了出门骑马，徒步跋涉的历史。快捷方便的交通系统使甘南州与外界的联系更为紧密。

---

① 杨晨雨：《甘南州交通运输业跨越式发展纪实》，《甘南日报》，2011 年 12 月 2 日，http://gn. gansudaily. com. cn/system/2011/12/02/012299939. shtml。
② 李明娟：《临合高速公路正式通车》，《甘肃经济日报》，2014 年 12 月 26 日。
③ 佚名：《2015 年甘南州十大新闻》，《甘肃日报》2016 年 2 月 3 日。
④ 赵梅：《甘南州着力构建立体交通运输新格局》，《甘肃经济日报》，2016 年 7 月 20 日。

（三）对重点产业的大力扶持促进了甘南州产业结构的调整优化和社会经济的发展

西部地区由于受计划经济的影响，产业结构问题突出。西部大开发战略大力发展特色经济，调整产业的政策措施为甘南州的产业结构带来了转折机遇。西部大开发以来，甘南州紧抓机遇，积极争取国家产业发展专项基金、少数民族地区经济建设资金、牧区专项资金和技术改造等资金，投资建设了一大批工业和农牧业产业。通过重点扶持首曲生态食品有限公司牦牛藏羊食品加工、华羚干酪素有限责任公司年产万吨干酪素改扩建、科瑞乳品开发有限公司酪蛋白磷酸肽及酪朊酸钠生产线、甘南州畜牧综合实验场高原草地优质牦牛肉深加工、迭部县蕨麻猪系列加工、夏河县清真食品厂、玛曲清真肉食品厂牦牛肉系列产品加工生产线、甘南晟羚肉类加工有限责任公司牛羊肉屠宰及深加工、夏河县锦凤翔清真食品有限责任公司3000吨牛羊肉生产线扩建等项目，有力地推动了农牧产品加工业的发展；通过实施甘南格尔珂黄金矿业有限责任公司格尔珂金矿床详查及深部探矿、碌曲县拉尔玛矿业有限责任公司黄金地质勘探和玛曲县黄金冶炼厂黄金提纯生产线等项目，促进了金矿业的发展；通过重点扶持夏河安多投资有限责任公司、临潭县建华水泥厂和夏河安多建材制品有限责任公司的生产改进项目，促进了建材业的发展。通过实施甘肃奇正集团甘南佛阁藏药有限公司新型藏药高技术产业化示范工程、玛曲县香巴拉珍宝保健滋补胶囊生产线等项目，形成了以甘南佛阁藏药有限公司、众友甘南藏药有限公司、州藏医研究所等为龙头的汉藏药材生产加工企业；[①] 通过加快建设碌曲则岔、郎木寺、合作市当周草原、米拉日巴佛阁、夏河桑科草原、卓尼大

---

① 南木卡桑结：《甘南州2003至2009年经济社会发展综述》，《甘肃经济日报》，2010年1月25日，http：//www. gsjb. com/Get/ly/20100125033318. htm。

峪沟、迭部腊子口红色旅游、临潭冶力关生态旅游等旅游景区基础设施,促进了旅游业的发展。随着特色经济和优势产业的发展,甘南州的产业结构不断优化。2009 年,全州一、二、三产业增加值分别达到 14.31 亿元、13.49 亿元、23.01 亿元,三次产业比例由 2002 年的 38.7:21:40.3 调整为 28.2:26.5:45.3。

2017 年,甘南州提出以"推动现代农牧业转型升级,力促文化旅游再上台阶,支持特色加工业提质增效,促进现代服务业繁荣发展"[1] 为主攻方向,实现一、二、三产业的融合发展。产业结构的调整,一方面促进了甘南州农业、工业和第三产业协调健康地发展,同时也有效地拓宽了农牧民的增收渠道,改变了农牧民的收入结构和就业结构,进而改变农牧民的生活方式,为农牧民剩余劳动力的就近转移创造了条件,促进了甘南州的城镇化建设。

(四) 大力发展教育事业为甘南州的发展提供了人才保障

2007 年,国家发展改革委副主任、国务院西部开发办副主任王金祥在谈到西部大开发实施情况时说,西部最大的问题就是人才问题。他感到最担心的问题就是西部人才严重缺乏,西部不少地区的人口素质现在还不适应市场经济竞争。特别是少数民族地区还有不少人连汉语都听不懂。[2] 王主任对西部人才匮乏的担忧道出了西部发展教育事业的紧迫。因此,西部大开发实施以来,党和国家十分重视发展西部基础教育,加大投入,先后实施

---

① 赵梅:《做足产业发展大文章——甘南州聚力今年工作主攻方向》,《甘肃日报》2017 年 4 月 12 日。

② 王金祥:《发改委副主任:我最揪心最担心的是西部人才缺乏》,2007 年 3 月 1 日,http://news.cctv.com/20070301/102665.shtml。

两期"国家贫困地区义务教育工程",全面推动了西部义务教育的进程。国家西部大开发战略的实施和"两基"① 攻坚计划的不断推进,为甘南州民族教育事业的改革与发展注入了生机与活力,甘南州的人才教育培养工作迎来了新的发展机遇。

在各项资金项目的支持下,甘南州的教育设施得到极大改善。西部大开发实施以来,甘南州积极争取国家项目资金,先后实施了"普九"基建、两期"义务教育工程"、"危房改造"、"寄宿制学校建设工程"、"援藏"资金,以及"欧盟援华"、"世行贷款/英国政府赠款"等项目,新建、改扩建学校 250 余所,改扩建校舍 24.77 万平方米,配备图书 19.80 万册,购置教学仪器设备 930 套,配备课桌凳 25056 单人套。目前,全州各级各类学校校舍建筑面积增加到 75 万平方米,生均校舍面积达到 5.60 平方米,消除危房面积 20 万平方米。② 寄宿制学校是甘南州教育发展的重要支撑。甘南地处高原地带,山大沟深,学龄儿童居住分散,上学十分艰苦和不便。寄宿学校可以有效解决孩子们上学难的问题,因此,寄宿制学校的设施建设与完善,是甘南州学龄儿童是否能够到校学习的关键。在国家政策资金的支持下,西部大开发实施十年来,甘南州寄宿制学校的办学条件得到了极大的改善。2014 年,甘南州寄宿制学校由 2003 年的 85 所增加到了 236 所,学生由不足万名增加到 8.39 万名,占全州学生总数的 74.70%。寄宿制学校的发展有效地提高了全州的适龄儿童入学率,为全面推行义务教育打下了坚实的基础。"双语"教学体系的建设和完善是甘南州民族教育发展的前提条件。西部大开发实

---

① "两基"——基本普及九年义务、基本扫除青少年文盲教育是我国政府向世界做出的庄严承诺,是一项提高全民素质,振兴民族的系统工程,也是一项功在当代,利在千秋的宏伟大业。

② 杨自宏、尚学杰:《甘南州民族教育发展十年回顾》,《甘肃教育》2011 年第 9 期,第 20 页。

施以来，甘南州的"双语"教学得到了发展和改进。2014 年，全州共有各级各类学校 492 所，开设藏文课的中小学 142 所，占全州中小学数的 28.90％，实行藏汉"双语"教学的中小学生 4.40 万人，占全州中小学生数的 39.20％。[①]

与此同时，西部大开发的政策推进也促进了专业教师队伍的建立。甘南州属于少数民族聚居区，地域僻远闭塞，经济薄弱，因此教育发展落后，教师队伍不稳定而且素质亟待提高。西部大开发实施以来，甘南州积极筹集资金，加强教师培训工作。近年来，甘南州组织开展了以新课程改革和素质教育为主的新一轮教师全员培训，累计有 1.5 万余人（次）参加了各类培训活动，全州 70％以上的教师得到了省、州培训，并筹资 160 万元顺利实施了"200 名本科教师培训工程"。甘南州还通过招考、招聘等方式充实了教师队伍。截至 2017 年，全州有教职工 8542 名，专任教师 7942 名，比 10 年前增加了 3787 名；中小学代课教师 440 名，比 10 年前减少了 1597 名。幼教职工 240 名，其中幼儿专任教师 185 名。仅 2010 年新增教师就达 700 多名。专任教师的增长，代课教师的减少，充分表明甘南州教师数量不足的问题正在逐步解决。

甘南州民族教育的发展与教学水平的提高，这是关系着全州人才素质提升的千秋大业。民族教育的发展将为甘南州的经济发展提供人才的储备。

（五）西部大开发战略为甘南城镇基础建设提供了发展契机

基础设施建设是小城镇发展的重要基础。加强甘南州城镇基础设施建设，可以改善城镇的投资环境，促进区域经济的发展。

---

① 赵梅：《甘南州落实中央支持四省藏区发展政策纪实》，《甘肃日报》，2015 年 7 月 1 日。

供水、供电、供热等工程建设是甘南州城镇化建设的重中之重。城镇基础设施建设需要投入大量资金，多年来，甘南州城镇的基础设施跟不上，其主要原因还是资金问题，西部大开发战略的实施，国家财政的大力支持，为甘南州城镇基础设施的建设提供了改善和发展的契机。

在供电方面，西部大开发以来，甘南州积极争取国家项目资金，先后实施了城网改造、农网改造和无电地区电力建设项目，实现了 10 千伏及以下电网覆盖全州城乡。目前，乡镇通电率为 100%。供水方面，甘南州先后实施了城区供水扩建工程、城区污水处理工程、城区生活垃圾处理工程和城区集中供热工程，全州新增供水能力 36448 立方米/日，新增城区污水处理能力 1200 吨/日，新增城区供热面积 140 万平方米，八县市日处理污水能力达到 374.4 吨/日。同时，甘南州下辖的五个县（市）对城区道路及排水工程进行了改扩建，总的改扩建里程达 170 多公里；改扩建甘南香巴拉主体文化广场、玛曲县文化广场，改扩建面积 9.95 万平方米；基本完成了全州七县一市县城民族特色化改造工程。而城镇民房重建、县级以上公用设施和重大基础设施重建等工程正在推进建设中。

城镇基础设施的不断完善，改善了城镇功能，促进了甘南城镇化的进程。州政府所在地合作市日益发展成为甘、青、川民族地区重要的城市。合作市不仅对外交通便捷，而且城区交通道路也很畅通。城区供水覆盖率 98%，人均住房面积 25.50 平方米，市区亮化率 95%，绿化率 28%，供热面积 82.10 万平方米。合作市正朝着生态良好、功能齐全、环境优美，具有浓郁民族特色的城市方向发展。随着甘南州城镇环境的改善，功能的完备，甘南州城镇投资环境的吸引力将不断增强，进而全面推动甘南州社会经济的发展。

第二节　新时代甘南州城市可持续发展战略

可持续发展是 20 世纪 80 年代提出的发展观，是人们在反思工业化进程中出现的种种问题而产生的。可持续发展的核心思想是经济发展，保护资源和保护生态环境协调一致，是指满足当前需要而又不削弱子孙后代满足其需要之能力的发展。[①] 在我国，西部地区的自然生态环境的好坏关系着东部乃至整个国家的可持续发展。西部地区资源丰富，据统计，西部地区的"自然资源综合优势度"和"自然资源总丰度"居全国前 13 位，"自然资源人均拥有量优势度"居全国前 15 位。[②] 与此同时，西部地区又是我国绝大部分地区的江河之源、风暴之源和沙尘之源，生态环境十分脆弱。在改革开放的大潮中，西部地区经济的欠发达和生态环境的脆弱成为关系区域乃至全国经济社会可持续发展的重要问题。甘南州作为甘、青、川交界藏区，北距兰州市 260 公里，南距成都市 816 公里，东至西安约 800 公里，西距西宁 400 公里，具有一定的地理区位优势。基于地理区位、经济文化和历史传统等因素分析，费孝通先生曾从国家战略的高度，审视甘南州的发展，把甘南州定位成"推进整个藏区现代化的跳板"。今天，中国特色社会主义建设进入新时代，这是我国发展新的历史方位。新时代，新征程，新挑战，甘南州城镇的可持续发展无论是对西北，还是对整个藏区而言，都有着极为重要的战略意义。

---

① 万金泉、王艳、马邕文：《环境与生态》，广州：华南理工大学出版社，2013年，第 279 页。

② 徐开金：《西部大开发战略的"4W"问题》，《渝州大学学报》（社会科学版）2001 年第 2 期，第 35 页。

一、新时代甘南州城镇实施可持续发展战略的必要性

甘南藏族自治州地处甘、青、川三省交界，由于高寒封闭，生存条件艰苦，农业生产落后，工业化、城市化进程缓慢，区域总体经济水平低，属于国家扶持的民族贫困地区。但是，甘南州位于青藏高原的外围，长期以来一直充当沟通汉藏两地"民族走廊"的角色。承接内地，辐射青藏的特殊区位条件使甘南州的可持续发展具有重要的战略意义。

（一）可持续发展是人类的共同要求与中国的国家战略

可持续发展是指满足当前需要而又不削弱子孙后代满足其需要之能力的发展。可持续发展主要有三个特征：生态持续、经济持续和社会持续。其中"生态持续是基础，经济持续是条件，社会持续是目的。人类共同追求的应该是自然—经济—社会复合系统的持续、稳定、健康发展"[1]。可持续发展理论的产生为环境保护与人类社会的协调发展提供了新的思维模式，是人类理性反思传统发展模式、展望未来发展前景后的重大战略选择，也是未来人类社会生存与发展的共同要求。

首先，中国作为世界上人口众多，资源相对不足的发展中国家，经济快速发展与环境之间的矛盾日益突出。改革开放前，国家虽然取得一定发展成绩，但是对环境的破坏也十分严重，尤其是"大跃进"时期和"文化大革命"时期。在错误的指导思想和行为方式的干扰下，过分强调工业发展的数量，一味追求高产值，导致了资源、能源的大量浪费和严重的环境污染。农业方

---

[1] 曹林、韦晶磊：《土地利用规划的理论与实践研究：基于可持续发展理念》，天津：南开大学出版社，2012 年版，第 13 页。

面，国家片面强调"以粮为纲"，以毁牧、毁林、围湖造田等方式发展粮食生产，既破坏了粮食生产同其他经济作物相互依赖、相互促进的生态系统，又导致了生态环境的恶性循环。改革开放以来，伴随着工业化和城市化的进程，中国所面临的人口、资源和环境的压力越来越大。中国人口基数大，人口数量增长过快，给发展带来很大压力。其次，中国是一个人均资源占有量较少的国家，"淡水、耕地、森林、矿产等的人均占有不到世界平均的1/3"①，加大了资源短缺与经济发展的矛盾。再次，工业化不断推进带来的环境污染问题也很严重。尤其是改革开放后异军突起的乡镇企业，虽然推动了经济的发展，但是它们绝大部分设备简陋，工艺落后，对环境的污染和破坏问题十分严重。

为解决发展与环境之间的矛盾问题，党的十四届五中全会和八届全国人大四次会议正式确定了将实现可持续发展作为中国今后发展的重大战略之一。1997年，江泽民在党的十五大报告中明确指出："我国是人口众多，资源相对不足的国家，在现代化建设中必须实施可持续发展战略。"②进入21世纪，2003年10月，中国共产党十六届三中全会提出了科学发展观，其基本内涵为："坚持以人为本，树立全面、协调、可持续的发展观，促进经济社会和人的全面发展"，坚持"统筹城乡发展、统筹区域发展、统筹经济社会发展、统筹人与自然和谐发展、统筹国内发展和对外开放的要求"③。至此，全面协调可持续发展被提升为科学发展观的基本要求。

---

① 吴昌盛：《论中国实施可持续发展战略的必要性》，《内蒙古科技与经济》2009年第10期，第60页。

② 中共中央文献研究室、国家林业局编：《新时期党和国家领导人论林业与生态建设》，北京：中央文献出版社，2001年版，第83页。

③ 《中国共产党第十六届中央委员会第三次全体会议公报》，《人民日报》，2003年10月15日。

（二）甘南州脆弱的生态环境要求城市走可持续发展道路

自然生态环境与区域经济发展相互影响，相互制约，有着密切的关系。一方面，人类依赖于自然而生存，人类的经济生产活动又对自然环境产生影响，过度的索取反而破坏了环境。另一方面，环境的不断恶化也会影响到人类的生存。所以，保护生态环境，是区域经济可持续发展的必然选择。

甘南州地处青藏高原和岷迭山地的过渡地带，拥有黄河流域 4％的面积，每年向黄河补水 $6.59 \times 10^9 m^3$，占到黄河总流量的 11.40％；黄河吉迈至玛曲段流量的增加高达 $1.08 \times 10^{10} m^3$，占黄河源区总流量的 58.70％，占黄河年均径流量的 18.60％，甘南每年还向白龙江供水 $2.74 \times 10^9 m^3$，是黄河、长江流域的重要水源涵养区。[①] 甘南高原的生态环境不仅制约了生产力的发展，而且其生态环境也十分脆弱，对人类的生产行为反应敏锐，并反过来作用于人类的活动。新中国成立前，这里高山峡谷的地形地貌导致生存条件艰苦，广大的农牧民完全依赖农牧业为生。近年来，随着经济的发展和人口的增加，对自然的过度索取已经超出了环境的承受力，加上全球气温的升高，降雨量减少等因素的影响，甘南州的生态环境危机重重，生态与经济已呈逆向演替趋势，过度放牧引起的草场退化、沙漠化、水土流失等问题严重抑制了社会经济的可持续发展。

甘南州素有"亚洲第一天然草场"之称，是维护当地和周边地区生态的重要屏障，也是当地居民赖以生存的基本生产资料。2004 年，甘南草场重度退化的有 1700 万亩，轻度退化的有 500 万亩，鼠害区达 487 万亩，其中黄河首曲——玛曲县 90％以上

---

① 魏金平、李萍：《甘南黄河重要水源补给生态功能区生态脆弱性评价及其成因分析》，《水土保持通报》2009 年第 2 期，第 174 页。

的草场呈现退化趋势，荒漠化面积已达 80 万亩。全州的水土流失面积高达 11563 平方公里，河流含沙量在成倍地增长。水土流失的加剧，使土地面积锐减，土壤土层变薄，肥力大减。在玛曲县境，昔日水草肥美的青青黄河岸已变成大面积草岗，流经玛曲县域内 433 公里长的黄河沿岸已有 200 多公里出现了严重沙漠化现象。同时，全州的森林资源也受到了前所未有的破坏。森林覆盖率比 20 世纪 50 年代下降了 35％，年降水量以每 10 年减少 6.13％的速度递减，森林涵养水源、保持水土的生态功能日益下降，各类自然灾害越来越频繁。随着生态的严重破坏和人口的增加，甘南州的人地矛盾日益加剧。对此，兰州大学杜国桢教授曾告诫说："按照近 20 年的退化速度，不用 10 年时间，甘南州草地乃至青藏高原东部将成为中国第四大沙尘源。"① 可见，甘南州生态环境的好坏不仅关系到本区经济的发展，还威胁着我国长江、黄河中下游地带的发展和生态安全。

一基不牢，百业不稳。离开了良好的生态环境，甘南的畜牧业、旅游业和特色产业等的发展都将成为空中楼阁。因此，甘南州的经济发展必须以生态保护为基础，以"守住绿水青山、留住蓝天白云"为目标，走可持续发展道路。

（三）甘南州特殊的民族、宗教文化也对城镇可持续发展提出了要求

甘南州是一个多宗教民族地区，有藏传佛教、伊斯兰教、基督教等，这里有藏传佛教的圣地拉卜楞寺，有众多的寺院和信教群众。这里大多数的居民从出生到死亡，生活中的点点滴滴，包含学习、放牧、结婚、死亡，无不和佛教有着密切的联系，这种发自内心的和完全服从式的联系将宗教文化深入到他们的内心世

---

① 马晓军、吴玉萍：《甘南生态危机四伏》，《中国环境报》，2009 年 5 月 26 日。

界，使民族、宗教文化成为甘南地区社会意识形态的重要组成部分。

宗教的神圣信仰与经济的世俗理性之间的矛盾特性要求甘南州城镇走可持续发展道路。在当今社会，经济全球化已是不可避免的发展趋势，西部大开发战略推动了甘南州的社会转型，也深刻影响着传统的宗教文化格局。保护传统宗教习俗因此备受瞩目。联合国教科文组织在《世界文化多样性宣言》中特别强调"当今社会中，必须确保属于多元的、不同的和发展的文化特性的个人和群体的和睦关系和共处"①。在甘南州的社会转型时期，我们面临着多元问题，在这里，"宗教的信仰主义培育了冥想、禁欲的生活态度，而经济的理性主义则造就了追求利润、充满竞争的价值取向"②。藏传佛教在经济生活上提倡节制、"禁欲"，这种对个人物质生活欲望的束缚显然是经济社会追求物质利益的一道障碍，致使宗教的神圣信仰与经济的世俗理性常常发生碰撞。

即便如此，甘南州的宗教还是在转型中发生了很大变化，显现出新的时代特质。目前，宗教的政治功能已基本消失，文化教育功能也比以前有所弱化，但其传统的宗教文化资源却借助旅游业的发展产生了新的经济增长点，发挥着市场经济的功能。宗教旅游业的发展一方面促进了旅游者对甘南州传统文化藏传佛教思想的认识，实现了经济收益；但另一方面，宗教旅游对经济收益的追逐，也使得旅游管理部门很难从维护宗教正常发展的角度来思考旅游业的可持续发展问题，这在一定程度上干扰了正常的宗教活动，并导致宗教活动的神圣内涵日趋商业化。挖掘、开发宗

---

① 何其敏：《宗教在当代少数民族文化发展中的定位》，《中国民族报》，2011年8月30日。
② 孕藏加：《藏区宗教文化生态》，北京：社会科学文献出版社，2010年版，第61页。

教启迪智慧、重塑人生价值等精神层次的功能，保护传统的宗教习俗，将开发宗教旅游与维护传统宗教的正常发展相联系，在满足游客精神追求的同时提高宗教信仰者的传统文化修养，这是民族宗教文化特色性对甘南城镇可持续发展的要求。

此外，宗教信仰也对甘南州生态的可持续发展产生影响。源于对神与自然的敬畏，宗教信仰者认为甘南州草地退化是因为人类触犯了神灵，这是神灵给人类的一种惩罚。因此，面临生态恶化等不可估测的事件时，宗教信仰者也会联想到这是大自然对人类过度索取资源的报复，他们会以安抚神灵的方式希望大自然重新信任人类，以期实现生态环境的改观。而要获得大自然对人类的信任，宗教信仰者主张保护动植物。"在佛教的世界里，大自然的一草一木都代表着佛性，爱自然爱万物就等于是爱自己"，所以，在甘南草地上生活的"佛教信众内心深处总是认为草地就是自己生活的根基所在，利用草地是采用柔和方式，而不是粗鲁地剥削与践踏草地"①。在甘南地区现代化的发展道路上，宗教关于如何处理对人与生态的关系的特定文化内涵，要求甘南州的可持续发展须借助宗教的某些精神，强调人与自然的统一，摈弃宗教与科学相悖的因素，以促进生态环境的可持续发展。

二、新时代甘南州城镇可持续发展战略与区域跨越式发展

实施西部大开发战略，是国家加快西部发展、调整地区产业结构、缩小东西部差距、全面建设小康社会的重要举措。西部大开发战略的实施为甘南州城镇的可持续发展带来了契机。2013年开启的"一带一路"建设，更是甘南州城镇发展的助推器。即

---

① 王彩霞、郭雅婧、郭正刚：《宗教信仰对人们认知甘南草地功能及管理方式的影响》，《草业科学》2011年第6期，第1178页。

便如此，甘南州城镇的发展仍然存在特殊的困难。艰苦的自然环境，相对滞后的经济发展水平，亟待完善的基础设施建设，立体交通格局尚未完全形成等，这些都是影响甘南州城镇可持续发展的瓶颈因素。针对这些问题，甘南州的城镇建设要以优先发展区域中心城市为首要目标，加快县域中心城市的发展步伐，大力扶持特色产业，推动特色小城镇建设，实现区域经济的跨越式发展与可持续发展。

（一）优先发展区域中心城市，增强中心城市的聚集力和辐射力

区域中心城市是区域人流、物流、资金流、信息流的中心。从区域经济发展的一般规律看，区域中心城市能否真正发挥好作用，关键在于区域中心城市的聚集能力和辐射能力。

甘南州合作市作为区域中心城市，目前虽在全区具备较强的经济实力和综合优势，但合作市总体规模小，城市常住人口不到10万人，城区建成面积不到10万平方公里，城市聚集力和辐射力相对大中城市而言极弱。因此，甘南州须进一步强化区域中心城市的意识，紧紧围绕提升城市聚集能力和辐射能力，优先发展区域中心城市合作市。甘南州要以西部大开发战略和"一带一路"建设为发展契机，积极争取国家政策扶持力度，科学规划城镇空间，加强城镇基础设施，改善投资环境，以旅游、商贸、工矿业为主要产业形成城市支柱经济，以城市产业聚集促进人口聚集，将合作市发展成为人口规模20万人以上的中等城市，从而增强中心城市的聚集力和辐射力。

区域中心城市首先是经济中心，加快产业的发展和升级是提升城市聚集力和辐射力，强化区域中心城市功能的根本。从当前合作市的发展态势而言，在甘肃省城镇体系中，甘南片区是较弱的一环。2017年，甘肃城镇体系"四片"区中主要城市的国民生产总值分别如下：陇南天水市614.96亿元，陇东平凉市

388.91 亿元、庆阳市 618.97 亿元，河西武威市 439.58 亿元、张掖市 404.14 亿元、酒泉市 580.27 亿元、嘉峪关市 210.99 亿元，甘南州合作市 39.08 亿元。显然，合作市在甘肃区域经济发展中面临着强劲的竞争压力。资金、人才匮乏，交通系统不完善以及产业档次低等因素是制约合作市发展的瓶颈。因此，今后一段时间，合作市要逐步调整产业政策，积极争取国家政策的扶持力度，加强项目规划和招商引资，对目前已经形成的畜产品加工、资源开发、旅游发展三大支柱产业要加大支持力度，提升产业档次和产品的科技含量，全力推动支柱产业的快速发展，促进合作市国民经济的持续增长。

高度发达的服务业是现代区域中心城市的重要标志。大力发展现代服务业，增强中心城市的服务能力，是提升合作市聚集力和影响力的重要途径。从国内外许多中心城市的发展看，高度发达的现代服务业是不可或缺的。合作市位于甘南州中部，与州内各县之间的距离合理，距临潭、卓尼、夏河、碌曲等县域中心城市均保持 80 公里左右的距离，距离省会兰州市 250 公里，距离临夏市 150 公里，具有发展商贸服务业较好的区位条件。旅游业是以旅游活动为中心形成的多个产业边缘组合行业，是增加地方财政收入的"朝阳产业"，也是新兴服务业中具有较强潜力的经济增长点。旅游业可以带动建筑、通信、住宿、娱乐、餐饮等30 多个产业的发展，是推动区域服务业发展的重要力量。合作市在甘南州旅游经济发展中具有"龙头"的优势条件，对其他地区有明显的辐射带动作用，是甘南香巴拉旅游的核心支撑。因此，甘南州要以合作市为旅游业发展中心，以创建"国家全域旅游示范区"为目标，联动边缘发展，构建周边 2 小时旅游经济圈，形成"民族特色、生态山水"旅游环线，增强中心城市的客流、资金流、信息流和物资流，提高旅游业对全市经济发展的贡献率，增强旅游业带动相关服务业的能力。

　　加强城市周边通道的建设，进一步拉大城市格局，增强城市集聚能力。城市格局的延伸和经济联系的拓展是增强城市聚集力和辐射力的重要推动力。甘南州要以合作市为龙头，加大与外部城市的联系。从区域交通格局分析，合作市既有优势、也有劣势。合作市与周边中心城市兰州市、临夏市距离较近，在区域内与各县域中心的距离也相对居中，对内对外联系通道方便。因此，合作市应以夏河机场、临合高速公路和国道 213 线为基础，结合建设中的兰合铁路，加强与南北重要城市的经济联系。沿着这些对外交通通道，合作市向北可以与兰州—白银都市圈（甘肃省区域发展战略格局中的中心）、西陇海兰新廊道重点经济带发生联系，向南可接受成渝都市经济区的综合辐射，并通过成渝两市，进而与长江三角洲发生联系，参与国际经济的交流与合作。

　　加强文化建设，增强城市的魅力，提升城市对人才资金的吸引力。文化是城市的灵魂，城市的竞争既是经济的竞争，也是文化的竞争。甘南州是青藏高原藏文化的边缘地区，以拉卜楞寺为中心的藏族宗教文化享誉中外，有"第二西藏"的美誉。合作市要充分挖掘藏族文化内涵，以民族特色为核心理念规划城区，提高城市品位，优化城市生活条件和投资环境，为人才、资金的引进创造条件。人才匮乏是合作市可持续发展的制约因素。合作市要积极争取国家政策支持，加大人才引进力度，制定优惠政策，通过向省内外大中专院校定向招生、人才引进等途径，引导鼓励大中专毕业生面向基层和跨地区就业，同时建立面向全社会的人才交流中心和信息网络，完善人才引进、劳动力市场、劳动力就业等相关法律法规体系，确保大中专毕业生就业和人才引进工作的顺利进行。

　　加强区域协作，增强区域中心城市间的联动发展和合力。区域联动、区域合作已成为现代经济发展的大趋势。区域中心城市与周边城市的发展是一种既相互竞争又相互协作的关系，是在竞争与合作中实现社会资源配置效益的最大化。甘南州合作市与省会城市兰州市、临夏自治州的临夏市、陇东区域中心城市天水市等大中城市的区位距离较近，可以以项目为载体，积极推进与这些城市之间的协作，加强区域间不同层面的交流和联系，学习周边城市发展的先进经验，在跨区域交流合作中提高自身竞争力。

人口规模是推动城市规模化发展的重要因素，同时也是影响城市聚集力和辐射力的重要制约因素。目前，合作市常住人口不足 10 万，因此合作市的规模发展须着力解决人口聚集问题。由于特殊的高原区位和民族的散布性、游移性较强，甘南州的人口空间相互作用较弱，空间聚集不足。目前，合作市虽已成为甘、青、川交接藏区最具实力和影响力的城市，但总体经济实力仍然较弱、城市功能不健全。因此，无论从旅游开发和商贸建设的角度，还是从城市建设的角度，单纯依靠合作市本身的力量是不够的。在今后的发展中，甘南州要尽可能引导人力、物力等要素向区域中心城市合作市聚集，力争尽快将合作市建设成为人口规模达 20 万以上的中等城市。

（二）促进县域中心城镇的发展，形成区域城镇协调发展的局面

县域中心城镇是甘南州城镇体系中重要的节点。由于县域地处城镇经济与农村经济的结合部，特殊的区位和部门功能决定了县域中心城镇既接受区域中心城市合作市的经济辐射，又承载着带动县域内其他小城镇及广大农村发展的重担。因此，促进县域中心城镇的发展具有举足轻重的作用，是全面推动甘南州城镇可持续发展的关键。

1. 加大县域中心城镇的发展力度，增强中心城镇的聚集力和辐射力

改革开放以来，东部地区经济的发展，很大程度上得益于县域经济的快速提升。2018 年 12 月 4 日，《中国县域经济发展报

告（2018）》公布了全国县域经济综合竞争力 100 强排名。报告显示：百强县（市）分布于全国 17 省（市），其中江苏、浙江、山东三省的百强县（市）就占了 65 席。① 足见县域经济在区域经济发展中的重要作用和地位。基于地理环境、生产方式、交通条件、经济发展水平等因素的影响，甘南州县域中心城镇的规模普遍偏小，功能也不完善。遵循点、线、面发展模式，甘南州城镇首先要加强县域中心城镇的增长极。

玛曲县是新中国成立后在甘南州游牧部落新建的县域中心城镇。自 1991 年格尔珂金矿开采业兴起以来，黄金工业成为发展势头较好的支柱产业，很快带动了玛曲县城镇经济的发展。2017年，玛曲县第一产业实现增加值 6 亿元，增长 6.90%；第二产业实现增加值 2.10 亿元，下降 5.90%；第三产业实现增加值 7.17亿元，下降 2.50%。三次产业结构比由上年的 34.5:17.6:47.9，调整为 39.3:13.8:46.9。第一产业比重上调 4.8 个百分点，第二产业比重降低 3.8 个百分点，第三产业比重下调 1 个百分点。② 从产业结构比例看，第三产业比重最高，三个产业结构形成"二三一"型。降低工业比重，大力发展第一、第三产业，这符合草原城镇发展经济的环境要求。因此，基于生态环境的保护，合理推进产业优化升级，提高发展质量和效益是玛曲县城镇经济快速发展的关键。

玛曲县矿产资源比较丰富。全县现有矿床（化）点 28 处，有 3 处矿床正在开采利用，尚有 25 处矿床（化）点未开发利用。玛曲县可在已有金矿业的基础上，以生态环境保护为前提，延伸

① 中国社会科学院财经战略研究院：《〈中国县域经济发展报告（2018）〉暨全国百强县案例报告发布》，2018 年 12 月 4 日，http://naes.cssn.cn/cj_zwz/cg/yjbg/zgxyjjfzbg/201812/t20181204_4788255.shtml。
② 玛曲县统计局：《2017 年玛曲县国民经济和社会发展统计公报》，2018 年 4月 13 日，http://www.gnztj.gov.cn/htm/20184/23_4763.htm。

黄金产业链条，推进黄金产业转型升级，充分发挥矿业经济的主导作用，带动畜牧加工、藏药业、水电开发等产业的发展，推动全县经济可持续发展。以旅游业为主要内容的第三产业是推动玛曲县经济发展的强劲后续动力。在今后的发展中，玛曲县可依托天下黄河第一弯、草原、湿地、阿尼玛卿山、河曲藏獒等物质性资源和《格萨尔王传》弹唱、格萨尔文化、游牧文化、藏族民俗等非物质性资源，结合国家级自然保护区尕海湿地、郎木寺景区，形成黄河首曲特色旅游区域，加大旅游资源的开发利用，争取将旅游业打造成新的经济增长点和支柱产业。

夏河县是甘南州传统中心城镇，城镇发展基础条件较好，距区域中心城市合作市 70 多公里。从国民生产总值看，目前夏河县的发展水平在甘南州位居第三，经济发展势头较强。从三大产业对经济的贡献分析，2017 年，夏河县第一产业完成增加值 5.14 亿元，同比增长 6.00%，对经济的贡献率为 33.10%；第二产业完成增加值 1.22 亿元，同比下降 10%，对经济的贡献率为 7.80%；第三产业完成增加值 9.21 亿元，同比下降 7.50%，对经济的贡献率为 59.10%。[①] 基于经济贡献率分析，第三产业和第一产业对夏河的经济贡献高达 92.20%，显然已成为夏河经济发展的支柱产业。

依靠资源和区位优势，大力发展优势产业，是夏河县经济跨越式发展的战略途径。夏河县旅游资源十分丰富，具有"世界藏学府・中国拉卜楞"的旅游资源品牌，其旅游业自开发以来成效显著，已发展成为支柱产业。目前，夏河机场的通航，标志着夏河县旅游业的发展进入新阶段。因此，夏河县可以借助旅游资源优势和航空快速通道，采取"旅游＋航空"模式，以宗教文化、

---

① 夏河县统计局：《2017 年夏河县国民经济和社会发展统计公报》，2018 年 5 月 9 日，http：//www. gnztj. gov. cn/htm/20185/23＿4823. htm。

生态景观、草原风情为核心发展特色旅游，加大人员培训，提高旅游管理水平，开发民族特色旅游产品，走综合型旅游发展道路，以期成为甘南州重要的藏族风情旅游城市。

临潭县是甘南州的传统商贸中心城镇，城镇发展区位条件较好。2017年，临潭县的国民生产总值为16.94亿元，仅次于合作市的39.08亿元，位居甘南州第二。2017年，临潭县三次产业结构的比例为18.32∶8.63∶73.05。[①] 从产业结构比例分析，临潭县的工业发展十分薄弱，以商业、旅游业为主的第三产业是全县的支柱产业。目前，经济总量小，产业结构单一是临潭县的基本县情。因此，加快传统农牧业改造升级，突出发展生态畜牧业、水电产业、旅游业等特色优势产业，实现临潭产业结构的优化升级。

临潭县拥有众多奇异绚丽的自然景观，独特的民俗风情和名胜古迹，其中冶力关被评为国家AAAA级旅游景区，还被美国最具权威的杂志《视野》《探险》评选为"让生命感受自然世界50个户外天堂"之一，被《中国国家地理》《时尚旅游》杂志评选为"人一生要去的50个地方"之一。临潭县可充分利用资源，打造"山水冶力关、生态大观园"旅游品牌，大力发展旅游业，充分发挥旅游业的产业带动作用，进一步推动全县商贸服务业的发展，争取将临潭县建成全省旅游强县和旅游产业示范县。

2. 结合区域经济特色，分区布局，形成片区经济

分区布局，片区发展，是实现城镇功能优势互补，提高整体经济辐射力，促进全区经济可持续发展的重要举措。根据目前甘南州各县（市）的自然气候条件、资源优势、目前的经济基础和结构特点，可将甘南州分为以下三个具有显著特色的城镇经济

---

① 蔡春辉：《甘南藏族自治州2017年国民经济和社会发展统计公报》，2018年4月11日，http：//www. gnztj. gov. cn/htm/20184/22 _ 4755. htm。

片区。

一是合作夏碌玛经济区。该区是甘南州重要的牧区，工业有一定基础，交通便利，基础设施相对较好，发展第三产业的条件十分优越。合作市主导产业是城市经济、加工业、制造业和旅游业。夏河县邻近合作市，主导产业是畜牧业及畜产品加工、建材业和旅游业，其中宗教文化职能和旅游职能显著。夏河县可以在一定程度上弥补合作市城市功能的不足和吸引力不强的缺陷。碌曲县的重点产业是旅游业、畜牧业和采矿业等。玛曲县的重点产业是旅游业、畜牧业、畜产品加工及采矿业。

结合本区经济特色，充分利用牧业资源优势，强化畜牧业基础，在上规模、上质量、上水平、重效益上下功夫，促进传统畜牧业向现代畜牧业迈进。工业生产则须立足畜产品、矿产、水电、藏药等资源优势，加快企业改革步伐，引进先进技术和管理体制，振兴纯天然畜产品加工企业，争取生产上规模、上档次，创立名优产品，打向内地市场，提高经济效益，推动区内经济发展。整合区域旅游资源优势，充分发挥拉卜楞寺、则岔石林、黄河首曲等景点的优势，结合兰州—九寨沟黄金旅游线路，规划经典旅游线路，大力发展旅游业，带动相关产业的发展。

二是临卓舟迭经济区。该区主要是农区和林区。临潭县的重点产业是农业、农副产品加工业、药材种植加工业及水电业、采矿业及旅游业。卓尼县的重点产业是农牧业、山野珍品加工业、中药材种植加工业、水电业、旅游业。迭部县重点产业是高新技术产业农林业、山野珍品加工业及水利水电开发。舟曲县重点产业是以干鲜果、药材、小杂粮为主的山区特色农业、水利电力开发。可见，本区经济发展要以实施天然林保护工程和生态环境的治理为主，通过退耕还林，大力发展经济林和高产优质高效农业，以及山野珍品的培育、采集及加工。大力发展电力、建材、山野珍品加工，铁合金、黄金等冶金工业和以农林副产品为主要原料的食品加工业。大力发展旅游、商贸业，带动第三产业的发展。

三是科技示范区。根据经济学家罗默的"知识外溢增长模式"，生产性投入的专业化知识（知识资本）的积累是经济持续增长的决定性因素。建立科技示范园区，这是甘南州加快实现农牧业产业化进程的技术支撑。甘南州各城镇要从各自的特色产业出发，规划建立科技示范园区。如在碌曲、玛曲、夏河三县和合作市建立牧业高新技术示范园区；在迭部、舟曲两县建立经济林果和药材示范园区；在临潭、舟曲、卓尼三县建立旱作农业"两高一优"种植示范园区。同时，要依托甘南州资源特色，建立新技术示范基地。依托州农科所建成"菜篮子"工程、冬虫夏草人工培育、蕨麻精深加工示范基地；依托州畜牧综合试验场，建成暖棚养畜、优良畜种繁育、畜产品加工示范基地；依托州佛阁藏药有限公司，建成以藏药材为主的集散、加工、种植示范基地。

分区布局，片区发展，这是甘南州城镇走向有序化发展的必由之路，也是促进"城市—区域"一体化战略的可行性选择。它不仅有效地整合了全区资源，同时也弥补了各城镇规模小，功能不足的缺陷，为实现全区经济分工协调，形成合理的区域城镇体系，为区域可持续发展创造条件。

3. 完善区域城镇体系，形成区域城镇协调发展的局面

完善区域城镇体系是促进城镇协调发展和加快城镇化进程的重要举措。目前，甘南州的城镇体系不完善，中心镇区、一般镇区、重点乡的建设还有待加强。区域中心城市合作市除通钦、当周、伊合昂和坚木克四个街道办之外，没有建制镇，城镇体系网络尚未形成。经济实力较弱的街道办对距离城市中心较远的乡村，辐射带动作用微弱，许多牧民去城里只为采购生活用品，城乡间要素、产品、信息、人员等交流较少，这不利于城镇的可持续发展。合作市要以镇域中心和交通干道为依托，尊重各村庄的

发展现状，并根据整体发展趋势与发展战略，以发展经济为突破口，以农村经济发展的基础设施为依托，结合牧民定居工程、异地搬迁工程，有效促进农牧民居住向城镇、中心村、牧民定居点集中，促进村庄体系合理布局，构筑以"中心城区—城镇—乡集镇—中心村—基层村"为骨架，层次分明、布局合理、各具特色、功能互补的现代村镇聚落体系。夏河县城镇体系也要城乡兼顾、择优集中，以县域对外交通要道为轴线，充分发挥县域中心城镇的经济影响力，重点建设阿木去乎和王格尔塘两镇，力争将区位条件较好，并有一定经济发展基础的桑科乡和麻当乡发展成为一般镇，进一步构建完善的城镇体系。

综上所述，甘南州一方面要加大中心城市合作市的发展力度，提高其首位度，充分发挥其区域中心城市的核心凝聚力，同时也要对一些区位条件较好的乡镇加大建设力度，加快构建中心市区、县城区、中心镇区、一般镇区、重点乡五位一体的，层次布局合理、城乡协调、互促共进的城镇体系，从而有效地促进区域内城镇之间、城乡之间的联系与发展。

（三）发展特色产业，建设特色小城镇

工业化是促进城镇化的必由之路。甘南州城镇工业起步晚，水平低，城镇主要职能以行政化的基本服务功能为主，这是城镇可持续发展的制约因素。譬如，州政府所在地合作市虽已形成以水电、旅游、商贸、畜产品加工、矿产、藏医藏药为主导的产业体系，但是矿产品和电力主要分布在农牧区，并以向外直接输出为主，以致当地的生态环境受损，经济处于不可持续发展的状态。与此同时，在合作市，除市区外，其他六个乡都以行政服务职能为主，行政性第三产业以及面向当地进行公共事业服务的人员所占的比重很高，生产性行业的从业人口所占比重极低，围绕行政职能展开的各项服务行业能提供的就业岗位有限，生产性行业又发育不足，导致城镇可持续发展十分受限。

甘南州自然条件脆弱，人类生存条件较差，城镇建设要以自然承载力为基础，进行合理的发展。城市的规模建设不能把城市化目标变成指标，不切实际地一味追求城镇人口规模和城区建设规模。甘南州城市化率每提高 1%，人均生态足迹增加0.29ha。[①] 城市化的发展和人口规模的增加将使这里脆弱的生态环境更加不堪重负。因此，甘南州的城镇建设不可能摊大饼式的发展，当然更不能以破坏生态环境为代价来换取发展。

关于城市规模，北京市城市规划设计研究院原副院长董光器曾对《瞭望新闻周刊》说："城市化的速度能快到什么程度，城市规模多大才能满足经济社会发展空间的需要，还存在着不少值得思考的问题。"[②] 以甘南州首位城市合作市为例，1998 年非农人口数量为 37108 人，人口非农比为 46.11%。到 2007 年非农业人口数量增长到 50253 人，人口非农比达到 56.29%。非农人口数量年均增长速度为 39.36‰，人口非农化率 10 年间增长了10.18 个百分点，年均增长 1.13 个百分点。可见，自建市以来，合作市进入了城镇化快速发展时期。这是否意味着未来合作市的城镇也要按照这个速度继续发展呢？城镇化快速发展确实令人振奋，但是一味追求这个数字指标却是不现实的。一方面甘南州城镇工业能提供的就业机会有限，且技术岗位、管理岗位和服务领域的工作又因为本地劳动力目前尚无法胜任而被外来劳动力所占据。外来人口综合素质较高，就业竞争优势明显，这使得本土农牧民人口的城镇化进程缓慢，而且随着城镇远期发展规模的趋于饱和，甘南农牧民的城镇化进程会更加艰难。另一方面，甘南州农牧民传统的生活习惯、思想观念等也阻碍着城镇化的进程。这

---

① 张惠：《甘南州城镇体系的时空演进与结构优化研究》，兰州：西北师范大学硕士学位论文，2011 年。

② 王军：《专家：国内各城市忙着做大 掀起新一轮圈地热》，2004 年 12 月 19日，http：//news. 163. com/41219/3/17VIH2240001124T _ 3. html。

里的农牧民过着半定居半游牧生活，绝大多数中心村的人口规模都在 600~800 人，平均每个自然村仅 31 人，最小的村仅 15 人，如此分散的居住状态，加上地缘、族缘、宗教信仰的深刻影响，农牧民本身迁居的可能性也不大。有鉴于此，甘南州城镇的可持续发展不是规模越大越好，当然也不是城镇人口规模越大越好。甘南州城镇规模的发展必须遵循经济发展规律的要求，契合山地形态，充分尊重环境与土地资源，尊重现有的地形、地貌，注重城市空间规模的合理利用，走小城镇可持续发展道路。否则，在经济发展不能提供更多就业机会的情况下追求城镇人口的增长，这只能使本土农牧民进城后日益贫困，使甘南州城镇化建设陷入"恶性循环"。因此，发展特色产业，建设多类型小城镇，这是甘南州城镇可持续发展的道路选择。

目前，甘南州小城镇经济各有特色，可以"不拘一格地发展多种类型的小城镇，如工矿促进型小城镇、农业商品化牵引型小城镇、商贸集散型小城镇、交通枢纽型小城镇、旅游型小城镇"[①]。在甘南州，除县域中心城镇以外，特色小城镇主要有夏河县的王格尔塘镇、阿木去乎镇；临潭县的新城镇、冶力关镇；卓尼县的木耳镇、扎古录镇；碌曲县的郎木寺镇和舟曲县的大川镇。

旅游型小城镇主要有冶力关镇、木耳镇和郎木寺镇。冶力关是国家级 AAAA 级旅游风景区，既有险、峻、奇、秀、幽的自然景观，也有藏汉交融的独特民俗文化，是兰州的后花园。郎木寺自古以来就是甘、青、川各族民众朝拜黑虎女神的圣地，是民族文化浓郁的旅游地。木耳镇有大峪沟森林生态旅游区，距县城 30 公里。景区全长 81 公里，景观众多，有云江峡、旗布沟、三

---

① 杨培涛：《甘南城市可持续发展研究》，《经济研究导刊》2008 年第 2 期，第 160 页。

角石等景区。旅游型小城镇今后的发展主要以加大旅游业发展为目标，积极争取政策支持，加强与周边旅游地的协作，提升旅游地吸引力。如冶力关和木耳镇可以依托冶力关、大峪沟国家AAAA 级旅游景区为资源，联合打造民俗风情旅游区。

交通枢纽城镇主要有扎古录镇和王格尔塘镇。扎古录镇处在卓尼、临潭、合作三县（市）的阿子滩、完冒、扎古录、刀告、尼巴、术布、古战、加门关等八乡（镇）的几何中心和岷麻路、江迭路、两麻路（三路）、洮河、车巴河、江可河（三河）的交汇点上，距合作市 68 公里，卓尼县城 53 公里，临潭县城 35 公里，交通区位条件较优。王格尔塘镇也是连接合作市和夏河县的枢纽城镇，目前已经通车的临合高速公路也经过该镇，临合高速公路进一步提升了王格尔塘镇的交通枢纽地位。交通枢纽城镇要充分利用区位条件，大力发展商贸业和现代物流业，促进人流量、物流量的快速聚集和分散，从而推动城镇经济的全面发展。

商贸集散地主要有阿木去乎镇、新城镇、大川镇。这些城镇大都距离县域中心城镇较近，可以利用区位优势发展商贸业，成为县域中心城镇的商贸集散地。如阿木去乎镇可以以夏河机场为中心打造 2 小时旅游圈，大力发展酒店、餐饮、娱乐、购物等，同时发展物流等机场服务业，争取将其打造成为夏河县重要的商贸集散地。

综上所述，甘南州是一个多民族杂居的地区，民族成分、宗教信仰复杂，要实现甘南州城镇化的跨越式发展和可持续发展，必须充分尊重各民族的风俗习惯和宗教信仰，高度重视民族地区的基础教育工作，整合区域资源，以区域中心城镇合作市为龙头，加快城镇基础设施建设，改善区域城镇投资环境，促进县域经济产业结构的优化和经济的稳步发展，发展特色产业，建设特色小城镇，不断改善人民群众生活水平和生活质量，充分发挥甘南州作为区域边缘的"示范效应"和"中心效应"。

结　语

甘南州位于甘肃省南部，甘、青、川三省交界处，东与陇南市、定西市毗邻，南与四川阿坝藏族羌族自治州交界，西连青海黄南、果洛两个藏族自治州，北靠临夏回族自治州。甘南州承接内地，辐射青、藏的地理位置形成了民族融合、文化多元、经济多样的区域发展格局，决定和影响着区域城镇的发展变迁。

历史上，由于民族的迁徙、战争的频繁、地形的复杂以及中原王朝的经略与开发，甘南州的城镇发展呈现出"民族走廊"的特点。这里城镇起源早，具有悠久的历史，城镇经济文化具有多元性。与此同时，"民族走廊"的边缘区位也导致这里长期以来成为中原王朝与西部民族政权交汇的冲突区域，政治、军事、文化等冲突与碰撞既阻碍了城镇的发展，同时也奠定了区域城镇发展的潜在优势，形成了区域经济、宗教、文化的多元发展格局。

新中国建立后，国家实施了民族区域自治政策，现代意义的甘南藏族自治州行政区划正式建立和形成，区域城镇建置和城镇体系不断建立和完善，甘南州的城镇发展步入了新的历史时期。改革开放以来，随着国家不平衡发展战略的推动，部分区位条件有利的区域优先发展起来了，"民族走廊"与发达地区之间的差距也越来越大，而且呈进一步扩大的态势。2000年，为改变欠发达地区的落后状态，缩小东西部发展差距，国家适时进行了战略调整，实施了西部大开发战略。西部大开发战略使甘南"民族走廊"获得了新的发展契机，国家财政收入的转移支付、开发政策的倾斜及东部发达地区的对口支援等措施有效地推动了甘南州城镇的发展变迁。2013 年，国家开始了"一带一路"建设，"一带一路"进一步拓宽了甘南州招商引资的渠道，成为甘南州城镇发展的助推器。

在甘南州城镇呈加快发展态势的今天，从区域城镇的演变进程揭示甘南州城镇发展的特点，这是对甘南州城镇发展的历史分析，同时也是对甘南州城镇发展现状的关注与思考，并为未来加快甘南州的城镇建设提供了借鉴和参考。

一、农业时代"民族走廊"文化多元推动下的甘南州城镇发展

农业时代，甘南州是中原王朝与西部民族政权交汇的"民族走廊"，政权的角逐使这里成为冲突的区域。甘南城镇的起源除了因水而生的自然地理因素外，因政治军事需要而兴起的城堡不在少数。从早期的白石县到明代的临潭新城，无不体现出屯兵和防御的城市功能。

政治军事的冲突促进了军事城堡的产生，屯兵移民的进入，加强了民族的交流与融合，推动了民族地区经济的发展。历史上，临潭是"西番门户"的甘南重镇。明代，朱元璋在此修筑新城"戍守"，以达到"扼其咽喉"的目的。为解决城镇军民的供养问题，来自江淮一带的军士在当地开荒种田，于是，长江流域先进的农耕技术传入洮河流域临潭地区，促进了当地农业经济的发展，奠定了洮河流域农业发展的重要基础。

政治军事的冲突与控制是历史上甘南州城镇格局形成的重要影响因素。在中原王朝历代政府的经略开发下，甘南地区的城镇出现兴衰更迭，甚至衰落的状况。如境内西南的碌曲地区曾是中原王朝驻军之地，但由于该区域距离中原内陆较远，致使中原王朝在这里的控制力量较弱，唐代以后，这里成为吐蕃领地，游牧

部落得以兴起与发展。此后，洮河流域的洮州逐渐发展成为中原王朝的军事前沿阵地，军事地位日益提升，成为以后历代政府屯兵建置的首选，碌曲则在这样的军事博弈选择中渐渐成为洮州的辖区，城镇建置也因此中断。军事控制力的消长可以说是甘南地区城镇布局"东密西疏"格局形成的重要原因之一。

与此同时，政权的更替，区域的战乱，也常常使甘南州的军事城镇遭受严重破坏，甚至一度衰落。如唐代以前修筑的甘加八角城"城角之间距离均在弓弩的有效射程之内……易守难攻"，但现已成遗址，而"扼守唐代九曲通往巴蜀和秦陇"[①] 的军事重镇羊巴古城也成为遗址。

中原王朝与西部民族政权的争夺与控制促进了甘南州文化的多元化发展。历史上，由屯兵或避乱引发的移民现象有力地推动了甘南地区多民族"混居"格局的形成，促进了该地区不同文化的交流，藏文化与汉文化、回族文化，传统文化与现代文化等诸多文化和谐发展，从而形成了以藏文化为主体的多元文化共生现象，即：生产方式上的"农牧商"共生，宗教信仰上的藏传佛教、伊斯兰教与道教的共生，居住上的定居、游牧与西道堂大家庭的共生，等等。多元文化的共生使甘南州的城镇发展极富民族特色。在这里，不仅有藏传佛教寺院城镇拉卜楞，有土司重镇卓尼，也有回族商业城镇临潭，还有汉族移民聚居而成的江卡寺（"汉人城"）[②]。

农业时代甘南州城镇发展主要特点为：

1. 城镇起源早，历史悠久，但发展缓慢，区域内城镇数量较少。中原王朝与西部少数民族政权的战略角逐促进了甘南州早

① 刘满：《唐洮州治所位置考》，《敦煌学辑刊》2011 年第 1 期，第 36 页。
② 李安宅：《川甘数县边民分布概况》，《边政公论》1941—1942 年第 2 卷第 9—10 期。

期城镇的发展。从西汉建立白石县开始,历代政权都在甘南地区有所经略,城镇建制基本延续下来。但是由于政治军事的长期冲突,区域内城镇发展并不十分稳定,尤其是吐蕃统治时期,区域内的城镇数量锐减。历史上,甘南州城镇数量最多的清代也仅有11 个城镇。这一时期,甘南州的城镇主要是中原王朝经略边地的防御屯兵城堡,城镇的政治军事职能突出。

2. 城镇空间分布不平衡,空间结构松散。在山大沟深农牧业并存的生产方式下,甘南西南部地区游牧民族逐水草而居的"移动的村落"难以形成城镇,而区域内大夏河、洮河和白龙江流域的河谷地段,水源充沛,农业发达,人们安居乐业,城镇不断发展。因此,甘南城镇的分布体现了生产方式、水源分布和居住方式的不同特点,形成了"东密西疏"和"农密牧疏"的城镇布局,且城镇布局以河流峡谷为轴线分布。同时,由于甘南州峡谷地带的农业发展远远落后于平原地带,其农业经济的发展程度制约着食物的供应量,同时也限制了人口的规模,从而形成了地广人稀的自然格局和空间结构松散的城镇布局。

二、工业时代甘南州城镇作为"行政边缘区"的变迁

工业发展时代,就甘南州的城镇发展而言,主要是指新中国成立以后。这一时期,甘南州由中原王朝与西部民族政权的交界边缘演变为中国的行政区划边缘,其战略地位也由农业时代的冲突区变成了工业时代的开发区,且"民族走廊"地区的发展日益受到国家的战略关注。

新中国成立后,国家对少数民族聚居地实行了民族区域自治政策,促进了甘南州城镇的发展。随着国家战略政策的不断调整,甘南州的城镇数量由民国时期的 3 县 1 设治局增加到了 7 县1 市,建制镇也由建国初期的 5 个增加到了 15 个,每万平方公

里的建制镇从 1.11 个增加到了 3.33 个。建制镇的增加，合作市的成立，进一步完善了甘南州的城镇体系。西南游牧地区碌曲县、玛曲县等县镇的相继成立，使甘南州城镇布局"东密西疏"的状态有所改善。20 世纪 50 年代，甘南州兴起了近代工业企业，随着工业化的起步发展，甘南州的城镇化也不断推进。改革开放以来，尤其是西部大开发战略的实施，甘南州的城镇化更是步入了加快发展的历史时期。城镇化率不断上升，从 1980 年的 12.7% 增长到了 2017 年的 34.01%，城镇化率提高了近两倍。但是，在全球城镇化的发展比较中，甘南州的城镇化发展仍然相对滞后。

首先，甘南州的城镇化起步晚，发展缓慢。18 世纪，西方资本主义国家产业革命兴起，随着机器大工业和社会化大生产的出现，城市人口迅速增长，这些国家开始了城市化。在中国，19 世纪 60 年近代工业才开始在开埠城市兴起，但是城市化的发展非常缓慢。1950 年，世界城市化率 28.2%，中国 11.18%。与世界发达国家相比，中国的城镇化起步明显滞后，而甘南州的城镇化起步更晚。而且，由于甘南州经济基础薄弱，又地处远离省会中心城市的"行政边缘区"，城镇发展的行政边缘弱势较明显，因此城镇化进程缓慢。1980 年到 2017 年的全国、甘肃和甘南城市化率增幅情况分别为：全国城市化率从 19.39% 增加到 58.52%，增幅为 3.01%；甘肃省城市化率从 15.15% 增加到 46.39%，增幅为 3.06%；甘南州城市化率从 12.7% 增加到 34.01%，增幅为 2.68%。可见，甘南州的城市化速度远远落后于甘肃省及全国。

其次，城镇规模偏小，区域中心城市的聚集力和辐射力弱。合作市城市常住人口不足 10 万，城区面积不足 10 平方公里，是城市规模十分小的县级小城市，城市的聚集力和辐射力弱。合作市工业化水平和经济发展水平较低，与生产密切相关的信息、科学研究、技术服务、金融等新兴产业发展滞后，城区对周边乡村的辐射带动能力较弱。目前，合作市只设有经济实力较弱的街道办，市内没有建制镇，城镇体系网络尚未形成，城市对距离较远乡村的辐射带动作用微弱。区域交通系统不完善，对外联系相对封闭，也在很大程度上降低了合作市的聚集力和辐射力。

第三，甘南城镇体系仍很不完善。目前，甘南州已形成了以合作市为龙头，以临潭、夏河、舟曲、卓尼、碌曲、玛曲、迭部六县为中间层次，拉卜楞镇、王格尔塘、临潭城关镇、新城、卓尼柳林镇、木耳镇等15个建制镇为连接县乡节点的城镇体系。城镇体系中共有1市7县15镇，其结构为中心城市合作—县城—中心镇——一般镇。但是，在甘南城镇体系中，由于县级市合作市建市不久，城市规模小，在整个城镇体系中的首位度较低，县城中心镇与一般镇之间的等级层次也不十分明显，区域内缺乏大中城市，因此城镇体系仍很不完善。

2000年，国家实施了加快西部发展，调整地区产业结构，缩小东西部差距的西部大开发战略，这是甘南州城镇发展的重要契机。甘南州以国家政策支持、东部地区对口支援为依托，将"民族走廊"交汇地的旅游、文化、生态等潜在优势转变为城镇跨越式发展的现实优势，加强城镇基础设施建设，改善投资环境，树立资源品牌，大力发展旅游业及特色产业，推动城镇经济产业结构优化升级，实现区域经济的跨越式发展与可持续发展。

今天，经过长期努力，中国特色社会主义建设进入新时代，这是我国发展新的历史方位。新时代，新征程，甘南州的城镇化建设也步入了新的发展阶段。在创新、协调、绿色、开放、共享的发展理念下，甘南州要在充分尊重各民族群众的风俗习惯和宗教信仰的基础上，基于区域生态环境的现实考虑，以国家政策支持、东部地区对口支援为依托，将"民族走廊"交汇地的旅游、文化、生态等潜在优势转变为城镇跨越式发展的现实优势，实施以下发展战略：一是以区域中心城镇合作市为发展龙头的战略，通过优先发展区域中心城市，实现产业聚集、人口聚集，扩大城市规模，提升中心城市的聚集力和辐射力；二是加快县域中心城镇的发展步伐，以支柱产业为核心促进县域产业结构的优化和经济的稳步发展；三是依托甘南州丰富多样的资源，加强城镇基础设施建设，改善投资环境，树立资源品牌，大力发展特色产业，建设特色小城镇，不断完善城镇体系，形成区域城镇协调发展的局面；四是整合区域环境资源，协调城镇化与生态环境相互关系，以生态环境承载力为基础，以"守住绿水青山，留住蓝天白云"为目标，走可持续发展的生态经济型城镇化道路。

参考文献

一、方志文献类

［1］《临潭县志》编纂委员会. 临潭县志［M］. 兰州：甘肃民族出版社，1997.

［2］索代. 夏河县志［M］. 兰州：甘肃文化出版社，1999.

［3］崔国权. 甘肃省情（第一部）［M］. 兰州：甘肃人民出版社，1988.

［4］（清）阿莽班智达. 拉卜楞寺志［M］. 玛钦·诺悟更，志道周，译注. 兰州：甘肃人民出版社，1997.

［5］张其昀. 甘肃省夏河县志略［M］. 兰州：兰州大学丝路文化中心，1993.

［6］马无忌. 甘肃夏河藏民调查记［M］.《民国藏事史料丛编》本. 北京：学苑出版社，2005.

［7］中国人民政治协商会议甘南藏族自治州委员会文史资料委员会. 甘南文史资料（第十一辑）［M］. 合作：甘南报社印刷厂，1994.

［8］中国人民政治协商会议舟曲县委员会文史资料委员会. 舟曲县文史资料（第十一辑）［M］. 内部资料，1987.

［9］中共甘南州委党史研究室. 中国共产党甘南历史（1921. 7—2003. 7）［M］. 兰州：甘肃民族出版社，2003.

［10］《甘南藏族自治州概况》编辑委员会. 甘南藏族自治州概

况［M］. 内部资料，1960.

［11］中共甘南州委党史资料征集办公室. 甘南党史资料（第二
　　　辑）［M］. 内部资料，1989.

［12］中共甘南州委党史资料征集办公室. 甘南党史资料（第三
　　　辑）［M］. 内部资料，1988.

［13］中共德乌鲁市人民公社委员会. 甘南藏族自治州首府：德
　　　乌鲁市［M］. 兰州：甘肃民族出版社，1960.

［14］碌曲县地方志编纂委员会. 碌曲县志［M］. 兰州：甘肃文
　　　化出版社，2006.

［15］甘肃省地方史志编纂委员会，甘肃省旅游局. 甘肃省志·
　　　旅游志（第三十卷）［M］. 兰州：甘肃文化出版社，2007.

［16］甘肃省人口普查办公室. 世纪之交的中国人口（甘肃卷）
　　　［M］. 北京：中国统计出版社，2005.

［17］甘南州地方史志办公室. 甘南州年鉴（1991—1995）［M］.
　　　兰州：甘肃人民出版社，1996.

［18］甘南州地方史志办公室. 甘南州年鉴（1996—2000）［M］.
　　　兰州：甘肃人民出版社，2003.

［19］甘南州地方史志办公室. 甘南州年鉴（2008）［M］. 兰州：
　　　甘肃人民出版社，2008.

［20］甘肃省地方史志办公室. 甘肃年鉴（2012）［M］. 兰州：
　　　甘肃文化出版社，2012.

［21］甘南藏族自治州地方史志编纂委员会. 甘南州志［M］. 北
　　　京：民族出版社，1999.

［22］《临潭县志》编纂委员会. 临潭县志（1991—2006）［M］.
　　　兰州：甘肃人民出版社，2008.

［23］中国人民政治协商会议甘南藏族自治州委员会文史资料研
　　　究委员会. 甘南文史资料选辑（第三辑）［M］. 内部资
　　　料，1984.

[24] 甘肃省甘南藏族自治州工业普查领导小组办公室. 甘肃省甘南藏族自治州第二次全国工业普查资料汇编［M］. 兰州：兰州八一印刷厂，1987.

[25] 甘肃省甘南藏族自治州工业普查领导小组办公室. 甘肃省甘南藏族自治州第三次全国工业普查资料汇编［M］. 兰州：兰州八一印刷厂，1997.

[26] 张笃彦主修，包永昌总纂. 洮州厅志［M］. 兰州：兰州俊华印书馆，1934.

[27] 中国人民政治协商会议甘肃省委员会文史资料研究委员会. 甘肃文史资料选辑（第二十八辑）［M］. 兰州：甘肃人民出版社，1988.

[28] 国家发展计划委员会发展规划司. 新世纪初发展蓝图：国家及各省（区、市）国民经济和社会发展“十五”计划纲要汇编［M］. 北京：民族出版社，2001.

二、专著类

[1]《辞海》编辑委员会. 辞海［M］. 上海：上海辞书出版社，1999.

[2] 张全明. 中国历史地理学导论［M］. 武汉：华中师范大学出版社，2006.

[3]［日］矶村英一. 城市问题百科全书［M］. 王君健，等译. 哈尔滨：黑龙江人民出版社，1988.

[4] 马正林. 中国城市历史地理［M］. 济南：山东教育出版社，1998.

[5] 徐学强，周一星，宁越敏. 城市地理学［M］. 北京：高等教育出版社，2009.

[6]［美］刘易斯·芒福. 城市发展史：起源、演变和前景［M］. 宋俊岭，倪彦文，译. 北京：中国建筑工业出版

社，1989.

[7] 洲塔. 甘肃藏族部落的社会与历史研究 ［M］. 兰州：甘肃民族出版社，1996.

[8] 李景铭. 甘南藏族自治州经济社会发展研究 ［M］. 兰州：甘肃民族出版社，2006.

[9] 石为怀. 甘南史话 ［M］. 兰州：甘肃文化出版社，2007.

[10] 马晓军. 甘南宗教演变与社会变迁 ［M］. 兰州：甘肃人民出版社，2007.

[11] 阿旺，贡嘎，索南. 萨迦世系史 ［M］. 拉萨：西藏人民出版社，1989.

[12] 王森. 宗喀巴传论 ［M］. 北京：中国科学院民族研究所少数民族社会历史研究室，1965.

[13] 马永寿. 卓尼史话 ［M］. 兰州：甘肃文化出版社，2007.

[14] 伦珠旺姆. 神性与诗意：拉卜楞藏族民俗审美文化研究 ［M］. 北京：民族出版社，2003.

[15] 李忱，张世海，杨勇. 甘肃民族研究论丛（第2辑）［M］. 兰州：甘肃人民出版社，2005.

[16] 丹珠昂奔. 藏族文化发展史 ［M］. 兰州：甘肃教育出版社，1997.

[17] 师宗正，秦斌峰. 中国导游十万个为什么（甘肃）［M］. 北京：中国旅游出版社，2004.

[18] 何一民. 川大史学·城市史 ［M］. 成都：四川大学出版社，2006.

[19] 尕藏加. 藏区宗教文化生态 ［M］. 北京：社会科学文献出版社，2010.

[20] 黄奋生. 藏族史略 ［M］. 北京：民族出版社，1989.

[21] 丹曲. 拉卜楞史话 ［M］. 北京：民族出版社，1998.

[22] 罗发西，李耕，曲又新，等. 拉卜楞寺概况 ［M］. 兰州：

甘肃民族出版社，1987.

[23] 冯骥才. 灵魂不能下跪——冯骥才文化遗产思想学术论集
[M]，银川：宁夏人民出版社，2007.

[24] 扎扎. 佛教文化圣地——拉卜楞寺［M］. 兰州：甘肃民族
出版社，2010.

[25] 甘肃省图书馆书目参编部. 西北民族宗教史料文摘（甘肃
分册）［M］. 兰州：甘肃省图书馆，1984.

[26] 徐恩波，史志诚，王雅鹏. 畜产市场运行与发展［M］. 西
安：陕西人民出版社，1994.

[27] 贡保草. 拉卜楞"塔哇"的社会文化变迁［M］. 北京：民
族出版社，2009.

[28] 马廷义，赵大庆. 洮州花儿集锦［M］. 兰州：甘肃万联广
告彩印有限公司，2005.

[29] 白洁. 甘南岁月［M］. 北京：中国电力出版社，2007.

[30] 范长江. 中国的西北角［M］. 北京：新华出版社，1980.

[31] 李振翼. 甘南州考古集萃［M］. 北京：民族出版
社，1998.

[32] 沈桂萍. 马克思主义民族观与党的民族政策［M］. 北京：
中央编译出版社，2007.

[33] 《甘南五十年》编纂委员会. 甘南五十年［M］. 三门峡：
河南三门峡彤文化艺术有限公司，2003.

[34] 邓小平. 邓小平文选（第二卷）［M］，北京：人民出版
社，1983.

[35] 程方. 中国县政概论［M］. 重庆：商务印书馆，1939.

[36] 谢振民. 中华民国立法史［M］. 北京：中国政法大学出版
社，1999.

[37] 顾颉刚. 西北考察日记［M］. 兰州：甘肃人民出版
社，2002.

[38] 佟光霁，等．聚集与积聚：中国农村城镇化发展 ［M］．哈尔滨：东北林业大学出版社，2005.

[39]《甘南藏族自治州概况》编写组．甘南藏族自治州概况 ［M］．修订本．兰州：甘肃民族出版社，2008.

[40] 于式玉．于式玉藏区考察文集 ［M］．北京：中国藏学出版社，1990.

[41] 叶裕民．中国城市化与可持续发展（第十二卷）［M］．北京：科学出版社，2007.

[42] 毛泽东．毛泽东选集（第 4 卷）［M］．北京：人民出版社，1991.

[43] 靳尔刚，张文范．行政区划与地名管理 ［M］．北京：中国社会科学出版社，1996.

[44] 张培刚．农业与工业化 ［M］．武汉：华中工学院出版社，1984.

[45] 王钊，邓宗兵，吴江．西部农村工业化与城镇化互动协调发展研究 ［M］．西安：陕西科学技术出版社，2006.

[46] 刘平量，曾塞丰．城市化：制度创新与道路选择 ［M］．长沙：湖南人民出版社，2006.

[47] 区界名．中国行政区划 ［M］．北京：北京出版社，1994.

[48] 金逸民，张军．中国小城镇发展战略研究 ［M］．北京：中国农业科学技术出版社，2004.

[49] 冯沙驼．城市化与城镇 ［M］．兰州：甘肃文化出版社，2007.

[50] 张文范．中国县情大全（西北卷）［M］．北京：中国社会科学出版社，1993.

[51] 太原市社会科学研究所．城市经济学入门 ［M］．太原：山西人民出版社，1987.

[52] 马福元．甘肃民族地区非公有制经济发展现状与对策研

究［M］. 兰州：甘肃民族出版社，2002.

［53］徐光远，陈松群. 城市经济学［M］. 北京：中国经济出版社，2009.

［54］张敦勋. 区域经济学原理［M］. 北京：中国轻工业出版社，1999.

［55］顾朝林. 中国城镇体系——历史·现状·展望［M］. 北京：商务印书馆，1996.

［56］王雅红. 西北民族地区城市发展研究［M］. 北京：民族出版社，2005.

［57］高新才，滕堂伟. 西北区域经济发展蓝皮书（甘肃卷）［M］，北京：人民出版社，2008.

［58］张曾芳，张龙平. 运行与嬗变——城市经济运行规律新论［M］. 南京：东南大学出版社，2000.

［59］柴生祥，李含琳. 西部民族地区城镇化模式与应用对策［M］. 兰州：甘肃人民出版社，2006.

［60］谢文蕙，邓卫. 城市经济学［M］. 北京：清华大学出版社，2002.

［61］高永久. 西北少数民族地区城市化及社区研究［M］. 北京：民族出版社，2005.

［62］师守祥，张智全，李旺泽. 小流域可持续发展论——兼论洮河流域资源开发与可持续发展［M］. 北京：科学出版社，2002.

［63］李克强，侯超惠. 人口·资源与环境经济问题研究［M］. 北京：中央民族大学出版社，2007.

［64］李丽. 第三产业内部结构优化及对策研究［M］. 北京：知识产权出版社，2007.

［65］范鹏，魏琦. 2007—2008年甘肃省经济社会发展分析与预测［M］. 兰州：甘肃人民出版社，2008.

［66］何一民. 中国城市史纲［M］. 成都：四川大学出版
社，1994.

［67］刘凤云. 明清城市空间的文化探析［M］. 北京：中央民族
大学出版社，2001.

［68］杨士宏. 卓尼杨土司传略［M］. 成都：四川民族出版
社，1990.

［69］甘肃省民族事务委员会，甘肃省民族研究所. 甘肃少数民
族［M］. 兰州：甘肃人民出版社，1989.

［70］芈一之. 黄河上游地区历史与文物［M］. 重庆：重庆出版
社，2006.

［71］林跃勇. 夏河地区历代大事记［M］. 内部资料，1991.

［72］旦智塔. 一个游牧民族的小康梦：甘南畜牧业经济改革与
发展研究［M］. 北京：民族出版社，2004.

［73］丹曲，扎扎. 藏学论文（第二辑）［M］，北京：民族出版
社，2006.

［74］王德勇，王悦华，李友华. 农村城镇化发展问题探索
［M］. 北京：中国农业出版社，2005.

［75］范少言，王晓燕，李建超. 丝绸之路沿线城镇的兴衰
［M］. 北京：中国建筑工业出版社，2010.

［76］杨波，陶永生. 生肖马［M］. 济南：齐鲁书社，2004.

［77］恒考. 天路纵横话交通：甘南交通改革发展三十年［M］.
兰州：甘肃民族出版社，2009.

［78］陕西师范大学中国历史地理研究所，西北历史环境与经济
社会发展研究中心. 人类社会经济行为对环境的影响和作
用［M］. 西安：三泰出版社，2007.

［79］张复合. 中国近代建筑研究与保护（六）［M］. 北京：清
华大学出版社，2010.

［80］何星亮，欧光明. 民族学研究（第13辑）［M］，北京：民

族出版社，2005.

[81] 罗爱昌. 碌曲史话 [M]. 兰州：甘肃文化出版社，2010.

[82] 罗惠翾. 伊斯兰教社会功能研究：以几个穆斯林社区的对
比调查为例 [M]. 北京：中央民族大学出版社，2008.

[83] 况浩林. 中国近代少数民族经济史稿 [M]，北京：民族出
版社，1992.

[84] 刘天明. 伊斯兰经济思想 [M]. 银川：宁夏人民出版
社，2001.

[85] 段金录，姚继德. 中国南方回族经济商贸资料选编 [M]，
昆明：云南民族出版社，2003.

[86] 陈忠祥，沙爱霞，马海龙. 宁夏回族社区人地关系研究
[M]. 银川：宁夏人民出版社，2007.

[87] 王永亮. 西北回族社会发展机制 [M]. 银川：宁夏人民出
版社，1999.

[88] 中共中央文献研究室，国家林业局. 新时期党和国家领导
人论林业与生态建设 [M]. 北京：中央文献出版
社，2001.

[89] 胡国兴. 甘肃宗教 [M]. 兰州：甘肃人民出版社，1989.

[90] 拉巴平措. 李安宅、于式玉藏学文论选 [M]. 北京：中国
藏学出版社，2002.

[91] 邱树森. 中国回族史（上册）[M]. 银川：宁夏人民出版
社，1996.

[92] 刘海藩. 中国共产党党史全鉴（第6卷）[M]. 北京：中
央党史研究出版社，2010.

[93] 中共中央党校轮训班. 马克思主义经典著作选读（三）[M].
北京：中共中央党校出版社，1980.

[94] 中共中央政策研究室党建组. 毛泽东、邓小平论中国国
情 [M]. 北京：中共中央党校出版社，1992.

[95] 林广，张鸿雁. 成功与代价——中外城市化比较新论 [M]. 南京：东南大学出版社，2000.

[96] 石硕. 青藏高原的历史与文明 [M]. 北京：中国藏学出版社，2007.

[97] 何一民. 从农业时代到工业时代：中国城市发展研究 [M]. 成都：巴蜀书社，2009.

[98] [美] 伊恩·罗伯逊. 现代西方社会学 [M]. 郑州：河南人民出版社，1988.

[99] 薛毅. 西方都市文化研究读本（第一卷）[M]. 桂林：广西师范大学出版社，2008.

[100] 辛章平. 人往何处去——城市科学简介 [M]. 武汉：湖北人民出版社，1987.

[101] 林超. 中国大百科全书·地理卷 [M]. 北京：中国大百科全书出版社，1986.

[102] 何一民. 变革与发展：中国内陆城市成都现代化研究 [M]. 成都：四川大学出版社，2002.

[103] 何一民. 近代中国衰落城市研究 [M]. 成都：巴蜀书社，2007.

[104] 顾朝林，于涛方，李王鸣，等. 中国城市化：格局·过程·机理 [M]. 北京：科学出版社，2008.

[105] 赵长海. 中小城市商业房地产开发策略 [M]. 天津：天津人民出版社，2009.

[106] 《中国百科大辞典》编委会. 中国百科大辞典 [M]. 北京：华夏出版社，1990.

[107] 张鸿雁. 城市定位论：城市社会与理论视野下的可持续发展战略 [M]. 南京：东南大学出版社，2008.

[108] 邱成利，王增业，王圳. 西部增值 [M]. 北京：中国经济出版社，2000.

[109] 张可云. 青藏高原产业布局 ［M］. 北京：中国藏学出版社，1997.

[110] 巴登尼玛. 文明的困惑：藏族教育之路 ［M］. 成都：四川民族出版社，2000.

[111] 冉光荣，李涛. 西部开发中西藏及其他藏区特殊性研究 ［M］. 哈尔滨：黑龙江人民出版社，2003.

[112] 王明珂. 华夏边缘：历史记忆与族群认同 ［M］. 北京：社会科学文献出版社，2006.

[113] 郭荣朝. 省级边缘区城镇化研究 ［M］. 北京：中国社会科学出版社，2006.

[114] 邓正琦，李碧宏. 区域经济联动与整合研究 ［M］. 北京：中国社会科学出版社，2009.

[115] ［法］弗朗索瓦·佩鲁. 新发展观 ［M］. 张宁，等译. 北京：华夏出版社，1987.

[116] 罗康隆，黄贻修. 发展与代价：中国少数民族发展问题研究 ［M］. 北京：民族出版社，2006.

[117] 刘吕红. 清代资源型城市研究 ［M］. 成都：巴蜀书社，2009.

[118] 何一民. 近代中国城市发展与社会变迁（1840—1949）［M］. 北京：科学出版社，2004.

[119] 隗瀛涛. 中国近代不同类型城市综合研究 ［M］. 成都：四川大学出版社，1998.

[120] 万金泉，王艳，马邕文. 环境与生态 ［M］. 广州：华南理工大学出版社，2013.

[121] 王祥荣. 生态与环境——城市可持续发展与生态环境调控新论 ［M］. 南京：东南大学出版社，2000.

[122] ［美］拉铁摩尔. 中国的亚洲内陆边疆 ［M］. 唐晓峰，译. 南京：江苏人民出版社，2005.

[123] ［美］施坚雅. 中华帝国晚期的城市［M］. 叶光庭，等译，陈桥驿，校. 北京：中华书局，2000.

[124] ［美］乔尔·科特金. 全球城市史［M］. 王旭，等译. 北京：社会科学文献出版社，2006.

[125] 叶南客，李芸. 战略与目标——城市管理系统与操作新论［M］. 南京：东南大学出版社，2000.

[126] 刘君德，汪宇明. 制度与创新——中国城市制度的发展与改革新论［M］. 南京：东南大学出版社，2000.

[127] 李其荣. 对立与统一——城市发展历史逻辑新论［M］. 南京：东南大学出版社，2000.

[128] 叶骁军，温一慧. 控制与系统——城市系统控制新论［M］. 南京：东南大学出版社，2000.

[129] 张鸿雁. 侵入与接替——城市社会结构变迁新论［M］. 南京：东南大学出版社，2000.

[130] 任平. 时尚与冲突——城市文化结构与功能新论［M］. 南京：东南大学出版社，2000.

[131] 毛生武. 西北民族省区城镇化模式与制度创新［M］. 北京：中国经济出版社，2011.

[132] 苏发祥. 安多藏族牧区社会文化变迁研究［M］. 北京：中央民族大学出版社，2009.

[133] 王洛林，朱玲. 后发地区的发展路径选择：云南藏区案例研究［M］. 北京：经济管理出版社，2002.

[134] 段渝. 南方丝绸之路研究论集［M］. 成都：巴蜀书社，2008.

[135] 姚士谋. 中国大都市的空间扩展［M］. 北京：中国科学技术大学出版社，1998.

[136] 国家民族事务委员会研究室. 正确的道路 光辉的实践：新中国民族工作60年［M］. 北京：民族出版社，2009.

[137] 闫秋实. 新世纪新阶段党的基层工作实务　党的基层组织统战工作 [M]. 北京：人民日报出版社，2003.

[138] 李钒. 区域经济学 [M]. 天津：天津大学出版社，2013.

[139] 杨伯钢，陶迎春，龙家恒. 城市精细化管理基础数据建设与应用 [M]. 北京：测绘出版社，2012.

[140] 王卫. 城市交通与城市经济发展 [M]. 南京：东南大学出版社，2016.

[141] 师宗正，秦斌峰. 河西走廊：甘肃（二）[M]. 北京：中国旅游出版社，2015.

[142] 西北师范大学古籍整理研究所. 甘肃古迹名胜辞典 [M]. 兰州：甘肃教育出版社，1992.

[143] 钱静，朱启酒. 镇域经济发展战略和路径选择 [M]. 北京：中国农业出版社，2012.

[144] 中共中央马克思恩格斯列宁斯大林著作编译局. 马克思恩格斯全集（第3卷）[M]. 北京：人民出版社，2002.

[145] 曹林，韦晶磊. 土地利用规划的理论与实践研究：基于可持续发展理念 [M]. 天津：南开大学出版社，2012.

[146] 弘学. 藏传佛教 [M]. 成都：四川人民出版社，2015.

[147] 李文海. 民国时期社会调查丛编（少数民族卷）[M]. 福州：福建教育出版社，2014.

[148] 王美蓉. 甘肃近现代工业经济史论 [M]. 成都：西南交通大学出版社，2015.

[149] 中共中央文献研究室，国家民族宗教委员会. 毛泽东民族工作文选 [M]. 北京：中央文献出版社，2014.

[150] 杨成有，刘进琪. 甘肃江河地理名录 [M]. 兰州：甘肃人民出版社，2014.

[151] 郑长德. 世界不发达地区开发史鉴 [M]. 北京：民族出版社，2001.

[152] 杨公朴. 产业经济学 ［M］. 上海：复旦大学出版社，2005.

[153] 郭光磊. 北京市城乡发展一体化研究 ［M］. 北京：中国言实出版社，2016.

[154] 周一星. 城市地理学 ［M］. 北京：商务印书馆，1995.

[155] 国家统计局. 辉煌的三十年 ［M］. 北京：中国统计出版社，2008.

[156] 王生荣，李巍. 西北高寒民族地区新型城镇化建设研究 ［M］. 北京：中国经济出版社，2015.

[157] 中共中央文献研究室. 十三大以来重要文献选编（下）［M］. 北京：中央党史文献出版社，2011.

[158] ［法］德芒戎. 人文地理学问题 ［M］. 葛以德，译. 北京：商务印书馆，1993.

[159] 姚慧琴，伍宗哲. 中国西部经济发展报告 ［M］. 北京：社会科学文献出版社，2009.

[160] 周放. 重庆：国家中心城市建设研究 ［M］. 北京：光明日报出版社，2010.

[161] 樊怀玉. 甘肃省第六次全国人口普查研究成果汇编 ［M］. 兰州：甘肃文化出版社，2013.

[162] 李春平. 临潭县耕地质量评价 ［M］. 兰州：甘肃科学技术出版社，2015.

三、论文

[1] 蒲文成. 宗喀巴与藏传佛教 ［J］. 文史知识，2006（2）.

[2] 洲塔. 拉卜楞寺建寺始末 ［J］. 兰州学刊，1985（5）.

[3] 马秉勋. 嘉木样一世与拉卜楞寺 ［J］. 中央民族学院学报，1991（3）.

[4] 庞慧. 解读藏传佛教艺术之藏吉祥八宝图 ［J］. 文教资料，

2009（5）.

[5] 拉都. 藏族传统吉祥八宝图的文化内涵及其象征 [J]. 康定民族师范高等专科学校学报，2009（6）.

[6] 李安宅. 拉卜楞寺大经堂闻思堂的学制 [J]. 新西北，1939（2）.

[7] 李式金. 拉卜楞在西北地位的重要性 [J]. 东方杂志，1946（8）.

[8] 明驼. 卓尼之过去与未来 [J]. 边政公论，1941（1）：1.

[9] 刘尊英. 20 世纪 50 年代甘南藏族自治州社会改革的原因探析 [J]. 湘潮，2008（8）.

[10] 薛伯康. 对于中国市政的观感 [J]. 道路月刊，1937（53）：3.

[11] 黄达远，牟成娟. 近代安多藏区寺院型城镇成因与特征初探 [J]. 宗教学研究，2007（4）.

[12] 黄茂. 抗战时期李旭旦甘南藏区开发思想初探 [J]. 青海民族研究，2016（1）.

[13] 康柳锁. 甘南州近代货币流通概述 [J]. 货币史研究，1990（1）.

[14] 黄茂，贾霄锋. 时空转换进程中藏区城市发展的边缘性特征探析——以甘南藏区城市发展为例 [J]. 青海民族研究，2014（1）.

[15] 黄鹤群，张建山. 撤乡建镇的思考与对策 [J]. 城市问题，1992（1）.

[16] 朱元成. 落实西部大开发战略　加快西部小城镇建设 [J]. 经济界，2001（2）.

[17] 致洁. 甘肃民族地区城镇化问题新探 [J]. 兰州商学院学报，2003（2）.

[18] 范雪涛、张贡生. 如何加快甘肃城镇化进程 [J]. 西部论

丛，2006（9）.

[19] 徐清泉，张永刚. 甘肃城市现代化水平分析及对策 [J].
社会纵横，2007（9）.

[20] 张惠. 甘南州城镇体系的时空演进与结构优化研究 [D].
兰州：西北师范大学，2011.

[21] 徐群. 中心城市在西部城市化发展中的作用 [J]. 广东技
术师范学院学报，2003（5）.

[22] 游涛. 浅谈西部民族地区城镇化 [J]. 贵州民族研究，
2008（1）.

[23] 熊建军. 新时期城镇化与社会主义新农村建设互动研究
[D]. 厦门：华侨大学，2007.

[24] 俞文岚. 云南省城镇发展问题的分析与研究 [J]. 思想战
线，1994（6）.

[25] 陈建华，沙拜次力. 发挥资源优势加快甘南发展 [J]. 发
展，2004（1）.

[26] 孙光慧. 中小企业与西部民族地区城镇化的互动发展研究
[J]. 天水师范学院学报，2010（3）.

[27] 刘庸. 甘南藏族自治州城镇化影响因素分析 [J]. 甘肃民
族研究，2007（3）.

[28] 杨培涛. 甘南城市可持续发展研究 [J]. 经济研究导刊，
2008（2）.

[29] 赵雪雁. 高寒牧区草地退化的人文因素研究——以甘南牧
区玛曲县为例 [J]. 草原学报，2007（6）.

[30] 阚保强，李巍，高珊珊. 青藏高原东北边缘地区少数民族
产业结构发展研究——以甘南藏族自治州为例 [J]. 甘肃
农业，2010（12）.

[31] 赵雪雁，刘爱文，李巍，等. 甘南藏族自治州多模型的人
口预测研究 [J]. 干旱区资源与环境，2011（4）.

［32］吴昌帆. 甘肃省贫困地区城镇化发展水平研究［D］，兰州：兰州大学，2009.

［33］梁明远. 发挥优势，扬长避短，实现甘南州经济超常规跨越式发展［J］. 甘肃民族研究，2003（1）.

［34］何一民. 从政治中心优先发展到经济中心优先发展［J］. 西南民族大学学报（人文社科版），2004（1）.

［35］李景铭，切排. 甘南藏族部落特点及其现代化转型研究［J］. 中国藏学，2005（4）.

［36］刘继华. 民国时期甘肃土司制度变迁研究——以卓尼杨土司、拉卜楞寺土司群为例［J］. 兰州教育学院学报，2003（2）.

［37］杨士宏. 卓尼土司制下几种土地制度的遗存［J］. 西藏研究，1989（3）.

［38］奇客. 黄正清与杨复兴分治下的"安多藏区"［J］. 西北通讯，1947（5）.

［39］柴繁隆. 高原红色古城——临潭新城［J］. 丝绸之路，2011（11）.

［40］朱刚. 西道堂大事记［J］. 青海民族学院学报，1982（4）.

［41］敏文杰. 临潭回族的商业变迁研究［D］，兰州：兰州大学，2008.

［42］陈涛，王永洁. 城镇体系相关作用的分形研究［J］. 科技通报，1997（13）：4.

［43］焦华富，陆林. 西方资源型城镇研究的进展［J］. 自然资源学报，2000（1）：3.

［44］丁莉霞. 甘南藏传佛教信仰以及寺院经济的现状考察［J］. 世界宗教文化，2010（3）.

［45］张衍霞. 中国共产党对西部大开发的战略演进［J］. 中国西部科技，2008（7）.

［46］魏金平，李萍. 甘南黄河重要水源补给生态功能区生态脆弱性评价及其成因分析［J］. 水土保持通报，2009（2）.

［47］王彩霞，郭雅婧，郭正刚. 宗教信仰对人们认知甘南草地功能即管理方式的影响［J］. 草业科学，2011（6）.

［48］Huntington. 人类之居住地带［J］. 地理教学，1947（2）：2.

［49］体扬. 市政问题的研究［J］. 市政评论，1934（1）.

［50］朱彦云. 试论1964—1990年甘肃三线建设及调整［D］，兰州：西北师范大学，2011.

［51］陈恒. 他山之石，可以攻玉——西方城市史研究的历史与现状［J］. 上海师范大学学报，2007（3）.

［52］路磊光. 西方学者关于城市史学的研究简述［J］. 历史教学，1996（5）.

［53］熊月之，张生. 中国城市史研究综述（1986—2006）［J］. 史林，2008（1）.

［54］何一民. 21世纪中国近代城市史展望［J］. 云南大学学报（社会科学版），2002（3）.

［55］刘满. 唐洮州治所位置考［J］. 敦煌学辑刊，2011（1）.

［56］王丽娟，丁鹏. 传承、更新与借助：对藏族"戎亢"的解读——以甘肃省甘南藏族自治州夏河县麻当乡为例［J］. 民族研究，2008（6）.

［57］朱普选. 山与藏传佛教寺院建筑［J］. 青海民族研究，1997（4）.

［58］张佩智. 从东西部发展差距看西部开发之重点［J］. 前沿，2002（10）.

［59］杨自宏，尚学杰. 甘南州民族教育发展十年回顾［J］. 甘肃教育，2011（9）.

［60］徐开金. 西部大开发战略的"4W"问题［J］. 渝州大学学

报（社会科学版），2001（2）.

[61] 任弼霞. 改革开放后藏族社会文化变迁 [J]. 文学界，
　　 2010（5）.

[62] 王秋花. 论互联网对藏传佛教寺院僧人教育的影响 [J].
　　 北方民族大学学报（哲学社会科学版），2011（4）.

[63] 万会，沈镭. 矿业城市发展的影响因素及可持续发展对策
　　 [J]. 资源科学，2005（1）.

[64] 王永会. 宗教的社会地位与功能简论 [J]. 宗教学研究，
　　 1997（2）.

[65] 李霞，陈丽霞. 试论当前寺院对西藏城镇发展的影响 [J].
　　 西藏发展论坛，2010（3）.

[66] 马玉英. 青藏高原的城市化与可持续发展 [J]. 青海民族
　　 研究，2005（2）.

[67] 马玉英. 青藏高原城市化的制约因素与发展趋势分析 [J].
　　 青海师范大学学报（哲学社会科学版），2006（4）.

[68] 赵君. 西藏城市化进程中的民族问题及其对策研究 [J].
　　 中国藏学，2010（1）.

[69] 李涛. 西藏与内地沿海城市化比较研究 [J]. 民族研究，
　　 1999（1）.

[70] 梁冰峰. 西藏经济后进地区经济及城镇发展研究——以那
　　 曲地区嘉黎县总体规划为例 [J]. 城市规划，2000（6）.

[71] 夏保林，乔建平，吕连琴. 西藏自治区城镇发展战略初探
　　 [J]. 地域研究与开发，2002（2）.

[72] 傅小锋. 青藏高原城镇化及其动力机制分析 [J]. 自然资
　　 源学报，2000（4）.

[73] 唐伟，钟祥浩，周伟. 西藏高原城镇化动力机制的演变与
　　 优化——以"一江两河"地区为例 [J]. 山地学报，2011
　　 （3）.

[74] 刘江林. 染就山绿水清的迭部——迭部林业局实施一期天保工程纪实 [J]. 甘肃林业, 2011 (2).

[75] 周婕, 邓飞. 行政区划调整对大城市边缘地带发展的影响 [J]. 武汉大学学报 (工学版), 2004 (2).

[76] 高洁. 甘肃城市化问题浅析 [J]. 甘肃科技, 2006 (11).

[77] 陈军, 成金华, 吴巧生. 工业化水平区域差异与中国能源消费 [J]. 中国人口·资源与环境, 2007 (5).

[78] 王寅清. 区域经济发展不平衡之恶果——舟曲泥石流背后的原因探析 [J]. 商业文化, 2011 (12).

[79] 刘立立. 舟曲县果林业发展的思考 [J]. 农业科技与信息, 2012 (4).

[80] 刘德镒, 喻刻. 舟曲: "陇上江南"因何成泥城 [J]. 国土资源导刊, 2010 (9).

[81] 众和. 以舟曲为镜——映照未来的城镇化建设 [J]. 金秋, 2010 (19).

[82] 吴昌盛. 论中国实施可持续发展战略的必要性 [J]. 内蒙古科技与经济, 2009 (10).

[83] 王生荣, 李巍, 王录仓. 人地关系视角下的少数民族生态脆弱区城镇化问题研究——以甘南藏族自治州为例 [J]. 农业现代化研究, 2013 (5).

[84] 姚志春. 甘肃少数民族地区城镇化与生态环境保护协调发展研究——以甘南州为例 [J]. 兰州商学院学报, 2014 (1).

[85] 王生荣, 李巍. 制度创新视角下的少数民族生态脆弱区城镇化问题研究 [J]. 生态经济, 2014 (3).

[86] 王生荣, 李巍. 西北高寒民族地区农牧城镇化发展研究——以甘南藏族自治州为例 [J]. 农业现代化研究, 2014 (2).

[87] 赵兵坤. 牧区城镇化道路浅析——以甘南藏族自治州为例 [J]. 经贸实践，2016（2）.

[88] 张佩佩，董锁成，李泽红，等. 甘南藏族自治州城镇化与生态环境耦合协调关系 [J]. 资源与环境，2017（1）.

[89] 李旭旦. 西北科学考察纪略（附图）[J]. 地理学报，1942（9）.

[90] 张其昀. 洮西区域调查简报 [J]. 地理学报，1935（2）：1.

[91] 严瑞，杨海春，张正祥，等. SWOT 视角下甘南州电子商务发展分析与思考 [J]. 西部金融，2018（2）.

[92] 李娟. 民族地区究竟需要什么样的远程教育——来自甘南藏族自治州的调查 [J]. 西北师范大学学报（社会科学版），2015（2）.

[93] 王宇. 甘南藏族自治州医疗卫生人才紧缺原因分析与解决思路探析 [J]. 卫生行政管理，2016（9）.

[94] 闫国芳，郝苏民. 费孝通的甘肃实践 [J]. 西北民族研究，2007（2）.

[95] 林泉. 插箭节：甘南州特有的一种祭神风俗 [J]. 寻根，2007（2）.

[96] 杨华堂. 甘南旅游服务人员英语水平现状及学习方法调查 [J]. 卫生职业教育，2009（5）.

[97] 李红华. 试论甘南藏族自治州人口与经济协调发展 [J]. 中国少数民族人口，2008（4）.

四、报刊及电子文献

[1] 刘健. 临夏甘南火车梦愈来愈近 [N]. 兰州晨报，2009－07－06.

[2] 苏元昊. 合作市多措并举助推旅游业快速发展 [N]. 甘南

日报，2018-03-14.

[3] 鲁晟. 国内多个城市欲提升行政级别　学者批干部虚荣心 [N]. 民主与法治时报，2010-08-23.

[4] 费大鹏，姚乔木. 玛曲全力打造全域旅游发展新格局 [N]. 甘南日报，2018-02-28.

[5] 徐英梅，张淑瑜，李建舟. 香巴拉不再遥远——甘南州交通事业发展纪实 [N]. 甘南日报，2013-08-26.

[6] 徐爱龙. 定居点·水电站——透过"第一"看甘南（上） [N]. 甘肃日报，2011-07-20.

[7] 徐爱龙. 干线公路·互联网——透过"第一"看甘南（下） [N]. 甘肃日报，2011-07-22.

[8] 国家邮政局局长刘安东致甘南州州委书记陈建华的信函——《一封特殊的感谢信》[N]. 甘肃日报，2005-05-12.

[9] 甘南迭部扎尕那旅游综合开发建设项目签约 [N]. 甘肃日报，2017-03-16.

[10] 黄河水源地甘南困境：生态保护与经济发展难权衡 [N]. 中国经营报，2010-07-18.

[11] 合作市建市20周年各族群众话发展 [N]. 甘南日报，2018-01-30.

[12] 丁杰. 临潭新城小城镇建设步伐加快 [N]. 甘南日报，2005-08-16.

[13] 中国邮政陷入亏损窘境 [N]. 京江晚报，2006-11-16.

[14] 张继元，张彩霞. 洮州美景迎宾客——临潭县旅游业发展回眸 [N]. 甘南日报，2017-11-13.

[15] 李建舟. 甘南州"一带一路"建设招商引资项目推介会在银川举行 [N]. 甘南报，2017-09-07.

[16] 毛浓曦. 甘南邮政陷入窘境 [N]. 文摘报，2005-06-16.

[17] 徐仲英. 卓尼县县域经济发展良好 [N]. 甘肃日报，

2008－11－01.

[18] 董金霞，段睿珺. 甘南州迭部县县属林业局工作纪实 [N]. 甘肃经济日报，2011－07－07.

[19] 胡作政，康春燕，王博. 玛曲县新农村建设与县域经济发展的思考 [N]. 甘肃经济日报，2006－07－28.

[20] 尹晓宇. 西部大开发 10 年成就显著 [N]. 人民日报（海外版），2010－07－09.

[21] 马云. 邮政快递业成为甘南州经济社会发展新亮点 [N]. 甘南日报，2017－03－16.

[22] 李晓明. 平凉市党政考察团赴甘南州考察侧记 [N]. 平凉日报，2007－07－03.

[23] 徐英梅. 合作市招商引资项目又添新丁 [N]. 甘南日报，2006－12－12.

[24] 南木卡桑结. 甘南州 2003 至 2009 年经济社会发展综述 [N]. 甘肃经济日报，2010－01－25.

[25] 甘南州交通运输业跨越式发展纪实 [N]. 甘南日报，2011－12－02.

[26] 马晓军，吴玉萍. 甘南生态危机四伏 [N]. 中国环境报，2009－05－26.

[27] 何其敏. 宗教在当代少数民族文化发展中的定位 [N]. 中国民族报，2011－08－30.

[28] 中国共产党第十六届中央委员会第三次全体会议公报 [N]. 人民日报，2003－10－15.

[29] 赵梅. 甘南州落实中央支持四省藏区发展政策纪实 [N]. 甘肃日报，2015－07－01.

[30] 习近平在第二次中央新疆工作座谈会上强调：坚持依法治疆、团结稳疆、长期建疆，团结各族人民建设社会主义新疆 [N]. 人民日报，2014－05－30.

［31］ 人物：羚城的拾荒者 ［N］. 甘南日报，2006－01－05.

［32］ 李明娟. 临合高速公路正式通车 ［N］. 甘肃经济日报，2014－12－26.

［33］ 2015 年甘南州十大新闻 ［N］. 甘肃日报，2016－02－03.

［34］ 赵梅. 甘南州着力构建立体交通运输新格局 ［N］. 甘肃经济日报，2016－07－20.

［35］ 赵梅. 做足产业发展大文章——甘南州聚力今年工作主攻方向 ［N］. 甘肃日报，2017－04－12.

［37］ 祁荣龙. 夏河县旅游业发展简析 ［EB/OL］. （2017－04－28）［2017－04－28］. http://www. gnztj. gov. cn/htm/20175/26＿3960. htm.

［38］ 碌曲县经济贸易委员会. 循环经济示范园区总体规划 ［EB/OL］. （2011－01－04）［2011－01－04］. http://wenku. baidu. com/view/7041faf9941ea76e58fa04bc. html.

［39］ 杨旭明. 迭山白水奏凯歌，水电开发谱新曲——迭部县水务水电局局长张班玛交谈水电开发 ［EB/OL］. （2008－08－28）［2008－08－28］. http://www. gs. chinanews. com/news/2008/08－28/6685. shtml.

［40］ 中商情报网. 2016 年 1－12 月全国 31 省（市）快递业务量排行榜 ［EB/OL］. （2017－01－18）［2017－01－18］. http://www. askci. com/news/paihang/20170118/11290488310. shtml.

［41］ 甘南电大（甘肃）［EB/OL］. （2008－06－03）［2008－06－03］. http://dianda. china. com. cn/2008－06/03/content＿2267782. htm.

［42］ 银燕，纪赟. 甘肃省甘南州：游牧民定居点里的幸福生活 ［EB/OL］. （2011－07－13）［2011－07－13］. http://www. tibet3. com/news/content/2011－07/13/content＿588125＿2. htm.

［43］甘肃省发展和改革委员会. 甘肃省"十三五"物流业发展规划［EB/OL］.（2017－05－18）［2017－05－18］. http://www. eshian. com/laws/33100. html.

［44］王军. 专家：国内各城市忙着做大　掀起新一轮圈地热［EB/OL］.（2004－12－19）［2004－12－19］. http://news. 163. com/41219/3/17VIH2240001124T _ 3. html.

［45］拉毛草，王有才. 碌曲：文化旅游发展奏响繁荣稳定最强音［EB/OL］.（2017－08－02）［2017－08－02］. http://www. sohu. com/a/161644428 _ 234034.

［46］蔡春辉. 甘南藏族自治州2017年国民经济和社会发展统计公报［EB/OL］.（2018－04－11）［2018－04－11］. http://www. gnztj. gov. cn/htm/20184/22 _ 4755. htm.

［47］中国城市化率（1949—2011年）［EB/OL］.（2013－03－05）［2013－03－05］. http://wenku. baidu. com/view/7b497a2b915f804d2b16c18a. html.

［48］新华社. 中华人民共和国国民经济和社会发展第十三个五年规划纲要［EB/OL］.（2016－03－17）［2016－03－17］. http://www. gov. cn/xinwen/2016 － 03/17/content _ 5054992. htm.

［49］新华社. 国民经济和社会发展第十二个五年规划纲要［EB/OL］.（2011－03－16）［2011－03－16］. http://www. gov. cn/2011lh/content _ 1825838. htm.

［50］新华社. 中华人民共和国国民经济和社会发展第十一个五年规划纲要［EB/OL］.（2006－03－16）［2006－03－16］. http://www. gov. cn/ztzl/2006 － 03/16/content _ 228841. htm.

［51］中国社会科学院财经战略研究院.《中国县域经济发展报告（2018）》暨全国百强县案例报告发布［EB/OL］.（2018－

12－04）［2018－12－04］. http：//naes. cssn. cn/cj_zwz/cg/yjbg/zgxyjjfzbg/201812/t20181204_4788255. shtml.

［52］王金祥. 发改委副主任：我最揪心最担心的是西部人才缺乏［EB/OL］.（2007－03－01）［2007－03－01］. http：//news. cctv. com/20070301/102665. shtml.

［53］舟曲县2017年旅游产业发展工作综述［EB/OL］.（2017－12－28）［2017－12－28］. http：//www. zqx. gov. cn/zhouquyaowen/article/5124.

［54］中共甘南州委人才工作领导小组. 关于拟引进黄雪等36名同志为高学历急需紧缺人才的公示［EB/OL］.（2017－04－28）［2017－04－28］. http：//www. gnrtv. com/index/2017－04/28/cms11920article. shtml.

［55］王立宏. 2008年甘南州国民经济和社会发展情况及2009年展望［EB/OL］.（2014－12－10）［2014－12－10］. http：//www. gnztj. gov. cn/htm/201412/92_2120. htm.

［56］甘肃省区域经济社会发展差距分析［EB/OL］.（2016－06－24）［2016－06－24］. http：//www. yongchang. gov. cn/Item/19637. aspx.

［57］甘南州人民政府. 甘南州旅游业发展纪实［EB/OL］.（2010－09－29）［2010－09－29］. http：//gn. gansudaily. com. cn/system/2010/09/29/011712995. shtml.

［58］甘肃临夏至合作高速公路建设纪实［EB/OL］.（2014－12－23）［2014－12－23］. http：//www. chinahighway. com/news/2014/894495. php.

［59］甘南：打造全域旅游新格局［EB/OL］.（2017－02－16）［2017－02－16］. http：//www. tourgansu. com/news/newsDetail/402836c05a378de4015a49ad876200cb.

［60］杨旭明. 甘南州创建"推动全域旅游示范目的地"纪实

[EB/OL]．（2017－02－08）［2017－02－08］．http：//
www. huaxia. com/ly/lyzx/2017/02/5180097. html.

［61］伍策、冷竹. 甘南旅游业获较快发展，"十三五"迎重大发
展契机［EB/OL］．（2016－07－20）［2016－07－20］.
http://www. china. com. cn/travel/txt/2016 － 07/20/
content _ 38919105. htm.

［62］甘南藏族自治州统计局. 2017 年甘南州人口变动主要数据公
告［EB/OL］．（2018－03－01）［2018－03－01］．http：//
www. gnztj. gov. cn/htm/20183/74 _ 4678. htm.

［63］卓尼县统计局. 2017 年卓尼县国民经济和社会发展统计公
报［EB/OL］．（2018－05－15）［2018－05－15］．http：//
www. gnztj. gov. cn/htm/20185/23 _ 4838 _ p3. htm.

［64］夏河县统计局. 2017 年夏河县国民经济和社会发展统计公
报［EB/OL］．（2018－05－09）［2018－05－09］．http：//
www. gnztj. gov. cn/htm/20185/23 _ 4823. htm.

［65］玛曲县统计局. 2017 年玛曲县国民经济和社会发展统计公
报［EB/OL］．（2018－04－13）［2018－04－13］．http：//
www. gnztj. gov. cn/htm/20184/23 _ 4763. htm.

［66］合作市统计局. 2017 年合作市国民经济和社会发展统计公
报［EB/OL］．（2018－04－18）［2018－04－18］．http：//
www. gnztj. gov. cn/htm/20184/23 _ 4768. htm.

［67］临潭县统计局. 2017 年临潭县国民经济和社会发展统计公
报［EB/OL］．（2018－06－22）［2018－06－22］．http：//
www. gnztj. gov. cn/htm/20186/23 _ 4900. htm.

［68］舟曲县统计局. 2017 年舟曲县国民经济和社会发展统计公
报［EB/OL］．（2018－05－07）［2018－05－07］．http：//
www. gnztj. gov. cn/htm/20185/23 _ 4822. htm.

［69］甘肃省甘南州迭部县人口情况［EB/OL］．（2017－7－18）

[2017－7－18]. http://www. 360doc. com/content/17/ 0718/16/19083799 _ 672354158. shtml.

[70] 碌曲县统计局. 2017 年碌曲县国民经济和社会发展统计公报 [EB/OL]. (2018－06－11) [2018－06－11]. http:// www. gnztj. gov. cn/htm/20186/23 _ 4871 _ p4. htm.

五、调研资料

[1]《甘南藏族自治州能源发展研究报告》，2010 年
[2]《甘肃省夏河县城市总体规划》，2010 年
[3]《夏河县县城总体规划》（2000—2005 年）
[4]《合作市城乡一体化规划》，2010 年
[5]《甘南州生态建设与环境保护工作的贯彻意见》，2010 年
[6]《甘肃省城镇体系综合报告》，2001 年

致　谢

　　四川大学曾是我本科向往的高等学府。那时候，因为家境贫寒，被迫选择了师范院校。嘉陵江畔美丽的西师校园留下了我青春奋斗的足迹。大学毕业后，带着对西师的眷念和对梦想的追求，我毅然报考了四川大学历史文化学院的硕士研究生。

　　1998年的那个春天，我有幸在四川大学历史文化学院聆听了何一民老师的讲座。老师身着时尚风衣，谈吐中处处彰显智慧，给我留下了深刻印象。2001年，在硕士导师曾瑞炎老师的引荐下，我曾向何一民老师借阅资料用于硕士论文写作。为此，我第一次来到何老师的家，老师的热情令我感动，而满屋的藏书更是让我大开眼界。2002年，我顺利毕业留院做行政工作。硕士导师曾老师对我寄予厚望，当我告知他想攻读城市史方向的博士学位后，曾老师非常支持，并欣喜地向何一民老师推荐。何老师笑着同意那一刻的情景时常萦绕在我脑中，让我坚信，这是上苍赐予自己的福分。

　　孟子曰："观于海者难为水，游于圣人之门者难为言。"多年来，何老师对学术研究的不懈执着，对城市史研究方向的大局把握以及对学生、后辈的关爱提携都深深地熏陶着我。博士学习期间，曾经跟随何老师赴北京考察；曾经多少次参加何老师主持的每年一度的新年晚会；也曾经在何老师的带领下为身患重病的师兄邱国盛捐款……曾经共度的时光让我从何老师那里领悟到学问之外更多的"学问"。从学术到生活，何老师教给我太多。尤其

354

是在论文的选题和写作过程中，何老师更是付出了大量的心血。从选题到最终定稿，何老师对我一直耐心指导。

恩师敦厚同敬，实为弟子表率；和谦共仰，堪作学林典型。我的点滴进步都离不开他的辛勤教诲。师恩重如山！

十多年来，四川大学历史文化学院是我从事学术研究的力量和信念之源。就我个人单薄的学术积累和简陋的学识来说，选择这样一个题目的确有很大难度，超出了我个人能力的范围。正是在历史文化学院众多师长、同仁的关爱、教诲下，从学习到工作，点点滴滴，润物无声，让我受益不尽。没有他们的指导，本书是无法完成的。

首先感谢学院王挺之、霍巍、孙锦泉、朱天沧、杨秀春、鲍成志、石应平、舒大刚、李德英、李志勇、李映福等党政领导教给我做人做事的道理，并对我的学习和生活给予指教和关怀。

感谢硕士导师曾瑞炎老师一直以来对我的激励和提携；感谢杨民、王晓辉、成功伟、刘利容、余丹、徐靖焱、邓丽、陈艺、齐有明、何玉霞、沈爱平、韩小琴、李雪梅、姜莉、李建艳、陈秀清、张济、詹卫、何凯等办公室同仁对我的照顾和支持；感谢原祖杰、邹薇、王磊、吕和应、李晓宇、董华锋等老师给予我在学术方面的指导和帮助。

同时，要衷心感谢城市所的老师、学长及同学们，感谢邱国盛、谯珊、范瑛、张慧芝、李永福、郭凯、吴珂、艾智科、崔昆仑、付志刚、朱箫、黄灵、李小龙等同门师兄弟们对我的帮助；感谢闫海莹、姚茜、邹婧等学生帮我搜集资料；感谢学院通讯组邓单丹、马怡、胡彦双、于萌、张力开、任琳等同学对我工作的大力支持。

本书是关于甘南州的城市发展研究，资料的收集颇费周折。我要特别感谢四川大学历史文化学院博士后王丽娟、张延清、蒙小燕、敏文杰、宁全红、陈明彬，以及兰州大学的切排教授，感谢他们在资料方面给予我的帮助。甘南调研不仅让我领略了别样的藏族风情，同时也让我结识了许多新的朋友。感谢甘南州夏河县安多水泥公司的任君彪、魏进、铁云等朋友帮助搜集资料，感谢格尔迪寺院的老塞、加木措、若尔巴、益西等阿科给我提供信息。

父母恩情似海，但子欲养而亲不待。谨以此书献给我挚爱的父亲和敬重的公公，以告慰他们在天之灵！